중국어학개론

중국어학개론

이종구 지음

한국문화사

중국어학개론

1판 1쇄 발행 2019년 8월 30일

지은이 | 이종구
펴낸이 | 김진수
펴낸곳 | 한국문화사
등 록 | 제1994-9호
주 소 | 서울특별시 성동구 광나루로 130 서울숲 IT캐슬 1310호
전 화 | 02-464-7708
팩 스 | 02-499-0846
이메일 | hkm7708@hanmail.net
웹사이트 | www.hankookmunhwasa.co.kr

ISBN 978-89-6817-789-7 93720

- 이 책의 내용은 저작권법에 따라 보호받고 있습니다.
- 잘못된 책은 구매처에서 바꾸어 드립니다.
- 책값은 뒤표지에 있습니다.
- 이 도서의 국립중앙도서관 출판예정도서목록(CIP)은 서지정보유통지원시스템 홈페이지 (http://seoji.nl.go.kr)와 국가자료종합목록 구축시스템(http://kolis-net.nl.go.kr)에서 이용하실 수 있습니다. (CIP제어번호 : CIP2019032071)

서문

 돌이켜보면, 필자가 대학에서 '중국어학개론'에 상당하는 수업을 담당하기 시작한 지 어느덧 강산이 두 번 가까이 바뀌어 가는 것 같다. 처음 강의를 진행하며 수년간은 강의서로 택할 만한 개론서다운 책도 보이지 않았고, 필자 또한 강의 준비가 충분치 않아 여러 해 동안 마음고생을 많이 했던 듯하다. 그 후 강산이 한번 바뀔 즈음이 되어서야 학생들에게 이것만큼은 전달해줘야겠다는 대략적인 강의안의 틀이 잡혔고, 거기에 근거하여 수업을 진행한 결과, 날이 갈수록 수업시간에 설명에 집중하는 눈망울의 수가 늘어가고 있음을 느낀다. 하지만 일부 지식욕이 왕성한 학생들은 강의안에 없는 신세계에 대한 갈증을 토로했고, 필자 또한 부족하다 여겨졌던 부분을 보충한 새 강의안의 필요성을 느껴, 새로운 내용을 대폭 추가한 교재를 출간하기로 하였다.
 주지하듯이 중국어는 세계에서 그 사용인구가 가장 많은 언어이다. 켜켜이 쌓이고 얽힌 중국어의 片鱗들 속에서 우리가 발굴해낼 만한 소재도 수없이 많을 것이다. 중국어에는 다양한 방언의 모습이나, 같은 하나의 文字에 두 가지의 발음이 있는가 하면, 발음과 뜻은 같은데 文字는 두 가지가 존재하기도 하고, 거기에 더하여 문화나 언어습관과 관련된 중국인의 다양한 언어표현 등 일반 하부 학생들이 접해보지 못한 흥미로운 지식이 산재해 있다.
 요즘은 중국에서 벌어지고 있는 '동북공정'을 위시한 각종 공정들로 중국의 역사를 정형화하려는 의도가 눈에 보이게 뚜렷해지는 느낌이다. 중국인들이 중국의 역사를 정형화하면 할수록 실제 중국의 옛 모습과는 괴리가 생길 것이며, 그와 함께 중국사와 연관된 각종 중국어의 옛 모습조차도 왜곡될 공산이 크다. 중국어를 배우는 사람들은 중국이 제시하는 정형화된 중국이나 중국어의 모습이 아닌 그들 본래의 모습을 직시할 수 있는 통찰력을 잃어서는 아니 되겠으며, 이 책이 그러한 통찰력 유지에 도움을 주는 디딤돌이 되었으면 하는 바람이다.

이 책은 필자가 대학 시절부터 가졌던 궁금증을 위주로 펼쳐나가는 동시에, 접근에 어려움을 느끼게 할 수 있는 너무 전문적인 주제들은 피하되, 독자의 시선을 모을 수 있는 여러 언어의 흥미로운 조각들을 소개하고자 노력하였다. 굳이 강조하자면, 딱딱한 개론서이길 거부하고 말랑말랑한 개론서가 되게 하는 것이 필자의 마음이랄까?

사실 중국어를 전공으로 택한 사람들의 상당수는 중국어학자격증 취득과 더불어 취업에 성공하는 것으로 중국어전공 선택에 대한 소기의 목적이 완성되었다고 여기는 경우가 많은 것 같다. 하지만 언어는 단순한 의사소통의 기능을 넘어 문화와 역사의 일면을 담당하는 포괄적 가치를 지닌 요소임을 직시하여, 학생 신분일 때 자신의 외연을 넓힐 기회를 좀 더 누릴 수 있기를 기대하며, 그렇게 함으로써 '聰明一世, 糊塗一時(총명한 사람이지만 한때의 어리석음을 범함)'하는 愚를 범하지 않았으면 하는 바람이다.

이 책에서는 일반인에게는 잘 알려지지 않은 중국어의 다양한 모습들을 되도록 많이 펼쳐내어 초심자들의 관심을 폭넓게 끌어보려 노력했으며, 그러면서도 중국어연구에 뜻이 있는 사람에게는 이 책을 통해 중국어에 산재한 각종 문제점을 발견해낼 수 있는 많은 실마리를 여기저기 눈에 띄도록 배치하고자 노력했다. 아무쪼록 이 책을 접하는 누구나가 신발을 사려는데 준비한 끈이 안 보인다며 시장에서 집으로 돌아간 鄭人의 마인드가 아닌, 신세계를 찾고자 갈구한 끝에 신대륙을 발견해낸 콜럼버스의 마인드를 갖기를 기대한다.

2019년 여름을 맞이하며

차례

■ 서문 _ v

제1장 언어학으로서의 중국어 • 1
1-1. 언어란 무엇인가? ·· 1
1-2. 서양언어학의 유래 및 발전 ·· 4
1-3. 小學이란 이름의 중국전통언어학 ······························ 10
1-4. 새로운 중국언어학의 탄생 ······································ 12

제2장 중국어를 말하다 • 14
2-1. 중국어를 어떻게 볼 것인가? ···································· 14
2-2. 굴절어 및 교착어와의 비교로 본 중국어의 특징 ········ 18
2-3. 중국어의 특징, 同音字와 多音字 ······························ 21
2-4. 文言과 白話, 중국어의 두 얼굴 ································ 25
2-5. 표준 중국어의 前身 官話 ·· 29
2-6. 표준중국어의 또 다른 뿌리 민간어 ·························· 30

제3장 중국문자의 기원 및 流變 • 35
3-1. 漢字의 기원 ·· 35
3-2. 중국 最古의 漢字 甲骨文 ·· 37
3-3. 甲骨文 연구의 선각지들 ·· 41
3-4. 漢字 字形의 演變 ·· 45

제4장 漢字의 造字法 및 그 다양한 모습 • 54

- 4-1. 六書 및 漢字의 造字法 ···································· 54
- 4-2. 漢字의 다양한 속사정(古今字, 通假字, 異體字, 繁簡字) ······ 62
- 4-3. 같은 외모, 다른 목소리 - 異讀字 ······················ 69
- 4-4. 중국의 漢字簡化運動 ······································ 71
- 4-5. 역대 주요 字典의 수록자 수는? ························ 75

제5장 중국어를 이해하기 위한 어음 상식 • 77

- 5-1. 音節과 音素 ·· 78
- 5-2. 母音과 子音 ·· 83
- 5-3. 중국 전통의 음운 구분법 聲母와 韻母 ················ 84
- 5-4. 중국어다움을 결정짓는 聲調 ···························· 90
- 5-5. 聲調의 變形 ·· 93
- 5-6. 현대 중국어의 두 가지 표음법 ························ 95

제6장 중국언어학의 열쇠 聲韻學 • 97

- 6-1. 聲韻學이란? ·· 97
- 6-2. 中古音 聲母의 대표 36字母 ···························· 100
- 6-3. 中古音 韻母의 상징 206韻 ······························ 103
- 6-4. 中古音의 聲調 ··· 104
- 6-5. 중국전통의 표음법 反切 ································· 106

제7장 중국의 고대음 • 109

- 7-1. 중고음의 모습 및 系聯法 ································ 109
- 7-2. 중국식 어음학 等韻學 ···································· 119
- 7-3. 신비로운 대상 上古音 ···································· 123
- 7-4. 비밀의 원시중국어 열쇠 複聲母 ························ 125

제8장 서얼차대 받았던 近代音 • 128

8-1. 북방관화로 향하는 近代音 聲母의 변화 ·················· 128
8-2. 近代音 변화의 바로미터 韻母 ·································· 132
8-3. 알 듯 말 듯 근대음 聲調의 변화 ······························ 135
8-4. 官話音의 존재 ··· 137

제9장 외국어 같은 중국 방언 • 140

9-1. 方言槪要 및 語音적 특징 ··· 140
9-2. 방언과 어음 ··· 145
9-3. 방언과 어휘 ··· 151
9-4. 방언과 어법 ··· 157
9-5. 방언과 문화 ··· 158
9-6. 방언과 방언 사이의 區分線 ···································· 159
9-7. 방언과 지명 ··· 163
9-8. 皮欽語의 발생 ··· 165

제10장 중국어와 문학 및 문화 • 167

10-1. 중국어와 중국문학 ··· 167
10-2. 중국인의 폭넓은 諧音 운용 ··································· 174
10-3. 색깔어휘와 중국문화 ··· 178
10-4. 숫자와 중국문화 ·· 181
10-5. 문학 및 문화에서 비롯된 표현 ······························ 185

제11장 중국어의 어법 소개 • 193

11-1. 중국어 구조를 이해하기 위한 기본개념 ················ 194
11-2. 實詞와 虛詞 ·· 197
11-3. 주어와 술어의 여러 가지 결합 ······························ 207
11-4. 중국어의 복문 ·· 210
11-5. 고대중국어와 현대중국어의 구법상의 차이 ········· 215

제12장 중국어 어휘 面面觀 • 219

12-1. 詞滙의 種種 ······ 219
12-2. 중국어어휘의 古今비교 ······ 227
12-3. 多義語와 同音語 ······ 236
12-4. 어휘 확장의 일등공신-연상 및 의미뭉치 활용능력 ······ 239
12-5. 書面語 어휘와 口語 어휘 ······ 241
12-6. 중국어어휘의 海峽兩岸 차이 ······ 243
12-7. 韓中同形異義語 ······ 244

제13장 중국인다운 중국어 운용 • 248

13-1. 중국어 역사의 퇴적물 成語 ······ 248
13-2. 중국인의 속담 諺語 ······ 254
13-3. 중국인임을 인증하는 歇後語 ······ 258
13-4. 중국인의 언어유희 謎語 ······ 262
13-5. 중국언어의 금기 避諱 ······ 265
13-6. 이래도 저래도 한 가지인 중국어 ······ 268

제14장 외래어의 침투 • 270

14-1. 외래어란? ······ 270
14-2. 중국어에 나타난 특수한 차용어들 ······ 272
14-3. 아편전쟁 이전에 중국에 들어온 외래어 ······ 275
14-4. 아편전쟁 이후에 중국에 들어온 외래어 ······ 278

- 主要參考書籍 _ 288
- 부록 _ 290
- 찾아보기 _ 296

제1장
언어학으로서의 중국어

1-1. 언어란 무엇인가?

아마도 외국어를 전공으로 하는 사람 중의 많은 수는 모든 사람이 말을 할 줄 알고, 다른 사람의 말을 알아들을 수 있는 마당에 굳이 언어를 연구할 필요가 있느냐고 할 수도 있다. 사과가 익으면 아래로 떨어지지, 하늘로 올라가지는 않는다는 사실은 누구나 아는 지극히 평범한 현상으로서, 누구도 학문으로 대입하지 않았지만, 뉴턴은 이 지극히 평범한 현상에 대해 '왜'라는 질문을 한 끝에 '만유인력의 법칙'을 발견하여 물리학의 발전에 크게 이바지한 것은 누구나 다 알고 있는 사실이다. 언어는 기실 '사과의 낙하'보다 훨씬 더 '왜'라는 질문을 던질 의문점이 많은 대상이다. 언어란 어쩌면 인류의 생활에서 가장 복잡한 것일지도 모른다. 하지만 현재 인류가 언어에 대해 알아낸 것들은 장님이 코끼리의 한 부분만을 만지고 판단하는 것처럼 지극히 작은 일부만을 이해하고 있다 할 수 있을지도 모른다.

언어란 무엇인가? 언어에 대한 定義는 '사람의 생각이나 느낌을 나타내는 데 사용하는 말이나 글자 따위의 교제수단'일 것이다. 언어는 語音과

語義가 결합하여 이루어진, 단어와 어법으로 구성된 일종의 부호라 할 수 있다. 언어라는 부호는 신호등, 적십자기, 이발소 표시등, 악보의 음계부호, 해상교통에 쓰이는 깃발언어, 전보에 쓰이는 모르스 부호나 숫자 등 다른 부호와 구별되는 특징이 있으니 社會性, 複雜性, 生産性이 그것이다.

언어부호와 객관 사물과의 관계는 임의적인 것으로, 객관사물에 의해 결정되는 것이 아니라, 사회구성원 간의 공통된 긍정의 인식, 즉 '約定俗成'에 의해 이루어진다. 중국어의 '兄弟'와 '姐妹'를 영어에서는 'brother'와 'sister'라 하여 서로 같지 않고, 개 짖는 소리를 한국어는 'mʌŋmʌŋ'으로, 중국어는 'waŋwaŋ(汪汪)'으로, 영어는 'bawwaw'로 서로 같지 않듯이, 언어부호란 각 사회가 '約定俗成'하는 것으로, 이는 곧 언어부호의 社會性을 나타내는 예이다. 이러한 현상은 중국어 방언 내에서도 지역적인 차이가 존재하여, '고구마'를 北京에서는 '土豆', 上海에서는 '洋山芋', 合肥에서는 '馬鈴薯', 長沙에서는 '洋芋頭', 福州에서는 '番仔豆', 梅縣에서는 '荷蘭豆'라 각기 다르게 부른다.

이 언어의 '約定俗成'性에 대해 흥미로운 사실이 있다. 그것은 동양과 서양이 거의 동일한 시기에 이 특징을 언급한 사람이 나타난 것이니, 서양의 아리스토텔레스와 동양의 荀子가 그들이다. 아리스토텔레스(기원전 384~기원전 321)는 기원전 4세기경에 쓰인 그의 문장 『解釋論(On Interpretation)』에서, "언어는 관습이다. 어떤 이름도 자연적으로 생겨나지 않는다."라며, 그의 스승 플라톤이 주장한 어휘의 자연발생설 즉 사물과 이름 사이에는 존재론적으로 타당하고 강력한 관계가 있다는 주장과는 사뭇 다른 의견을 내놓았으니, 그는 여러 사람이 어떤 사물을 기호로 나타내려고 합의함으로써 비로소 어휘가 생겨나게 되었다고 보았다. 즉 荀子가

설파한 '約定俗成'說과 일맥상통하는 주장을 했던 것이다. 한편, 동양에서는 기원전 3~4세기에 荀子(기원전 313~기원전 238)가 『正名篇』에서 "名無固宜,約之以命, 約定俗成謂之宜, 異於約則謂之不宜."라 하여, "사물의 이름이라 함은 원래부터 고정된 것이 아니라, 사람들이 그렇게 부르기로 약속한 것이니, 약속으로 정해져 다수의 대중이 쓰게 되면 그것이 이름이 되는 것이요, 약속에 위배되면 마땅한 이름이라 할 수 없다"라고 하여, 사물과 명칭 사이에는 본래 자연적이거나 필연적인 관계는 없으며, 어떤 명칭으로 한 사물을 지칭하는 것은 완전히 사회적인 선택에 의해 이루어짐을 설파했다. 그런가 하면, "여자는 약하나, 어머니는 강하다", "우리 인생의 옷감은 선과 악이 뒤섞인 실로 짜인 것이다", "정직만큼 부유한 유산도 없다", "최악의 사태라고 말할 수 있는 동안은 아직 최악의 사태는 아니다", "구하면 못 얻을 것이 없다" 등 수많은 명언을 남긴 세계 최고의 극작가로 칭송받는 셰익스피어(William Shakeseare, 1564~1616)도 『로미오와 줄리엣』에서 "이름이란 무엇인가? 장미는 이름을 바꾼다 해도, 여전히 향기롭다(What's in a name? That which we call a rose by another name whould smell as sweet)"라 하여, 이름의 反 자연발생적 특징을 정확히 짚어내고 있다.

언어부호는 두뇌의 지배를 받아 사유와 긴밀하게 연계되어있어 고도의 복잡성을 지닌다. 설사 같은 말이라 하더라도, 상황이나 어투 또는 표정에 따라 다르게 해석될 수 있다. 현대의 과학기술로는 아직 두뇌의 언어기능을 완전히 밝혀내지 못하고 있고, 언어에 대한 기계번역도 이직 걸점이 많다. 이는 언어부호의 複雜性을 잘 대변해주는 일이다.

언어의 규칙은 유한하지만, 사람들은 과거에 듣지 못했던 무한히 많은 새로운 말을 내뱉어낸다. 요즘 젊은 세대는 '방가 방가'나 '므훗', '헐', '갑분싸', '낄끼빠빠'처럼 자기들만의 어휘를 만들어 인터넷상의 댓글 등을 통해 확산시키고 있다. 다만 그 어휘들이 기성세대에게 받아들여지지 않아서 정식어휘로 채택되지 않았을 뿐이다. 이는 언어부호의 生産性을 나타내는 것으로, 신호등이 더는 새로운 신호를 만들어내지 못하는 것에 비할 때, 이러한 언어의 생산성은 기타 유사언어가 도저히 따라올 수 없는 언어만의 특징인 것이다.

모든 언어는 어휘, 어법, 어음, 문자로 구성된다. 이 각 요소들은 사회의 변화에 따라 변화하며, 그 변화속도는 각기 다르게 나타난다. 전체적으로 보았을 때, 언어는 흐르는 강물처럼 끊임없이 변화해가지만, 언어 각 요소의 변화가 일률적으로 변화하는 것은 아니고, 죽순처럼 빨리 변화하는 것이 있는가 하면, 선인장처럼 더디게 성장하는 것이 있듯, 그 변화속도가 각기 다르다. 변화속도가 가장 더딘 것은 기초어휘로 아주 오랫동안 변화하지 않는다. 이에 비해, 일반어휘는 끊임없이 변화한다. 어법은 일반어휘보다는 변화가 늦지만, 기초어휘보다는 변화가 빠르다. 변화가 가장 빠른 것은 어음이다. 언어의 변화는 마치 파도처럼, 먼저 온 파도가 채 최후를 맞이하기 전에 또 다른 파도가 그 위를 덮치듯, 옛것이 아직 사라지기도 전에 새로운 것이 등장하곤 한다. 낡은 요소와 새로운 요소가 끊임없이 傳承과 交替를 하는 사이에 자신의 모습을 변화시켜나가는 것이 언어인 것이다.

1-2. 서양언어학의 유래 및 발전

처음 언어에 흥미를 느끼고 연구를 진행한 것은 언어학자가 아닌 哲學者나 經學者들이었다. 그들의 연구의 대상은 주로 문자를 통해 典籍을 연구하는 書面語이었으며, 典籍의 정확한 의미를 해석하는 것이 임무였다, 말하자면 언어연구는 단지 다른 학문의 附庸일 뿐으로, 자신의 독립성이 부족했던지라 사람들은 그것을 語文學 또는 文獻學이라 지칭한다. 언어학이 독립된 하나의 학문으로 성립된 것은 불과 2백여 년밖에 되지 않았다. 왜 고대의 언어연구는 言語學의 범주에 포함시킬 수 없고, 語文學으로 봐야만 하는가? 하나의 학문으로 성립하려면 독립적인 연구대상이 있어야 한다. 하지만 언어학은 문헌학의 기초 위에서 발전한 것인지라 이 둘을 전혀 연관이 없거나 대립하는 학문으로 취급할 수는 없기 때문이다.

어문학의 興起와 發展은 인류문명의 發源과 밀접한 관계가 있다. 어문학은 세 갈래의 오래된 전통이 있으니, 그리스-로마와 인도 그리고 중국이다. 후대의 언어연구에 가장 큰 영향을 미친 것은 그리스-로마의 그것이다. 그것은 플라톤과 아리스토텔레스 등 철학가의 철학연구에서 비롯된 것으로, 그들은 언어구조의 특징에 근거하여 철학의 문제를 해결하려 했다. 그 대표적인 것이 아리스토텔레스의 어법이론이다.

인도 또한 중요한 어문연구의 發源地로, panini어법이 그것이다.[1] 인도의 문헌에 기록된 최초의 언어는 기원전 1000년에 『리그베다』에 쓰인 베다산스크리트어이다. 베다는 일종의 경전으로 파니니어법은 이 경문을 해석하고 誦讀하는 데 쓰인 스승에게서 제자한테 口傳으로 전승되던 일종의 口訣이었다. 언어의 발전으로 파니니시대의 언어는 베다경전의 언어와 이미 큰 차이를 보이고 있었다. 당시 제사를 담당하던 바라문 계층은 단절된 신성한 경전의 완정성을 유지하려고 세밀하고 정확한 어음의 연구

---

[1] Panini는 B.C. 4세기경 인도의 서부(지금의 파키스탄 지역)에서 태어난 문법가(文法家)로, 그가 작성한 『파니니 문전(文典)』은 세계 최초의 문법 서적이라 추정되며, 명사는 동사에서 비롯되었다는 관점에서 쓰인 저서이다. 지금은 범어의 표준으로 여겨지고 있다.

를 진행했고, 단어구조의 분석에도 엄정성을 기한 결과, 어근, 어간, 어미, 파생어, 복합어 등등을 명확하게 구분해 낼 수 있었다. 즉, 인도 어문연구의 중점은 어음과 단어의 구조분석이었는데, 이는 그리스-로마언어의 취약한 부분이었던지라, 후에 유럽인은 그런 인도의 어문연구의 성과를 흡수하여, 두 언어의 연구 성과들을 결합하여 언어의 연구를 어문학에서 언어학으로 진입하게 할 수 있었다.

　서로 독자적으로 형성된 그리스-로마와 인도의 어문학전통은 17세기에 이르러, 자본주의의 발전에 따라, 인도가 영국의 식민지가 되면서 인도어가 유럽인의 관심을 받게 되었다. 유럽인은 산스크리트어가 그리스-로마어와 아주 유사한 점을 발견하고는 두 언어 사이의 관계에 대해 깊이 있는 사고를 하게 되었다. 1876년 당시 동인도회사의 관원인 윌리엄 존스는 캘커타에서 있었던 한 학회에서 산스크리트어와 그리스-로마어가 동사어근과 어법형식의 측면에서 아주 흡사한 면이 있는 점으로 볼 때, 이 언어들이 같은 原始語에서 비롯되었다고밖에 볼 수 없다는 의견을 피력하면서, 사람들로 하여금 커다란 흥미를 끌게 한 끝에 歷史比較言語學을 탄생시키기에 이르렀다. 이렇게 하여 인도-유럽어의 두 연구전통이 서로 결합하여, 통일된 인도-유럽어 연구전통을 형성하게하고, 언어연구로 하여금 큰 걸음을 내딛게 하였으니, 이렇게 생겨난 것이 歷史比較言語學(Comparative Linguistics)이며, 이때부터 언어학이 독립된 학문으로 자리를 하게 되었음은 물론 이왕의 어문학과는 달리 연구의 對象도 書面語에서 口語로 바뀌게 되었다.

　歷史比較言語學이란 언어의 역사적 변천에 초점을 맞춘 것으로, 두 언어의 기본어휘 사이에 어음의 대응관계가 있는지에 근거하여 두 언어의 공통된 시발점과 그 후의 발전을 탐색하는 학문이다. 이와 호응하여, 언어학자들은 다른 각도에서 언어의 공통된 특성을 탐색하였는데, 이 방법은 서로 다른 언어가 하나의 원시언어에서 비롯되었느냐에 상관없이, 단어의 형태변화가 있는가의 여부로 언어에 대해 분류를 하기 시작하였는데, 그것이 곧 言語類型學(Linguistic Typology)이다. 우리가 언어의 유형을 문법적 기능이 어순에 따라 표시되는 고립어, 어형이 변화하여 문법적 기능을 담당하는 굴절어, 접사에 따라 문법적 기능을 표시하는 교착어로 3분하는 것은 이 言語類型學에서 비롯한 것이다.

언어학이 하나의 학문으로 자리를 잡은 이후, 그 발전은 과학이론과 서로 연계하여 발전하였다. 歷史比較言語學의 탄생은 生物進化論과 밀접한 관련이 있다. 생물학은 당시 폭발적으로 성장하던 과학의 한 분야였고, 그중 가장 영향력 있는 이론이 다윈의 進化論이었다. 1863년, 독일의 언어학자 슐라이허(August Schleicher, 1821~1868)는 생물유전발전이론을 모방하여 다윈의 생물의 진화를 묘사한 방법을 이용해 언어의 진화를 묘사하여, 언어 간의 관계를 하나의 祖語에서 비롯되어 분화하였다고 보는 유명한 系統樹說(pedigree theory)을 내놓았다.

아래의 그림은 그가 그린 인도-유럽어족 언어의 系統樹그림으로, 그가 그린 系統樹그림 전체를 보인 것이 아니라 뿌리에서 가까운 부분까지만 보인 것으로, 슬라브어를 다시 예로 든다면, 슬라브어는 동 슬라브어와 서 슬라브어 및 남 슬라브어로 또 갈려나가며, 동 슬라브어에서는 다시 러시아어, 우크라이나어 등이 갈려져나가며, 서 슬라브어에서는 체코어, 슬로바키아어, 폴란드어 등이 갈려져나가며, 남 슬라브어로부터는 불가리아어, 마케도니아어 등이 속한 동부 남슬라브어와 몬테네그로어, 보스니아어, 세르비아어, 크로아티아어, 슬로베니아어 등을 포함하는 서부 남슬라브어로 갈려져나가는 식의 모습을 보인다.

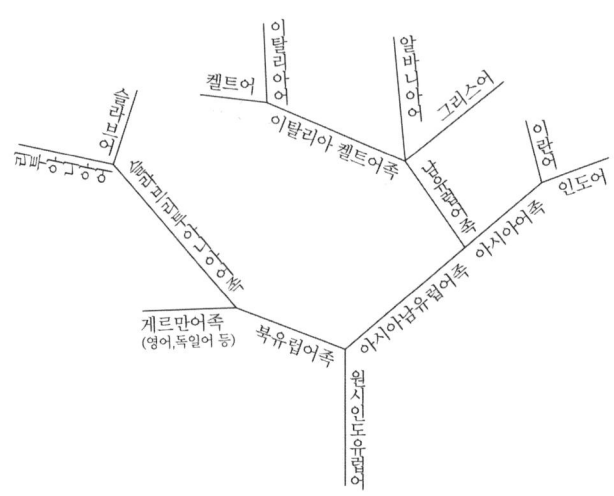

인도-유럽어족 언어의 계통수

다음은 독자의 이해를 돕기 위해 인도유럽어족의 일부언어를 여러 개의 단어를 예로 들어 이들의 상관성을 보이고자 한다.

뜻	리투아니아	산스크리트	페르시아	그리스	라틴	불어	고트어	영어
어머니	mote	matar	ha-mata	meter	mater	mēre	-	mother
자매	sesim	svasar	-	-	sasim	saur	suvistar	sister
딸	dukte	duhita	dugda	thygatēr	-	-	dauhtar	daughter
둘	dyi	duva	duya	dyo	duae	deux	twai	two
온	simtas	eatam	satam	hekaton	centum	cent	hund	hundred
나	asz	agham	-	eqo	ego	je	ik	I
너	tu	tuvam	tuvam	ty	tu	tu	bu	thou
코	nosis	nasa	naham	-	nares	nez	-	nase

系統樹이론은 언어학사상 최초로 생겨난 언어이론모형이다. 이 모형의 특징은 언어의 규칙적인 분화에만 주의를 기울였을 뿐, 언어 사이의 횡적인 상호영향을 고려하지 않아서 片面적이란 단점이 있다. 1872년, 슈미트(Johannes. Schmidt, 1843~1901)는 '언어 波紋說'을 들고 나와, 언어의 변화는 연못에 돌을 던졌을 때 생겨나는 물결무늬처럼 중심에서 사방으로 확산된다고 보아 언어 상호 간의 관계를 설명하였다.

系統樹이론과 言語波紋說은 두 개의 대립되는 이론모형이다. 系統樹이론은 언어의 시간상의 규율적인 발전에 초점을 두어, 공동의 뿌리를 가진 언어에 대해 역사비교연구를 진행하는 데 반해, 言語波紋說은 언어의 공간상의 확산에 초점을 두어, 언어 사이의 상호 영향 및 그 언어변화규율에 대한 간섭을 강조한다. 이 두 이론은 대립한다기보다는 서로의 약점을 상호 보완하는 관계로 볼 수 있으며, 둘 다 그 뒤의 언어학 발전에 지대한 영향을 미쳤다.

19세기가 역사비교언어학의 전성기였다면, 20세기는 系統性을 중시하는 소쉬르(Ferdinand de Saussure, 1857~1913)로 대표되는 구조주의 언어학의 전성기였다. 스위스 언어학자 소쉬르는 당시 새롭게 각광받던 물리학의 상대성이론을 언어학에 대입하여, 언어 속의 모든 요소의 가치는 그것과 다른 요소 사이의 관계에 따라 결정되는 것이지, 그 자신이 원래 가지고 있는 내용이 아니라고 설파했다. 그의 학설 중에서 언급한 랑그(langue)와 파롤(parole)의 개념은 언어학에서 빼놓을 수 없는 개념이 되었다. 랑그는 불변적으로 공유하는 언어 상태로 개념으로 바꾸어 말할 수 있다면, 파롤은 언어를 사용할 때 표출하는 가변적 언어 상태로 입말로 바꾸어 말할 수 있겠다. 소쉬르는 또한 언어변화를 설명하려고 공시태(synchrony)와 통시태(diachrony)를 구별하였다. 공시태란 한 시점에서의 언어 상태를 말하고, 통시태란 연속되는 흐름에서 언어가 변해가는 상태를 말한다. 일반적으로 언어학자들은 그로부터 현대 언어학이 시작되었다고 보고 있다.

1-3. 小學이란 이름의 중국전통언어학

중국은 그들의 전통언어연구를 '小學'이라고 불렀다. '小學'이란 文字, 音韻, 訓詁를 포함하는 것으로, 처음에는 8세의 어린아이가 관학기관에 들어가 배움을 시작하는 데 쓰였으나, 배움을 시작할 때 접하는 것이 文字인지라 문자습득을 일컫는 말이 되었다가, 나중에는 학문의 고급단계인 經學과 대비되는 개념으로 쓰이다가 최후에는 문자와 관련된 학문, 즉 文字, 音韻, 訓詁를 통틀어 '小學'이라 하게 되었다. '小學'이 중국전통어문학의 명칭으로 처음 쓰인 것은 『漢書藝文志』로, 이전의 언어연구는 先秦諸子의 철학논리에 보이며, 名과 實에 관한 토론에 집중되어 있다. 그 후, 『說文解字』로 대표되는 중국의 소학은 字를 주요 토론대상으로 삼게 되었다.

중국 전통언어학을 그 특징에 따라 시대별로 구분한다면, 先秦兩漢시대는 形과 義가 중심을 이루던 시대이고, 魏晉南北朝시대부터 宋元明시대는 音이 그 중심에 있던 시대이며, 淸代는 중국전통언어학의 전성시대로 언어의 3요소인 形音義가 모두 깊이 있게 연구된 시기이다.

先秦兩漢시대를 대표하는 저술로는 『爾雅』, 『方言』, 『釋名』, 『說文解字』 등을 들 수 있다. 『爾雅』는 저자를 알 수 없으며, 漢武帝 이후에 책으로 펴낸 것으로 여겨지고 있다. 중국 최초의 훈고학 서적으로 대량의 훈고자료를 보존하고 있어 東漢시대부터 역대로 학자들이 크게 중시하는 자료이다. 『方言』의 원래 명칭은 『輶軒使者絶代語釋別國方言』으로 기원전 1세기 揚雄(기원전 53~기원후 18)이 중국 내외의 각지 방언어휘를 수집 비교하여 수록한 중국 최초의 방언사전이다.『釋名』은 기원후 1세기경 劉熙가 펴낸 훈고학서적으로 어원을 밝혀낸 책이다.『說文解字』는 東漢末(100) 許愼이 部首에 따라 9,353자를 수록한 일종의 字典이다.

魏晋南北朝시대부터 宋元明시대를 대표하는 저술로는 六朝시대 때 梁의 顧野王이 펴낸 字典『玉篇』(543), 隋나라 陸法言이 펴낸 韻書『切韻』(601), 宋나라 陳彭年 등이 왕의 명령을 받고 펴낸 韻書『廣韻』(1008), 宋나라 丁度 등이 펴낸『集韻』(1039), 金나라 韓道昭가 펴낸『五音集韻』(1208), 元나라 초기 熊忠이 펴낸『古今韻會擧要』(1297), 元나라 周德淸이 펴낸『中原音韻』(1324), 明나라 樂韶鳳, 宋濂 등이 펴낸『洪武正韻』(1375), 明나라 梅膺祚가 펴낸 字典『字彙』(1615), 明나라 때 중국에 온 서양선교사 Nicolas Trigault가 펴낸『西儒耳目資』(1626) 등 소수의 字典과 대량의 韻書가 이 시기의 주된 저작물들이다.

淸代에 들어서 중국전통언어학은 그 꽃을 활짝 피우게 된다. 淸代古音學의 기초를 다진 顧炎武의『音學五書』(1643), 陰陽對轉說을 세운 戴震의『聲類表』(1777), 상고음의 聲母에 대해 처음으로 연구를 한 錢大昕의『十駕齋養新錄』(1804), 說文學의 집대성자 段玉裁의『說文解字注』(1807), 훈고학의 대가 王念孫의『廣雅疏證』(1795), 아버지의 대를 이어 활약한 王引之의『經傳釋詞』(1798), 甲骨文의 해석을 처음으로 시도한 孫詒讓의『契文擧例』(1904) 등을 대표로 들 수 있으며, 이들은 文字, 音韻, 訓詁를 두루 섭렵하며 中國小學의 전성기를 이끌어냈다.

1-4. 새로운 중국언어학의 탄생

　근대에 들어 서양 열강의 중국침략은 阿片戰爭 등을 촉발하여 중국인들로 하여금 육체적으로나 정신적으로나 모두 피폐하게 하였으나, 그 과정에서 얻어진 것도 있었으니, 서양의 발전된 과학문명에서 비롯된 많은 문화적 혜택이 그것일 것이다. 중국의 전통학문도 서양과의 접촉을 통해 과거의 막다른 골목에서 새로운 돌파구를 찾는 경험을 하게 되는데, 거기에 동참한 것이 중국의 언어학이다.

　18세기 말부터 19세기 초에 서양에서 역사비교언어학이 탄생하여 언어학의 새 이정표를 세웠다면, 중국에서는 19세기 말부터 20세기 초에 걸쳐 서양의 언어학이론과 방법을 이용해 중국어를 연구하기 시작한 새로운 길로 접어들게 되었다. 그 길을 열어젖힌 것은 1898년에 쓰여진 『馬氏文通』이다. 주어와 술어로 구분하는 어법학은 종래의 중국전통언어학에서는 찾아볼 수 없는 것이었다. 馬建忠은 서양의 어법이론을 모방하여 중국어 文語에 대해 분석을 시도하였다. 그는 한자를 實詞와 虛詞로 나누고, 품사를 9가지로 나누었는데, 그가 나눈 품사 중 형용사에서 數詞가, 명사에서 방위사가 독립되고, 새롭게 量詞가 추가되었을 뿐 현재의 품사와 일치한다. 하지만 그는 중국어와 인도-유럽어 사이의 구조적인 차이에 대한 계통적인 대비연구 없이 진행한 결과, 많은 결점을 드러내며 후대의 학자에게 많은 비판을 받는 결과를 초래했다.

　서양의 어법학이론이 중국에 제대로 뿌리를 내리지 못하고 아직도 방황하고 있는 중이라면, 서양언어학의 또 다른 접목분야라 할 수 있는 어음분야는 순조로운 항해를 하고 있다 할 수 있다. 淸代 小學은 중국어의 과거 대강의 모습을 밝혀내긴 했으나, 구체적인 모습은 밝혀내 보일 수 없었다. 그것은 그들의 전통적인 방법으로는 어쩔 수 없는 일이었다. 이러한 중국

언어학계의 부족한 면을 채워준 사람이 스웨덴의 중국어학자 칼그렌 (Bernhard Karlgren / 중국명: 高本漢, 1889~1978)이다. 그는 서양의 역사 비교언어학의 연구방법과 각지의 方言 및 대외한자음을 이용해 중국어의 中古音을 재구해내고, 그 기초 위에 『詩經』의 用韻과 諧聲字를 이용해 上古音까지도 재구해 냈다(『中國音韻學硏究』). 그 후 중국의 학자들은 그의 방법을 채용하여 연구를 진행한 결과 淸代 小學者들이 밝혀내지 못한 부분, 즉 당시의 구체적인 언어의 모습을 드러내 보일 수 있게 되었다.

제2장

중국어를 말하다

2-1. 중국어를 어떻게 볼 것인가?

　현재의 중국어는 과거부터 쭉 곧게 뻗어 내려온 것일까? 다수의 중국인 학자는 이렇게 보는 것 같다. 그러나 언어란 사람들 사이의 교류 도구인 만큼, 그 구성원이 단일하지 않은 중국인이 사용하는 언어가 과거부터 쭉 한 길로 걸어왔다고 보는 것은 너무나 순진한 발상이라고밖에 볼 수 없다. 중국어의 성격을 파악하는 데 있어 하시모토 만따로(橋本萬太郎, 1932~1987)의 언급은 훌륭한 안내서가 되지 않을까 싶다. 그는 자신의 저서 『語言地理類型學』에서 漢民族이 어떻게 형성되었는가에 대해 "대체적으로 확신할 수 있는 것은, 기원전 11세기에 서북쪽에서 중원지방으로 온 周族이 某種의 방식에 의해 漢民族을 형성하는 데 결정적인 역할을 히였다. 그 후 수백 년의 기간을 거쳐 동쪽의 '齊', 동남쪽의 '吳', 남쪽의 '越', 서남쪽의 '楚' 등의 미개한 오랑캐(蠻) 민족들을 동화시켜 이른바 '漢'族을 형성시키게 되었다."라고 규정하였다. 그리고 이렇게 여러 민족이 융합되는 과정에서 주위의 언어들을 동화시키며 생겨난 것이 中國語

라고 주장하였다. 그의 이러한 주장은 어느 정도 믿음이 가는 주장이기는 하지만 모르긴 해도 아직까지의 중국어에 대한 연구는 그의 주장에 강력한 힘을 실어줄 만한 연구 성과를 내지는 못한 상황이다. 그러므로 우리는 좀 더 객관성이 증명된 그 이외의 학설에서 중국어에 대한 이해의 圖謀를 시작해야 하지 않을까 생각한다.

중국어가 현재의 모습을 갖추기까지 어떠한 과정을 거쳤을까? 원시중국어는 인근 각 언어와 어떠한 교류를 통해 그 교류한 언어에서 어떠한 요소를 받아들여 옛 중국어의 모습을 갖추었을까? 중국의 북쪽 및 북동쪽은 몽골어 및 한국어, 일본어처럼 알타이어에 속하는 언어들과 인접해있고, 서부 및 서남쪽은 다양한 티베트버마어에 속하는 언어들과 인접해있고, 남쪽으로는 다양한 캄타이어족 및 南亞語족과 인접해있다. 서양의 학자들은 일찍이 이러한 인근 언어에서 중국어와의 공통점을 찾아 중국어의 유형을 밝혀내고자 노력한 결과, 중국어가 티베트버마어나 캄타이어, 苗瑤語와 유사점이 많음을 발견하고, 중국어를 이들 언어와 함께 묶어 漢藏語族으로 분류하였다. 제리 노만이 제시한 중국어와 인근언어들과의 특징 비교표는 중국어를 이해하는 데 도움을 준다. (도표 중 '+'는 긍정을, '-'는 부정을 나타냄)

	단음절	성조	단성모	고립어	양사	수식어+ 피수식어	SVO
현대중국어	+	+	+	+	+	+	+
고대중국어	+	?	-	+	-	+	+
타이어(泰)	+	+	-	+	+	-	+
리어(黎)	+	+	-	+	+	-	+
베트남어	+	+	+	+	+	-	+
크메르어	-	-	-	+	+		+

苗어	+	+	-	+	+	-	+
瑤어	+	+	-	+	+	-	+
티베트글말	+	-	-	-	-	-	-
彝어	+	+	+	+	+	-	-
景頗어	-	+	-	+	-	-	-
말레이어	-	-	+	-	-	-	+
루카이어(대만)	-	-	+	-	-	+	-
몽골어	-	-	+	-	-	+	-
만주어	-	-	+	-	-	+	-
위구르어	-	-	+	-	-	+	-
한국어	-	-	+	-	-	+	-
일본어	-	-	+	-	-	+	-

위의 도표를 통해 봤을 때 중국어는 유형적인 측면에서 소위 漢藏語族에 속하는 언어들과 긴밀한 관계가 있음을 보여준다. 제리 노만은 비록 소량이긴 하지만 同源관계를 엿볼 수 있는 어휘들의 語音을 티베트어 및 버마어와 비교함으로써 중국어와 티베트어 및 버마어가 같은 뿌리에서 나왔음을 증명해 보이고 있다. 이 도표 또한 참고에 유용하리라 여겨 아래와 같이 轉載 예시해 보이기로 한다.

	中古漢語	上古漢語	서면 티베트어	서면 미얀마어	博多音	獨龍音
我	nguo	ngag	nga	ŋa	aŋ	ŋà
你	ńźjwo :	njag	-	naŋ	nəŋ	nă
無	mju	mjag	ma	ma'	-	mà
二	ńźji	njid	gnyis	hnac	nəy	ă-ni
三	sam	səm	gsum	sûm	tam	ă-sə`m
五	nguo	ngag	lnga	ŋâ	ba	pə´ŋ-ŋà
六	ljuk	ljəkw	drug	khrok	-	khlu

九	kəu	kəgw	dgu	kûi	-	də-gə`
日	ńźjet	njit	nyi-ma	ne	-	nì
森	sjen	sjin	shing	sac	-	-
年	nien	nin	-ning	hnac	-	ɲiŋ
名	mjang	mjing	ming	ə-mañ	muŋ	-
目	mjuk	mjəkw	mig	myak	megón	miè
耳	ńźi:	njəg	rna-ba	na	na:-	á-nà
乳	ńźju:	njug	numa	nui	-	nuŋ
接	tsiet	tsit	tshigs	ə-chac	-	tsi
魚	ngjwo	ngiag	nya	ŋâ	ná	ŋa
犬	khiwen	khwin	khyi	khwe	-	də-gəi
蜉	bjəu	bjəgw	'bu	pûi	-	bə`
苦	khuo:	khag	kha	kha	ká	kha
凉	ljang	gljang	grang	-	gazaŋ	glaŋ
殺	sat	srat	bsat	sat	-	sat
死	si:	sjid	shi-ba	se	təy	ɕi
毒	duok	dəkw	dug	tok	-	-

제리 노만은 이 도표를 예시하면서 중국어가 티베트어 및 미얀마어와 親屬관계가 있음을 긍정하면서, 上古漢語의 複聲母의 존재가 이들의 親屬관계의 정립에 부정적인 역할을 할 가능성을 제기하면서, 아마도 上古漢語가 純一한 체계가 아니지 않았을까하는 조심스러운 진단을 내놓았다. 上古音연구가 완전한 궤도에 올라오지 않은 상태에서 그의 조심스런 진단은 충분히 참고할 가치가 있는 것이 아닐까 여겨진다.

漢字에는 같은 뜻을 가지면서 공존하는 것들이 있다. 지금까지 연구된 字 중 대표적인 예를 들라면 江과 河를 들 수 있다. 둘은 맨 처음에는 長江과 黃河를 지칭하던 고유명사였는데, 후대로 내려오면서 일반적인 강을 나타내는 보통명사로 변화하였다. 그렇다면 왜 똑같은 강을 나타내는 말이 하나가 아니고 둘이여야만 했을까? 그것은 두 강을 끼고 있는 두 지역이 과거에는 같은 문화권이 아니었기 때문이다. 이러한 우리의 궁금증을 풀어준 것이 제리 노만과 梅祖麟, 그리고 하시모토 만따로(橋本萬太郞)이다. 제리 노만과 梅祖麟은 南亞語 어휘와의 비교를 통해 江의 중국어 上古音 *krung과 같은 뜻의 어휘인 고대베트남어의 *krong, 몬어(Mon)글말의 krung, 카투어(Katu)의 karung등과의 연관성을 지적하며 江의 남방어기원설을 주장했고, 하시모토 만따로(橋本萬太郞)는 河의 중국어의 上古音 *gar과 몽골어 Yool과의 연관성을 지적하며 河의 북방어기원설을 주장했다. 이 밖에도 '虎''象''牙' 등의 南亞語기원설과 '犢'의 알타이어기원설, '狗'의 苗瑤語기원설이 서구의 학자들에 의해 제기되었다. 제리 노만은 또한 중국어의 把字를 이용한 목적어의 동사 앞으로의 도치현상을 알타이어의 영향에서 비롯한 것으로 보았다.

위 서구학자들의 연구결과는 우리에게 제시하는 바가 크다. 과거 한국인들은 漢字로 기록된 모든 것을 중국에서 비롯된 것으로 동등시하는 경향이 있었다. 이러한 선입견은 언어를 연구하는 이들에게는 수면안대를 착용하고 책상 앞에 앉는 것과 같은 결과를 가져오게 할 것으로, 마땅히 경계해야 할 일이다.

2-2. 굴절어 및 교착어와의 비교로 본 중국어의 특징

중국어의 특징을 단순하게 나열한다면, 즉각적인 긍정적 반응을 기대하기는 쉽지 않다. 우리가 잘 아는 또 다른 언어와 비교할 때 비로소 긍정적인 반응을 이끌어내기가 쉽다. 그래서 여기서는 우리가 비교적 잘 아는 영어 및 우리말과의 비교를 통해 설명해보고자 한다.

먼저 영어와 비교를 해보면,

	영어	중국어
복자음	발달(school, street, splendid)	없다
모음 의미소	없다	있다(衣, 五, 魚, 餓)
형태변화	발달(believe, believable, belief) (move, movie, movile, remove)	없다(허사 이용)
격변화	발달(he, his, him)	없다(위치 변화, 허사)
시제 구분	형태변화(write, wrote, writing)	허사활용(了, 正在 등)
명사의 복수형	있다(foot, feet)	없다
한 어법형식의 다양한 용도	eats(3인칭, 단수, 현재, 서술식)	없다
동음자	적다	많다(工公弓功攻宮) (淀奠塾店惦電殿)

한국어와 비교해보면,

	한국어	중국어
음절말 자음	풍부(ㄱ, ㄴ, ㄷ, ㄹ, ㅁ, ㅂ, ㅅ...리, ㅎ, ㄳ..)	단순n, ng(ㄴ, ㅇ 해당)
치음	단순(ㅅㅈㅊ)	발달(jqx/zcs/zhchsh)
'ㅡ'모음	하나	둘(ı, ɿ)
ü모음	없다	있다
목적어 위치	술어 앞	술어 뒤
단어의 역할	격조사를 이용	위치이동을 통해
성조	없다	있다
양사	미발달	발달

사실 위에서 언급한 영어, 중국어, 한국어는 각기 다른 유형을 대표하는 언어이다. 독일의 언어학자 훔볼트(Karl Wilhelm Humboldt, 1767~1835)

는 19세기에 있어 일반언어학적인 질문들에 대해 가장 심오하게 사고를 한 사람 중의 하나로, 그의 대표 논문 「인간 언어 구조의 다양성」(The variety of human language structure)에서 인류의 언어를 孤立語, 膠着語, 屈折語 및 綜合語의 네 종류로 구분하였다. 이 중 孤立語, 膠着語, 屈折語는 그와 동시대의 학자 슐레겔(Friedrich Schlegel, 1772~1829)이 그보다 한발 앞서 1808년에 발표한 분류법이었다. 위에서 언급한 영어, 중국어, 한국어는 각기 屈折語, 孤立語, 膠着語에 속하는 언어인 것이다. 참고로 세 언어유형의 특징을 들어보자.

먼저 영어를 예로 든 굴절어의 특징을 보면, 첫째로는 어휘 내부의 굴절로 인해 어법적인 기능이 발생하는 것으로, 같은 뜻을 나타내지만 일부 음소의 굴절 내지는 변화로 의미의 차이를 가져오는 sing과 sang의 관계나 foot와 feet의 관계가 그것이다. 둘째로는 하나의 어법형식이 여러 가지 어법적인 의미를 갖는 것으로, 동사원형에 s가 붙으면, 제3인칭을 나타내기도 하고, 單數임을 나타내며, 현재시제를 나타내기도 하며, 서술형임을 나타내기도 하는 것이 그것이다. 셋째로는 語尾와 語幹이 긴밀함을 보여, pencils나 books처럼 복수형 어미 s가 명사 뒤에 곧바로 온다.

중국어로 대표되는 고립어의 특징으로는 첫째, 어휘의 형태변화가 없고, 둘째로는 각종 어법적인 의미는 문장 속 위치나 허사에 의해 결정된다는 점이다.

한국어로 예를 들 수 있는 교착어의 특징을 보면, 첫째로는 어휘 내부의 굴절에 의한 어법적인 수단이 없으며, 둘째로는 부가적 성분이 어간에 붙되, 그 구분은 뚜렷하며, 셋째로는 하나의 어법적 형식은 단지 하나의 어법적 의미만을 나타내어, 예를 들면, '~한다'는 현재형, '~하고 있다'는 진행형, '~했다'는 과거형만을 나타내는 것이 그것이다.

2-3. 중국어의 특징, 同音字와 多音字

발음이 같으면서 뜻이 다른 글자를 同音字라 한다. 중국어에서 발음이 같다는 것은 聲母, 韻母가 같고 聲調까지 같은 字를 말한다. 同音字에는 두 종류가 있다. 漢字가 같으면서 의미가 다른 것 즉 '公正'과 '公鷄'의 '公'처럼 외형은 같으나 의미가 다른 同形同音字와 '工,公,攻,弓'처럼 소리값만 같은 異形同音字가 있는 것이다. 중국어에 同音字가 많은 것은 주로 중국어의 음절이 적고 漢字의 수는 많기 때문에 생긴 결과이다.

보통화의 음절은 400개 정도로 음절의 수가 적어, 4성과 경성을 더한다 해도 1,300여 개의 음절만이 존재하는 반면, 漢字의 수는 몇 만 字이며, 통용되는 漢字만 하더라도 6, 7천 字이다. 同音字를 가장 많이 가진 음절인 yi의 경우 69개의 同音字가 있다. 즉 음절의 수가 적은 것이 중국어에 同音字가 많게 된 첫 번째 이유이다.

중국어에 동음자가 많은 또 다른 이유는 語音의 변화에서 비롯되었다. 중국어음은 韻書가 개발된 이후로, 표준어가 생겨나는 과정에서 音韻系統의 간략화가 진행되어 왔다. 그 결과 中古音 시기에는 서로 다른 음이었던 字들이 현재에 와서는 동음자가 되어, "士,市,事,勢,室,釋"등은 과거에는 서로 다른 音節이었으나, 현재는 동음자가 되어있다.

이 외에도 '米(미터)'나 '克(킬로그램)'처럼 외래어 번역으로 생긴 동음자, '鬍鬚→胡須'와 같은 簡化로 인한 동음자의 추가, '不要→別'와 같은 借用字의 추가도 동음자의 증가에 나름 一助한 경우이다.

그런가 하면, 낱말의 의미의 분화 내지는 품사의 분화로 인한 동음자들도 증가하여, 快(快速: 痛快), 慢(緩慢: 傲慢), 木(樹木: 麻木), 偶(配偶: 偶然), 排(排列: 排除), 疾(疾風怒濤: 疾病), 簡(竹簡: 簡單), 料(材料: 料想), 露(露水: 顯露) 등 의미의 분화로 인한 동음자의 증가와, 費(消費:

電費), 信(相信: 信封), 書(書寫: 書本), 張(張開: 紙張), 鎖(鎖門: 一把鎖) 등 품사의 분화로 인한 동음자의 증가가 보인다.

사실, 중국어가 단음절어에서 쌍음절어가 주종을 이루는 언어로 변화한 데에는 이 同音字가 큰 원인제공을 했다고 봐야한다. 즉 'jī'라는 발음을 했을 경우, 그 나타내는 바가 '機,擊,積,鷄,基,激' 중 어느 것인지 쉽게 알아차리지 못할 수가 있다. 하지만 이것들을 쌍음절인 '機械,打擊,積極,母鷄,基礎,激動'으로 바꾸어 말하면, 듣는 사람은 쉽게 그 의미를 파악할 수 있다. 이 同音字로 인해 중국어의 신비성을 드러낸 부분도 있으니, 歇後語나 謎語, 笑話 등이 좋은 예이다.

多音字란 하나의 漢字가 몇 가지 발음을 가진 경우를 말한다. 多音字는 多義多音字와 同義多音字로 나눌 수 있다. 현대중국어에는 多義多音字가 많고, 同義多音字는 적다. 多義多音字란 하나의 漢字가 두 개 혹은 그 이상의 발음을 가진 것을 말하며, '難'을 예로 들면 nán과 nàn의 두 음이 있다. nán은 '어렵다'의 뜻이고, nàn은 '재앙, 고통, 힐책'의 뜻이 있다. 이 두 가지 의미는 어법적인 기능도 달라, nán은 형용사이고 nàn은 명사다.

同義多音字란 두 개 혹은 그 이상의 발음을 갖지만, 의미에는 차이가 없는 것을 가리킨다. 예를 들면, '殼'은 '蛋殼'에서는 ké로 읽히고, '地殼'에서는 qiào로 읽히는데, 둘의 발음은 다르지만, 나타내는 의미는 다르지 않다.

多音字가 생겨난 원인은 다방면이지만, 주된 원인은 語音의 分化에 기인한 것이다. 語音의 발전과정 중 어떤 字는 古今音 사이에 分化가 일어난다. 만일 현재의 발음이 古音을 완전히 대체했다면 多音字가 생겨나지 않았겠지만, 종종 今音이 통행되어지는 중에도 古音이 폐기되지 않아, 그 결과 古今音이 함께 살아남아, 하나의 漢字가 여러 개의 音을 갖게 된 것이다. 예를 들면, '鉛'의 古音은 yán이고, 今音은 qiān으로, 현재는 今音이 널리 쓰이고 있지만, '鉛山'처럼 지명에는 古音이 남아있다.

어떤 字들은 옛날에는 하나의 音만 존재했으나, 후에 讀書音과 口語音으로 나뉘어 文白異讀이 생겨나게 되었다. '血'을 예로 들면, 讀書音은 '血液'이나 '血統'에서처럼 xuè로 읽히는데, 口語音은 '流血'에서처럼 xiě로 읽힌다. '剝'도 '剝奪'이나 '剝削'처럼 讀書音에서는 bō로 읽히는데 반해, '剝皮'처럼 口語音에서는 bāo로 읽힌다. 그 외 削, 薄, 落, 色 등도 文白異讀현상이 존재한다.

多音字는 漢字끼리 서로 바꿔 쓰는 通假현상에 기인하기도 한다. 通假는 同音通假와 異音通假가 있는데, 通假에서 기인한 多音字는 異音通假에서 비롯된 것이다. 옛날 '見'은 '現'과 通假되었는데, 여기에서 '나타나다'라는 뜻이 추가됨과 더불어 xiàn이라는 音도 추가되어, 이를테면 '見齒', '謁見' 등으로도 쓰였다.

漢字의 簡化과정에서 비롯된 多音字도 있다. '氣吁吁'에 쓰이는 '吁(xū)'와 '呼吁'에 쓰이는 '吁(yù)'는 본래 서로 다른 글자였으나, '呼籲'로 쓰이던 '籲'가 簡化되어 '吁'로 되면서 同音字가 된 것이다. '桔'도 원래는 'jié'로 읽히며 '도라지'나 '두레박'의 뜻으로 쓰인 字였으나, '橘子(júzi)'의 '橘'이 '桔'로 簡化가 되면서 '桔'은 원래의 발음 'jié'에 'jú'音이 추가되면서 多音字가 되어버렸다. 그런가 하면 '叶'는 '協'과 通假되던 字로 xié가 그 본래의 音인데, 훗날 簡化과정에서 '葉'도 '叶'으로 간화되면서 yè라는 讀音이 추가되어 多音字가 되었다.

품사의 轉用과 글자의 합병도 多音字의 원인이 되기도 한다. '背'는 원래 '背影'이나 '背脊'에서처럼 명사로 bèi였으나, '背負'처럼 '지다'라는 동사로 쓰이면 bēi가 된다. 그런가 하면 幷, 倂, 並은 并으로 합병되면서 并은 bīng과 bìng 두 가지의 음을 갖게 되었다.

漢字에는 2000여 字의 多音字가 있다고 한다. 그중 발음이 가장 많은 字는 '那'로 8개의 발음을 가지고 있다. 그밖에 1字 2音이 가장 많아, 2100여 字나 된다고 한다. 多音字는 중국어 학습자에게는 잘못 읽게 될 수 있어서 자칫 골치 아픈 존재로 여겨질 수 있다. 多音字는 세 가지의 경우로 나누어볼 수 있다.

첫째는 품사로 구분할 수 있는 것으로, '處'의 경우 동사일 때는 chǔ로 읽으며 '處理', '處罰' 등이 있으며, 명사일 때는 chù로 읽고 '處所', '住處' 등으로 쓰인다. '中'은 방위사일 때 제1성으로 읽으며 '中間', '中途' 등으로 쓰이며, 동사로 쓰이면 제4성으로 읽고 '中選', '中的' 등으로 쓰인다. '好'는 형용사일 때는 hǎo로 읽고 '好處', '好人' 등에 쓰이며, 동사일 때는 hào로 읽고 '好客', '好酒', '好色' 등으로 쓰인다.

둘째는 의미로 구분할 수 있는 것으로, '看'은 '보다'의 뜻일 때는 제4성으로 읽히며(看書,看望,看懂), '지키다'나 '돌보다'의 뜻일 때는 제1성으로 읽는다(看管,看孩子,看守,看家). '惡'도 '증오하다'의 뜻일 때는 wù로 읽고(可惡), '나쁘다'의 뜻일 때는 è로 읽으며(惡劣,無惡不作), '구토가 나오게 하다'의 뜻일 때는 ě로 읽는다(惡心).

셋째는 용법으로 구분하는 경우로, '給'은 단음절로 쓰일 때는 gěi로 읽고(給他穿的東西), 복음절어로 쓰일 때는 jǐ로 읽는다(供給,給水,給予). '色'은 書面語에 쓰이면 sè로 읽고(顔色,角色), 口語로 쓰이면 shǎi로 읽는다(落色兒).

2-4. 文言과 白話, 중국어의 두 얼굴

중국어에는 文言과 白話의 구분이 있다. 文字가 나타내는 의미로 구분을 짓는다면 文言은 '꾸며진 말'이며, 白話는 '꾸며지지 않은 원래의 모양을 한 말'인 셈이다. 우리가 文言과 白話에 대해 언급하려면, 먼저 書面語와 口語를 언급할 필요가 있다. 書面語는 문자로 쓰인 언어형식이라 할 수 있고, 口語는 입으로 표현되는 언어형식이라 할 수 있다. 둘의 역사를 언급한다면, 당연히 귀와 입을 통해서 의사전달이 이루어진 口語가 먼저 존재했었고, 文字가 생긴 후에 보여줄 목적으로 口語의 기초 위에 생겨난 것이 書面語인 것이다.

口語와 書面語는 쓰임새가 다르다. 口語는 실제 대화에 쓰이는 것인 만큼 만들어지는 과정이 빠르게 진행된다. 그 과정이 빠르다 보니 깊이 생각할 여유가 없이 만들어진다. 그러므로 자연스러운 모습을 보이기 쉽다. 그러나 書面語는 보는 것과 쓰는 것이 연계된 것이라, 조용히 그 문장을 되씹으며, 마음에 들지 않는 부분을 고칠 수가 있다. 이러한 차이점이 口語와 書面語의 특징을 구분 지을 수 있게 한 부분으로, 이러한 차이에서 비롯되어, 같은 의미를 전달할 경우, 구어에서 쓰이는 어휘의 수는 상대적으로 많지 않고, 문장의 길이도 짧으며, 구조도 비교적 간단하고, 쓸데없는 語氣詞 등의 표현도 있게 마련이다. 하지만 書面語는 口語와 같은 시간적 제한을 받지 않다 보니, 사용하는 어휘도 훨씬 많고, 문장의 길이도 길고 복잡하게 되었으며, 쓸데없는 語氣詞 등의 말을 제거할 수도 있고, 문장을 더 아름답게 꾸밀 수도 있게 되었다. 이러한 과정을 통해 口語의 순박함 내지는 거칢과 書面語의 加工性이 각기 둘의 특징으로 자리 잡았다고 할 수 있다.

文言文은 옛날 중국의 書面語로, 초기에는 당시의 口語와 일치했던 것으로, 『論語』와 『孟子』 등에 기록된 대화는 대체로 당시의 口語였다고 본다. 즉 초기의 書面語와 口語는 같은 모습이었다 할 수 있다. 그 후 口語는 그때그때 사람들의 언어습관 변화에 따라 쉽게 그 모습이 변하게 되었지만, 書面語는 정부의 법령이나 계약문서 또는 경전문헌 등 고급적인 분야에 쓰인 덕분에 書面語를 존중하는 분위기도 조성되어 강력한 保守性을 띠게 되었다. 쉽게 변하는 口語와 잘 변하지 않는 書面語의 성격 탓에 둘 사이의 차이는 시간이 흐를수록 더욱 벌어지게 되어, 漢代에 이미 둘 사이의 차이가 상당한 거리가 있었다 한다. 좀 더 후대로 가서는 서로 의사전달이 되지 않는 지경까지 이르게 되었다고 한다. 宋代에 쓰인 呂居仁의 『軒渠錄』에는 岩州(지금의 遼寧省 遼陽市 동쪽 燕州城)에 사는 한 陳씨 부인이 그곳을 지나가던 書面語 교육을 받은 書生에게 멀리 떨어져 있는 아들에게 보낼 서찰을 口語로 부탁하는 장면이 있는데, 이 書生이 口語를 알아듣지를 못해 편지를 써주지 못하는 광경이 연출되는 장면이 묘사되어 있다.

이처럼 문언과 백화의 거리가 멀어지게 된 데에는, 1950년대까지도 중국의 문맹률이 80%를 보인 사실에서도 알 수 있듯이, 漢字가 워낙 쓰기에 불편한 것이라 일반백성들과는 거리가 있는 문자이다 보니, 책을 읽을 줄 아는 사람들, 즉 일부 통치계층의 교제수단 내지는 출세수단으로만 기능했기 때문이다. 한자와 일반백성 간의 거리감이 존재한 이러한 사정은 우리의 조선시대에도 그대로 적용되어, 수많은 기행이 얽힌 한문문장들을 만들어낸 김삿갓이라는 인물이 활약하는 토양을 제공하게 된 것이다. 그 한 예로 김삿갓이 하루는 한 고을을 지나는데, 그곳의 한 농가에 초상이 났건만, 상주인 농부는 漢字를 전혀 몰랐던지라, 김삿갓의 행색으로 볼 때 선비가 틀림없어 보이므로, 그에게 紙榜으로 쓸 漢文句를 부탁하자,

김삿갓은 별다른 지체함 없이 "柳柳花花"란 네 글자를 써주고, 그 대가로 내온 잘 차려진 한 상으로 주린 배를 채우고 방랑길을 재촉했다는 일화가 전해진다. 사실 그가 써준 지방은 대단한 문장을 쓴 것이 아니었고, 풀이하자면 한자의 뜻을 그대로 이용한 것으로 "버들버들 떨다가 꼿꼿하게 죽었노라"는 한 필부의 인생역정을 간단히 묘사한 것일 뿐이다.[2]

중국어에는 이런 현상 외에도, 漢字의 表意性이 문언과 백화의 거리를 넓히는데 일조하였다. 중국어의 변화는 二音節化가 뚜렷하여, "눈썹과 머리카락"을 지칭할 때 입으로는 "眉毛和頭髮"이라고 하면서 글로 쓸 때는 굳이 "眉髮"로 적는 경향이 있다. 이렇게 고치면, 글자 수를 줄일 뿐만 아니라, '예스럽고 우아하기'까지 하여, 一擧兩得의 표현이 되어버린다. 이러한 특징이 문언을 오래도록 사용하게 한 원인으로 작용한 것이다.

앞에 보인 『軒渠錄』 속의 이야기와 같은 불편이 초래될 정도로 書面語와 口語의 차이가 심각해지자 사람들이 '言文一致'를 주장하는 목소리가 높아지게 되어, 급기야는 낡은 악습을 고치자는 '五四運動'의 일환으로, 文言을 폐지하고 일반 대중이 쓰는 口語를 새로운 書面語로 채택하자는 '白話文運動'이 일어나게 되었고, 그 결과 우리가 오늘날 배우고 있는 중국어, 즉 普通話가 생겨나게 된 것이다.

그렇다면, 구어로 쓰인 문장은 언제부터 생겨났을까? 칼로 도려내듯 구

---

[2] 여기서 머리를 식힐 겸 김삿갓의 기지 넘치는 한글한자음과 한자의 뜻을 교묘히 이용한 그의 대표작 한 수를 소개해보자. 이 詩는 그가 한 지방의 서당엘 들렀는데, 서당의 훈장도 내다보질 않는 무례함을 보고 一喝한 것이다. "書堂來早至하니, 房中皆尊物일세. 生徒諸未十한데, 先生乃不謁하네." 이를 맛깔나게 읽자면, 조사를 "書堂(은)來早至(요), 房中(은)皆尊物일세. 生徒(는)諸未十(이요), 先生(은)乃不謁(이라)."로 바꾸어주면 된다. 조사를 이리 처리하니 단번에 얼굴이 화끈거려지는 표현이 되어버린다.

어로만 이루어진 문장을 가려내긴 쉽지 않지만, 구어 성분을 많이 포함하고 있는 문장들은 존재한다. 陶淵明의『桃花源記』라든가, 승려들이 대중을 상대로 佛法을 설파한 내용을 담은 것으로 보이는『敦煌變文集』속의 變文들이나 禪宗 승려들의 각종 "語錄"들이 비교적 白話의 성분을 많이 포함하고 있는 것으로 여겨진다. 五四운동 이후 형성된 白話文의 모습은 1950년대의 그것과도 이미 큰 차이를 보이고 있다. 그 골격은 옛 白話의 전통을 계승하였지만, 그 위에 文言의 성분과 외국어로부터 차용한 어법 및 어휘를 가미하며 한층 더 변화한 모습이 되어버린 결과이다.

현재 중국어의 표준어를 지칭하는 말은 '普通話'가 차지하고 있지만, 이 말이 쓰이기 시작한 것은 1950년대 중반부터이며, 그 이전까지는 '國語'라는 명칭이 쓰였었다. 이 國語라는 명칭은 일본에서 들여온 어휘로, 1909년부터 쓰이기 시작했으며, 지금도 臺灣에서는 여전히 표준어의 명칭으로 쓰이고 있다.

이 외에 중국어를 지칭하는 말로 '漢語'와 '中文'이 있다. '漢語'는 '漢族이 쓰는 언어'라고 풀이할 수 있으며, 중국인의 대다수를 차지하고 있는 종족이 漢族임을 볼 때, 수긍이 가는 명칭이기도 하다. 현재 중국에서는 이 漢語라는 명칭이 갈수록 그 세를 과시하는 추세이다.

중국어를 나타내는 또 다른 어휘 '中文'은 특정어휘에 있어서 여전히 자신의 위치를 확고히 다지고 있다. '중문과' 내지는 '중국어과'를 뜻하는 '中文系'라든가, '中文報'나 '中文書'가 그것으로, 근자에 들어 '中文系'는 '漢語系'보노 많이 불리는 경향이 있으니, '中文報'나 '中文書'는 다른 명칭이 대체 불가로 여겨질 정도로 요지부동의 상태이다.

2-5. 표준 중국어의 前身 官話

일부 학자들은 '官話'라는 명칭을 濫用하여 元代에도 官話가 있었다고 주장하기도 한다. 하지만 官話라는 명칭은 明代 문인들의 기록에 보이기 시작한 점으로 볼 때 明代에 비롯된 것이 틀림없다. 明代에 중국에 들어가 평생을 중국선교에 매달린 마테오 리치(Matteo Ricci, 1552~1610)가 자신이 중국에서 겪은 일들을 이탈리아어로 기록한 『利瑪竇中國札記(원저명: I Commentarj della Cina)』에 의하면, 당시 중국은 부녀자와 아이까지도 알아들을 수 있는 전국적으로 통용되는 官話라는 입말이 존재하여, 선교를 하려면 중국어를 구사할 줄 알아야했던 그들 선교사는 달리 方言을 습득하지 않아도 되었다는 기록이 있다.³

---

3   中譯本 『利瑪竇中國札記』에 "還有一種整個帝國通用的口語, 被稱爲官話, 是民用和法庭用的官方語言. 這種國語的産生可能是由於這一事實, 卽所有的行政長官都不是他們所管轄的那個省份的人, 爲了使他們不必需學會那個省份的方言, 就使用了這種通用的語言來處理政府的事務. 官話現在在受過教育的階級當中很流行, 幷且在外省人和他們所要訪問的那個省份的居民之間使用. 懂得這種通用的語言, 我們耶蘇會的會友就的確沒有必要再去學他們工作所在的那個省份的方言了. 各省的方言在上流社會是不說的, 雖然有敎養的人在他的本鄕可能說方言以示親熱, 或者在外省也因鄕土觀念而說鄕音. 這種官方的國語用得很普遍, 就連婦孺也都聽得懂.(제국 전체에 통용되는 官話라고 불리는 입말이 있으니, 민간에서와 법정에서 쓰이는 관방의 언어이다. 이 표준어가 생겨난 것은 아마도 이러한 사실 때문일 것이다, 즉 모든 행정기관장은 그들이 관할하는 지역출신의 인사가 아니었는데, 그들이 해당 省의 방언을 사용할 필요가 없게 하기 위해, 이 널리 통용되는 언어를 사용해 정부의 업무를 처리하게 했던 때문이다. 官話는 현재 교육을 받은 계층사람들 사이에서 크게 유행하고 있고, 타시에서 온 사람과 해당지역에 거주하는 사람들의 대화에서도 쓰인다. 이 통용되는 언어를 알면, 우리 예수회의 회원들은 일하러 가는 그 省의 방언을 배울 필요가 없다. 비록 교양 있는 사람이 그의 고향에서 친밀함을 나타내기 위해, 또는 외지에서 애향심에 의해 사용하기도 하지만, 각 省의 방언은 상류사회에서는 쓰이지 않는다. 이러한 관방의 표준어는 아주 널리 쓰여, 아녀자조차도 알아들을 수가 있다.)"란 기록이 있다.

이 明代의 官話는 당시 官方에서 쓰일 수 있도록 국가에서 지정한 規範音이 당시의 수도 南京에서 쓰이면서 南京音의 영향을 받아 형성된 것으로, 나중에 北京으로 遷都한 후에도 그 지위를 잃지 않았던 당시의 표준음이었던 것이다. 이 明代의 官話와 元代의 北京音 사이의 가장 큰 차이점은 入聲字에서 두드러진다. 官話는 淸代에도 존재했었다.

2-6. 표준중국어의 또 다른 뿌리 민간어

중국의 典籍에서 민간어를 수록한 자료를 찾는 것은 모래 속에서 砂金을 찾는 것보다도 더 힘든 일이며, 많은 양의 대화체 문장을 통째로 수록한 서적을 찾기란 더더욱 힘든 일일 것이다. 하지만 과거 중국어의 대화체 문장을 수록하고 있는 귀중한 자료가 있으니, 그중에서도 백미라 할 수 있는 것이 조선시대 譯官들이 중국어교재로 썼던 『老乞大』와 『朴通事』이다.

원래 『老乞大』와 『朴通事』는 중국어로만 구성되어있었는데, 조선시대 역관들의 교재로 쓰이면서 원문 옆에 당시 중국어음을 훈민정음으로 표기한 주석본이 등장하게 되었다. 이 주석본은 필요에 따라 몇 차례 개정판이 나왔으니, 후대의 학자들은 이 주석본들을 시대별로 각각 '飜譯本', '諺解本', '舊刊本', '新釋本', '重刊本'으로 부른다.

이 『老乞大』와 『朴通事』는 당시의 대화체 중국어문장을 대량으로 수록하고 있는지라 중국어를 연구하는 사람들로부터 각별한 관심의 대상이 되고 있다. 필자가 확인한 바에 따르면[4], 『老乞大』와 『朴通事』에는 明代

---

[4] 「『飜譯老乞大朴通事』 中國音의 성격」, 『中國言語研究』 제29집, pp.27-59.

의 官話를 반영하고 있는 것으로 여겨지는 1626년 프랑스인 가톨릭 선교사 Nicolas Trigault(중국명 金尼閣)가 펴낸 『西儒耳目資』에는 수록되어지지 않은 漢字들이 보인다. '丟'의 경우 明代 이전의 어떠한 韻書나 字典에도 등장하지 않았지만, 『朴通事』에는 네 차례 등장하고 있다. 이는 『老乞大』와 『朴通事』의 가치를 증명하는 사례라 하겠다.

이 외에도 鬧, 拿, 搽, 罐, 臕, 驃, 拷, 靠, 笤, 疴, 楪, 這, 熰, 妗, 蔘, 担, 鞊, 妨, 膀, 緷, 框, 媳, 薏, 葡, 菩, 咐, 褲, 緋, 蔔, 峪, 囑, 刮, 俗, 玳, 咳, 噯, 檳, 滾, 哞, 們, 吩, 棍, 欑 등을 포함한 60字가 『老乞大』와 『朴通事』에는 수록되어있으나 『西儒耳目資』에는 수록되어지지 않았다. 이들이 왜 『西儒耳目資』에 수록이 되지 않았을까? 이는 다름이 아니라 이들이 官話에서 쓰이는 어휘에 소용되는 漢字들이 아니었기 때문이다. 그렇다면 이들은 어디에서 쓰이던 字들인가? 바로 官話의 권역 밖에 있는 민간에서만 쓰이던 字들인 것이다. 이들 중 拿, 拷, 靠, 這, 担, 膀, 框, 媳, 葡, 咐, 褲, 緋, 囑, 咳, 滾, 們, 吩, 棍 등의 字들은 현재의 普通話에서도 사용빈도가 상당히 높은 字들이다. 이들은 明代 당시 비록 官話에서는 배제되었으나 민간에서 활발하게 사용되다가 후대에 이르러 普通話의 어휘로까지 자리 잡게 된 字들인 것이다.

번역노걸대

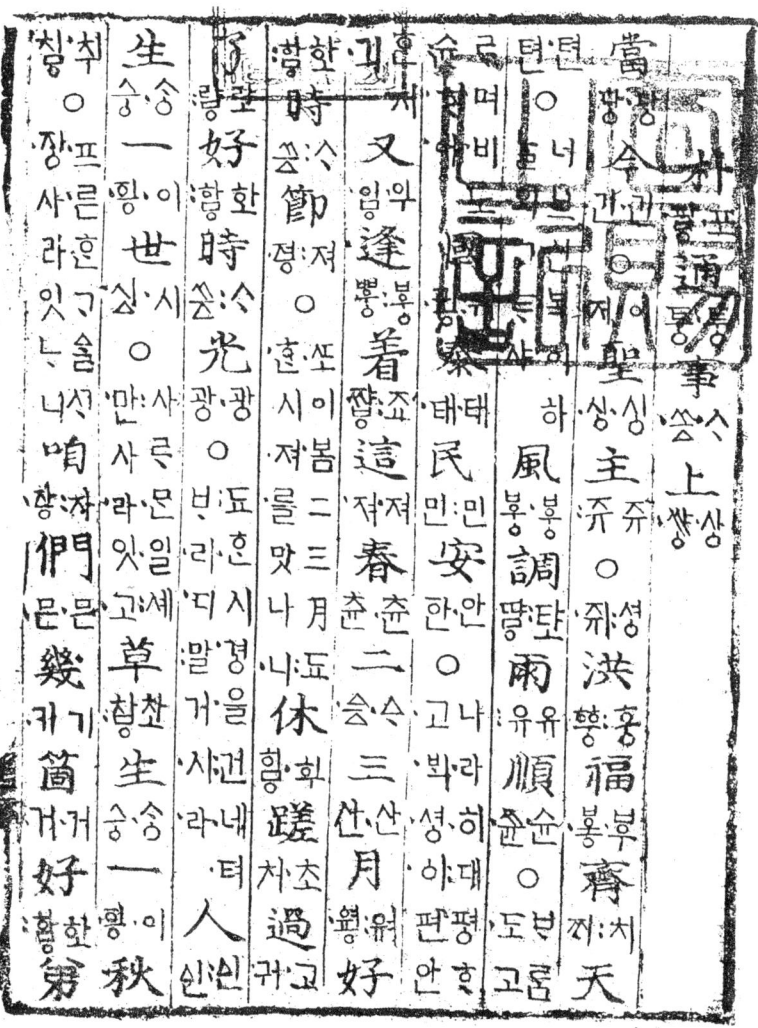

번역박통사

어떤 字는 官話에서도 쓰이는 字이지만, 민간의 讀音은 다른 경우도 있다. 예를 들면, 喫와 尾는 官話音, 즉 『西儒耳目資』에서는 'kie次'와 'vi'로 표기되어 있으나, 『飜譯老乞大朴通事』에는 'tʃʻi'와 'i'로 표기되어져 있다.

위의 사실은 당시의 민간어가 분명 존재했으며, 일부 한자의 발음이 관화와는 다른 점이 존재했으며, 일부 어휘는 독자적으로 쓰였음을 알 수 있다. 하지만 당시 관화와의 역학관계에 있어 관화가 主의 위치에 있었다면, 민간어는 從의 위치에 있었다고 할 수 있겠다.

제3장
◇
중국문자의 기원 및 *流變*

3-1. 漢字의 기원

　인류가 문자가 없었을 때는 말, 즉 口語가 언어의 유일한 존재형식이었으나, 口語는 근거리에서만 들을 수 있는 공간적인 한계와 말할 당시에만 유효한 시간적 한계의 두 가지 뚜렷한 약점을 지니고 있었다. 하지만 문자가 생겨나면서 이 두 가지 약점을 단숨에 보완할 수 있었으니, 먼 거리로의 전송은 물론 후대에도 전할 수 있게 되어, 원래 삽시간에 사라져버리던 언어를 저장할 수 있게 되었으니, 오늘날 아무리 뛰어난 과학적 업적이 있다하더라도, 그것을 기록할 문자가 없었다면 그것은 단지 徒勞에 그쳤을 것이 분명하므로, 문자란 인류의 가장 큰 발명이라 아니할 수 없다.
　지구상의 문자는 크게 표의문자와 표음문자로 나눌 수 있으니, 4,000여 년 전에 쓰인 이집트의 성서문자나 5,500여 년 전에 쓰인 메소포타미아의 楔形文字 및 漢字를 표의문자의 대표로 볼 수 있으며, 개념마다 문자가 필요했던지라 유한한 숫자의 문자로 수많은 개념을 나타내기에 부적합했던지라, 앞의 두 고대문자는 후대에는 더 이상 쓰이지 않게 된 반면, 漢字

는 그만의 독특한 문자형성법의 개발로 현재까지도 명맥이 끊어지지 않은 문자로 생존하게 되었다.

　표음문자는 자음과 모음을 이용해 音素나 音節을 나타내는 방식으로, 字形과 언어의 발음이 직접적인 연계를 갖는 문자로, 적게는 20여 개, 많게는 40여 개의 문자만으로 언어를 표현해낼 수 있는 것이 장점이다. 표음문자는 음소문자와 음절문자로 나눌 수 있는데, 음절문자에 비해 음소문자가 더 배우기 쉽고 쓰기에도 편한 형식으로, 영어나 불어 및 한국어 등이 여기에 속하며, 이에 비해 일본어는 음절문자에 속한다. 위에서 언급했듯이 漢字는 기본적으로 표의문자로 구분되지만, 현재까지 생존하게 된 이유를 독특한 문자형성법에 있다 하였는데, 그것은 다름 아닌 기존의 표의성에 음절의 특징을 부가시켰기 때문으로, 이런 이유로 혹자는 漢字를 表意 겸 表音문자로 보기도 한다.

　문자가 생겨나기 전 口語의 공간적 한계를 벗어나 원거리 교류를 가능하게 했던 가장 보편적인 방법으로 여겨지며 존재했던 것이 結繩이라는 것으로, 페루인디언의 그것이 가장 발달된 것으로 여겨지고 있다. 『易經』에는 "上古結繩而治, 後世聖人易之以書契"라 하여, 문자가 생겨나기 전에 이 結繩이란 방법이 있었음을 언급하고 있다.

　중국문자는 언제 생겨났을까? 중국문자의 기원에 대해 몇 가지 믿기 어려운 전설이 있다. 그중 가장 많이 언급되는 것이 黃帝시대 때의 史官 蒼頡이 새와 짐승의 발자국을 보고 거기서 힌트를 얻어 문자를 창조했다는 '倉頡造字說'이다. 이 설은 戰國時代에 생겨나 『呂氏春秋』, 『韓非子』, 『淮南子』 등에도 기록되어있다. 후대에 출토된 漢代의 여러 분묘에 이 설과 관련된 벽화가 그려져 있는 것을 볼 때, 漢代에 이 설이 크게 유행했음을 알 수 있다. 하지만 언어를 기록하는 문자가 한 사람에 의해 만들어졌다는 것은 도저히 수긍할 수 없는 일로, 일찍이 荀子도 이를 부정했었으며, 淸末의 章太炎도 강력히 부정한 바 있다. 역대로 이 설이 크게 비판을 받지 않은 까닭은 아마도 淸代학자들에게까지도 크게 존숭을 받은 중국 최초의 字典『說文解字』에도 이 설이 적혀있었기 때문일 것이다.[5] 章太炎의 주장처럼 이 설은 이미 이전에 존재하던 문자를 倉頡이 정리한 것으로 보는 것이 타당할 것이다. 그렇다면 죽은 자의 무덤에 벽화가 그려질 정도로 이 설이 널리 유행한 원인은 무엇일까? 그것은 아마도 문자를 통해 명령을 알려야 할 왕이 문자의 神聖性을 빌려 자신의 왕권을 강화시키고자 했기 때문이 아닐까?

그 외로 神農氏의 結繩說과 伏羲氏의 八卦說이 있는데, 그 역할이 언어처럼 의사를 전달하는 데 쓰인 도구라는 공통점은 인정할 수 있어도, 언어를 기록했다고는 볼 수 없으므로, 문자의 전신으로 보기는 어렵다 하겠다.

중국문자의 기원은 상형문자의 전신이라 할 수 있는 圖畵文字에서 찾을 수 있다. 갑골문이나 商周彝器銘文에는 萬, 象, 鷄, 魚, 牛 등의 圖畵文字가 보이는데 실물을 보는 듯이 생생한 모습이다. 여기서 좀 더 필획이 간략해진 것이 象形字이다.

3-2. 중국 最古의 漢字 甲骨文

1881년경 河南省 安陽縣 小屯村 일대의 농지에서 한 농부가 밭을

---

[5] 『自序』에 "黃帝之史蒼頡,見鳥獸蹄迒之迹,知分理之可相別異也,初造書契"라 기록하고 있다.

갈다가 칼로 판 흔적이 있는 동물의 뼈를 발견했는데, 이 뼈를 '龍骨'이라 부르며 시장에 내다 한약재로 팔게 되었다. 그 뒤로 이 용골은 북경이나 천진 등 대도시로도 비싼 약재로 팔려나가게 되었다. 그러다 1899년 당시 國子監祭酒[6]이자 金文에 조예가 깊던 고문자학자 王懿榮[7]이 병에 들어 한약을 지어왔는데 그 안에 들어있던 龍骨에 글씨가 새겨진 것을 발견하고는 분명 고문자일 것으로 여겨, 小屯村에 가 대량으로 발굴하게 되어 그 이후로 대단한 관심을 받게 되었다.

이 고문자는 거북의 배 껍데기나 소나 사슴의 등뼈 등에 새겨져 있었던 지라, 사람들은 이 문자들을 龜甲과 骨頭 위에 새겨진 글자라는 뜻으로, 甲骨文이라 부르게 되었다[8].

그 후, 여러 차례의 발굴을 통해, 小屯村 일대가 약 3,000여 년 전의 商代(殷) 후기의 도읍지임이 밝혀졌다. 옛 기록에 의하면 商王은 자주 수도를 옮긴 것으로 나와 있으나, 盤庚14년에 安陽으로 천도한 후로는 마지막 왕 紂王 때까지 대략 273년 동안 수도로 쓰이다 周나라에 멸망한 이후로는 '殷墟'로 불리게 되었다.

商은 추수라든지 전쟁이나 수렵 등 크고 작은 일들이 있을 때마다 貞人이라는 전문 관리로 하여금 점을 치게 하고, 때로는 왕이 직접 나서서 점을 치기도 하였다. 당시 주된 점복 재료는 거북이의 배 껍데기나 소의 어깨뼈가 사용되었다. 이 뼈의 반대편에 원형이나 원추형의 홈을 파고는, 점을

---

6 國子監은 당시의 국립대학에 해당하며, 祭酒는 대학총장에 해당한다.
7 王懿榮 외에도 유명한 갑골문 수집가로 王襄, 孟定生, 端方, 劉鶚 등이 있었다.
8 甲骨文을 이르는 명칭으로는 '龜版文', '契文', '卜辭', '殷墟文字', '商簡' 등의 명칭들이 있었으나, 胡厚宣이 1951년 『五十年甲骨文發現的總結』이란 책에서 '甲骨文'이라 부르기를 주창한 후부터 기존의 명칭들을 대체하는 대표적 명칭이 되었다.

칠 때 그 홈에 불을 지펴서, 정면으로 드러나는 찢긴 무늬의 수와 형태에 따라 吉凶을 판단하고, 이 상황을 문자로 龜甲이나 獸骨의 일정부위에 새겨 넣었는데, 이를 '卜辭'라고 하고, 이러한 이유로 甲骨文을 '殷墟卜辭'라고도 한다.

甲骨文의 주종을 이루는 것은 龜甲에 쓰인 것들인데, 이는 商代 후기의 일이고, 초기와 중기에는 소나 양 또는 사슴 등의 등뼈를 주로 활용하였다. 그렇다면 그 시대의 사람들은 왜 짐승의 뼈를 이용하여 점을 쳤을까? 옛날 殷人들은 사람이 죽으면 귀신이 된다고 여겼다. 이미 고인이 된 조상에게 앞날의 길흉을 묻고자 한다면, 그들처럼 이미 이승의 생명체가 아닌 죽은 동물의 뼈를 이용한다면 더 쉽게 조상의 답을 들을 수 있다 여겼기 때문은 아닐까? 그러다 후기로 가서는 장수동물인 거북이의 뼈가 보통동물의 뼈보다는 좀더 死者와의 소통에서 영험함을 발휘할 것으로 기대되었기 때문에 龜甲을 적극 활용한 것은 아닐지 조심스럽게 추측해보는 것은 무리일까? 그렇지 않다면, 아마도 殷人들의 종교 관념을 반영한 것일 수도 있다.

지금까지 발굴된 甲骨은 10만 조각이 넘으며, 거기에 새겨진 문자의 총수는 4,600~4,700개로, 그중 확실히 해독이 된 글자는 1,800자 정도이다. 甲骨文은 지금까지 발견된 중국의 문자 중 가장 오래된 것으로, 고대 이집트의 성서문자나 중미대륙의 마야문자와 거의 동시대의 것이다. 현재까지 남아있는 갑골문 조각의 총수는 국내외를 통틀어 15만 4604片이라고 한다. 이들 중 갑골문 조각을 1000개 이상 보관하고 있는 기관들을 예를 들어 보이면 다음과 같다. (『甲骨文是甚麼』 p.39~40으로부터 가져옴)

보관기관	片數
中國國家圖書館	34512
臺灣 中央研究院 歷史語言研究所	25836
캐나다 토론토 온타리오 박물관	7402
中國社會科學院 考古學研究所	6665
山東省 박물관	5468
上海博物館	5275
北京 故宮博物院	4700
台北歷史博物館	4378
일본 京都大 인문과학연구소	3256
北京大 考古藝術博物館	3022
旅順博物館	2925
南京博物院	2921
中國社會科學院 歷史研究所	1987
天津市 歷史博物館	1847
영국 스코틀랜드 박물관	1777
북경 淸華大學	1694
일본 東京大 동양문화연구소	1356

甲骨文을 후대의 한자와 비교해보면 다른 점들이 보인다. 첫째로, 형체가 고정되어있지 않아서, 부분자의 위치가 상하 좌우로 자유롭거나(牝의 좌우 구성 부분 '牛'(a)와 '匕'(b)가 a좌b우, b상a하, b좌a우로 되어있는가 하면, 物의 '牛'(a)와 '勿'(b)가 a좌b우, b상a하로 되어있기도 하고), 부분자를 다른 글자를 사용하거나(牢의 아랫부분을 그 가둔 짐승의 종류에 따라 牛, 羊, 馬로 다르게 구성한다든지, 逐처럼 대상에 따라 위쪽의 부분자로 豕을 취하기도 하고 鹿을 취하기도 했다), 필획이 다른 형태의 것도 있고(齒의 갑골문은 이빨의 모양을 그린 것으로, 이빨의 수가 다르기도

하고, 어떤 것은 아랫니만 있고 윗니는 없는 경우도 있다), 부분자가 상반되게 배치된 것도 있다(尹은 손으로 붓을 쥐고 있는 모양인데, 손을 나타낸 부분이 180도 위치가 바뀐 채로 되어 있기도 하다). 둘째로, 두세 개의 글자가 한 글자가 들어갈 위치에 함께 있는 경우가 있다.

甲骨文은 먼저 朱砂나 黑墨으로 갑골 위에 글씨를 쓰고 나서, 칼로 필획을 새기는 것이 보통이며, 때로는 직접 칼로 새기기도 했다. 칼로 새기다 보니 글씨체가 가늘고 거친 경향이 있고, 둥그런 필획이 적다.

3-3. 甲骨文 연구의 선각자들

甲骨文이 하나의 연구 분야로 자리하게 된 데에는 여러 명의 선행학자들의 공이 있어 가능했다. 그들은 劉鶚, 孫詒讓, 羅振玉, 王國維, 董作賓, 郭沫若 등으로, 劉鶚(1857~1909)은 일찍이 王懿榮의 門客으로 있으면서 王懿榮과 함께 甲骨文을 세상에 처음 알리는 역할을 하였으며, 당시의 수집품 중 글자가 크고 뚜렷한 1,058점을 골라 자신의 字를 걸고『鐵雲藏龜』(1903)란 책을 펴냈는데, 이 책으로 인해 甲骨이 비로소 학문의 대상이 되었다 하겠다.

孫詒讓(1948~1908)은『鐵雲藏龜』에 수록된 갑골문을 보고 그것을 맨 처음으로 학문적 결과로 도출해낸 사람으로『契文擧例』(1904)를 펴냈으며, 이는 훗날 羅振玉과 王國維로 하여금 갑골문에 입문하게 하는 가교역할을 하였다.

羅振玉(1866~1940)은 1902년 소설『老殘遊記(1906)』의 저자이자 서로 사돈지간이던 劉鶚의 집에서 처음 甲骨文字를 접한 후 책으로 펴낼 것을 종용하여『鐵雲藏龜』를 세상에 나오게 한 장본인이자, 수소문하여

甲骨文字의 출토지역이 安陽 小屯村임을 알아냈으며[9], 본인은 정부의 요직에 있었던 까닭에 실지답사의 꿈을 펼칠 수 없었던지라, 동생 羅振常을 시켜 현지답사를 하게 한 결과 대량의 갑골문을 채굴하게 되었으며(1911), 이것들을 근거로 『殷墟書契前編』(1912), 『殷墟書契菁華』(1914), 『殷墟書契後編』(1916), 『殷墟書契續編』(1933) 등의 甲骨文수록집을 펴냈으니 이것들은 이전의 『鐵雲藏龜』에 비해 학문적인 관점에서 분류를 해놓았다는 데에 그 의미가 있다. 그의 동생이 진행한 小屯村 발굴 기록은 『洹上訪古遊記』(1930)에 기록되어있다. 1911년 신해혁명의 발발로 다년간 일본에서 망명생활을 했던 그는 귀국 후 小屯村을 직접 답사하기도 했다.

羅振玉이 갑골문자의 수집과 보급에 지대한 공을 세웠다면, 王國維(1877~1927)는 갑골문 자체에 대한 연구에 몰두하여 갑골문이 자료로써 훌륭한 가치를 지녔다는 점을 명확히 한 사람이다. 그는 갑골문을 활용하여 이제까지 풀리지 않던 문제들을 해결해내는 학술논문들을 발표함으로써 갑골문이 그 어떤 역사적 오류도 바로잡을 수 있는 一級자료임을 드러냈다. 그는 殷代 임금의 계보를 복원해냈으며, 갑골문이 발견된 小屯은 盤庚이란 임금이 그곳으로 수도를 옮긴 이후 멸망할 때까지 270년간 도읍이었음을 考證해냈다. 羅振玉과 함께 王國維의 공적이 얼마나 컸던지 학계에서는 王國維가 죽기 전까지의 시기를 "羅王之學"의 시기로 구분하기도 한다. 그의 대표작으로는 『殷卜辭中所見先公先王考』, 『殷周制度

---

9 『史記·卷七』 「項羽本紀」에는 "章邯使人見項羽欲約. 項羽召軍吏謨曰, 糧少. 欲聽其約. 軍吏皆曰, 善. 項羽乃與期洹水南殷虛上"이라는 기록이 있는데, 羅振玉은 이 "洹水南"이 小屯村 일대와 일치함을 들어 이곳이 殷의 수도였음을 밝혔고, 이것은 甲骨文字의 자료로서의 중요성을 일깨우는 계기가 되었다.

論』,『古史新證』 등을 들 수 있다.

　董作賓(1895~1963)은 처음으로 정부차원에서 실시한 고고발굴조사의 예비조사원이었으며, 그는 1928년 8월에 安陽을 현지 조사하여 그 타당성을 당시 남경에 있던 중앙연구원 역사언어연구소에 보고하여, 그해 10월 본격적인 현지발굴이 이뤄지게 하였다. 그 후 1937년 일본군의 침략으로 중단하기까지 총 15차례의 발굴이 있었고, 3차 발굴시기에는 4개의 전혀 손상되지 않은 갑골문이 기록된 龜腹甲이 발견되었는데, 이는 董作賓으로하여금 갑골문은 점을 먼저 치고 그 결과를 껍질에 새겨 넣은 것이라는 사실을 밝혀내게 하였을 뿐만 아니라, 이 작업을 한 사람을 '貞人'이라고 정의하게도 하였다. 董作賓은 갑골마다 보이는 貞人名을 정리하면 갑골문의 연대를 알아낼 수 있다는 확신을 가지고 연구를 진행한 바, 각 갑골문을 시대별로 나눌 수 있는 斷代연구를 성공적으로 진행하게 되었다. 그의 대표작으로는 『大龜四版考釋』(1931)과 『甲骨文斷代硏究例』(1932) 및 『殷曆譜』(1945)를 들 수 있다.

　董作賓이 은허에서 발굴에 열심이던 1929년 즈음 郭沫若(1892~1978)은 도쿄에서 『중국고대사연구』(1930)라는 책을 출판했는데, 그는 이 책에서 갑골문자를 적극 증거자료로 활용하여 殷을 석기시대와 금속병용시대의 중간에 위치한다고 단정하였다. 그의 갑골문을 활용한 연구방법은 이후의 역사학계에 커다란 영향을 끼쳤다. 1956년 중국과학원은 그때까지 발견된 중국 국내의 모든 갑골을 망라하여, 각 시기별로 분류하여 출판한다는 엄청난 계획을 수립하고 그 주임 편집인으로 郭沫若을 내세웠다. 당초 1967년을 완성시기로 잡았었으나 문화대혁명(1966~1976)의 발발로 작업이 정지되어 1979년에야 전체 13권 중 첫 번째 책이 간행되었다. 그 책이 저 유명한 『甲骨文合集』으로 모두 41,956점의 갑골문자가 탁본형식으로 담겨 있으며, 이는 기존에 발견된 전체 갑골문자 중 3분의 1에 해당하는 양이라고 한다. 하지만 郭沫若은 이 대 사업의 완성을 보지 못하고 1978년 6월에 세상을 뜨고 말았다.

 위에 예를 든 갑골학의 탄생과 발전에 지대한 공을 세운 네 사람은 각자 그 아호를 雪堂(羅振玉), 觀堂(王國維), 彦堂(董作賓), 鼎堂(郭沫若)라 하였는데, 공교롭게도 모두 '堂'자를 포함시키고 있는지라 이 네 명의 갑골학자들을 '四堂'이라 지칭하기도 한다. 이들의 뒤를 잇는 저명한 갑골학자로는 唐蘭, 陳夢家, 于省吾, 胡厚宣 등이 있다.

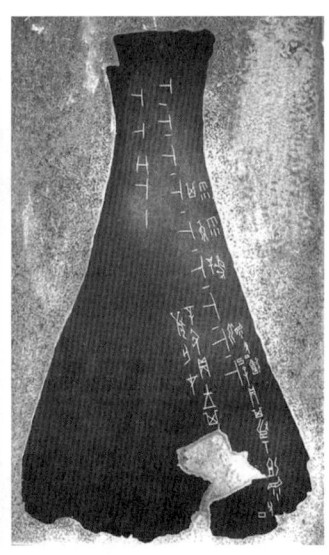

갑골문의 예

3-4. 漢字 字形의 演變

중국문자는 시대별로 문자가 쓰인 물건의 재질이나 여러 가지 다른 형태에 따라 甲骨文, 金文, 戰國文字, 小篆, 隸書, 草書, 楷書, 行書 등의 변화를 거쳐 왔다. 보통 甲骨文, 金文, 戰國文字, 小篆을 古代文字로 보고, 隸書 이후의 문자와 구분한다.

殷代의 대표문자가 甲骨文이라면, 周代를 대표하는 문자는 金文이다. 중국에서 청동기시대에 진입한 것은 殷代이나, 청동기가 널리 활용된 것은 周代의 일이다. 이 시기의 통치자와 귀족들은 청동으로 食器, 酒器, 水器, 樂器 등 각종 기물을 만들어 사용했는데, 이 기물들 위에 문자를 새겨, 기물의 소유자가 누구이며, 기물을 만든 사연이나 목적 등을 새겨 넣었다. 옛날에는 '銅'을 '金'이라고 불렀으며, 이러한 기물에 쓰인 청동을 '吉金'이라고 불렀다. 이러한 이유로 청동기에 새겨진 문자를 '金文'이라고도 하고, '吉金文字'라고도 한다. 여러 기물 중 鐘과 鼎에 쓰인 문자가 가장 많았으므로, 金文을 '鐘鼎文'이라 부르기도 한다.

당시의 청동기는 일반적으로 흙으로 빚은 모형을 틀로 사용하여 만들어졌다. 金文은 진흙 모형 틀에 먼저 글자를 새긴 후 그 틀 속에 쇳물을 집어넣어 주조해내는 것이 보통이며, 흔치 않은 경우이긴 하지만 청동기를 주조한 후 그 위에 문자를 새긴 예도 있다. 진흙으로 된 모형 틀은 질감이 부드러워, 龜甲이나 獸骨보다 글자를 새기는 것이 수월했다. 그래서 초기의 金文은 甲骨文보다 훨씬 繪畫性이 강하여, 원시문자에 더욱 가까운 모습이다. '日'字를 예로 들면, 金文은 '☉'로 쓰여 있어 둥그런 태양을 잘 묘사했으나, 甲骨文은 딱딱한 재질에 둥그런 모양을 새기기가 어려운지라 어쩔 수 없이 네모난 형태의 '日'로 나타낼 수밖에 없었다.

毛公鼎 金文 - 1 (출처: 시라카와 시즈카(白川 靜)의 저서 『漢字』)

毛公鼎 金文 - 2 (출처: 시라카와 시즈카(白川 靜)의 저서 『漢字』)

令彝 金文 (출처: 시라카와 시즈카(白川 靜)의 저서 『漢字』)

청동기는 西周 시대에 더욱 발전하여, 기물 위에 鑄造된 문자의 수도 더욱 많아졌다. 周 宣王 때에 제작된 毛公鼎 위의 金文은 500자 가까이나 된다. 周代의 청동기는 漢代부터 계속해서 출토되어 일찌감치 전문적인 학문으로 발전되었다. 金文에 보이는 漢字는 약 3,000자로, 그중 2,000자 정도가 정확한 해독이 가능하다.

청동기에 새겨진 문자라면 모두 金文으로 봐야 하겠지만, 중국문자학에서 말하는 金文은 西周 및 春秋時代까지의 것으로만 한정한다. 이는 戰國時代의 그것은 이전 시기와 다른 모습을 보이기 때문이다. 이때 들어 문자를 새기는 재료와 범위가 확대되어 貨幣, 璽印, 玉石, 簡帛 등에도 글자를 새겨 넣게 되었다. 이 시기에 남겨진 문자들을 통틀어 戰國文字라고 부른다.

이 시기는 정치적으로 東周의 중앙집권능력이 상실되면서 제후국들이 각자의 정치노선을 고집하는데, 文字에서도 서로 다른 글씨체를 쓰게 되어 각국의 문자가 서로 다른 모양을 하게 되었다. 이 시기의 문자는 크게 둘로 양분할 수 있어, 서쪽지역의 '秦國文字'와 동쪽지역의 '六國文字'로 대별된다. 六國은 韓, 趙, 魏, 齊, 楚, 燕을 일컫는 말이다. 그 외의 조그만 小國이었던 越과 中山 등의 국가의 문자도 '六國文字'에 포함된다.

六國文字는 金文과 비교해 제멋대로 簡略化을 시도한 것이 특징이다. 좀 더 구체적으로 말하면, 글자의 윗부분은 그대로 놔두고 아랫부분을 一이나 二로 대체한다거나(馬), 윗부분의 맨 아래 획과 아랫부분의 맨 위 획을 공유하게 하거나(吉), 한 부분을 다른 한 부분이 안으로 집어넣는 식이다(昌).

六國文字시기는 각국 문자들 사이에 서로 다른 모습을 하고 있어, 중국문자발전사상 가장 혼란스러운 모습을 보인 때였다. 이러한 문자의 혼란은 정치법령의 실행이나 경제활동의 발전 및 문화교육의 보급에 커다란 영향을 미쳤다. 그래서 전국시대를 통일에 이르게 한 秦始皇이 맨 먼저 손을 본 것이 문자의 통일이었다.

　戰國時代 때의 秦國文字는 籀文 또는 大篆이라고도 하며, 金文에 비해 변화가 크지 않다. 이 大篆을 대표하는 유물로는 唐나라 때 발견된 '石鼓文'이 유명하다. 이와 동시에 秦나라의 민간에서는 大篆에 비해 비교적 간편하고 빨리 쓸 수 있는 글씨체가 유행하였는데, 秦始皇은 문자를 통일하면서 이 두 서체를 기초로 진행하였다. 그는 먼저 六國文字 중 秦國文字 이외의 다른 문자를 폐기하고, 秦의 고유문자인 大篆의 글씨체를 간략하게 하는 동시에, 민간에서 쓰이던 글씨체 중 簡體와 俗體字를 흡수하여 새로운 정식 글자체로 삼았는데, 그것이 小篆이다.

　小篆에 이르러, 한자는 전에 없이 정형화되었다. 그 결과 小篆은 長方形에 필획이 균등한 부드러운 느낌의 서체가 되었으며, 이전의 문자들의 부분자들이 상하 좌우로 자유롭게 쓰이던 데에서 탈피해 고정된 위치를 차지하게 되었고, 象形性도 더욱 符號化하게 되었다. 현재에 이르러, 小篆을 비롯한 古文字는 이미 그 실용성을 상실했으나, 書藝나 篆刻 등의 예술분야에서는 여전히 나름대로 역할을 하고 있다.

　고문자의 실례를 몇 자 예를 들어 보이면 다음과 같다.

	商	西周	東周	小篆
馬				
爲				
龍				
魚				
得				

　小篆이 이전의 고문자에 비해서는 정형화된 면은 있으나, 쓰기에는 여전히 불편한 글자였다. 그래서 민간에서는 좀 더 흘려쓰기에 가까운 새로운 서체가 등장하게 되었다. 이 글씨체는 주로 하층관리나 노예들 사이에서 유행했던지라 '隸書'라 불렸다. 隸書는 秦이 멸망하자 급속도로 그 세력을 확장하게 되었으며, 종이의 발견과 붓의 개량으로, 西漢시대 이후로는 새로운 모습으로 변모하게 되었으니, 네모나던 글씨체는 넓적하게 바뀌고, 필획에 삐침이 더 발달하게 되었다. 이 서체를 원래의 隸書와 구분하여 '今隸'라고도 하며, '八分'이라고도 한다. 東漢 중기 이후, 隸書는 관방에서 인정하는 정식서체가 되었다.

　隸書는 小篆과 비교해 비교적 큰 변화를 보인다. 첫째로, 불규칙한 곡선과 갸름한 선이 곧고 네모난 필획으로 바뀌어, 좀 더 부호화하였으며, 象形의 느낌을 거의 잃어버렸다.(鳥, 燕, 魚, 馬, 衣, 舟) 小篆이 이미 상당히 부호화가 되어있긴 하였으나, 어느 정도 象形性은 유지하고 있었다. 예를 들면 鳥의 발과 꼬리에 해당하는 부분, 燕과 魚의 꼬리 부분, 馬의 발과 꼬리 부분 등은 隸書에서 네 개의 點으로 바뀌어, 더 이상 象形의 느낌을 찾아볼 수가 없다. 이러한 이유로, 隸書는 한자의 象形字를 더는 象形같지 않은 象形字로 만들어버렸는데, 이는 한자의 발전사에서 아주 큰 변화이다. 둘째로, 小篆 중의 같은 偏旁字가 隸書에서는 다른 모양으로 바뀌었다. 예로, 烘, 熬, 尉, 赤, 光, 黑, 鄰 등의 7자는 小篆에서 모두 '火'자를 포함하고 있는데, 隸書에서는 火, 灬, 小(尉), Ұ (光, 鄰), 亦(赤) 등 서로 다른 모습으로 변했다. 셋째로, 小篆 중에서는 서로 다른 모습이던 偏旁이 隸書에서는 같은 모양이 되었다.(西, 賈, 覃, 栗, 要/舂, 秦, 奏, 奉, 泰) 이러한 변화들은 결과적으로 隸書가 小篆에 비해 훨씬 필획이 간략해지는 결과를 가져와, 고문자 단계를 마감하는 결정적인 역할을 하게 된다.

小篆	隸書	小篆	隸書	小篆	隸書	小篆	隸書
炙	炙	弄	弄	秦	秦	奕	奕
灼	灼	奐	奐	奉	奉	奐	奐
赤	赤	輿	輿	奏	奏	樊	樊
然	然	學	學	泰	泰	莫	莫
尉	尉	丞	丞	春	春	莫	莫
光	光						

西漢 말기에 이르러 필획들을 이어서 쓰는 글씨체가 민간에서 竹簡 등에 쓰이며 草書가 등장했다. 東漢 이후로는 관리들도 쓰게 되어, 황제에게 올리는 글에도 쓰게 되었는데, 이것을 '章草'라 한다. 이후로는 필획과 필획을 이어서 쓸 뿐만 아니라, 위아래 글자 사이에도 이어서 쓰게 되었는데,

이를 '今草'라고도 한다. 오늘날 중국에서 쓰는 東, 爲, 長, 書, 專 등의 簡體字는 草書에서 비롯된 글씨들이다.

  隸書에서 비롯된 草書처럼, 楷書도 隸書에서 비롯되었다. 東漢 말부터 비롯해서 隋唐 교체기에 성숙하였다. 隸書가 옆으로 퍼진 넓적한 형태라면, 楷書는 정사각형에 가깝다. 인쇄술이 개발된 후로는 楷書가 주된 서체로 자리매김하게 되었다. 漢字를 '方塊字', 즉 '네모난 모양의 글자'라고도 하는데, 이는 네모난 楷書가 각종 출판물의 인쇄서체로 쓰였기 때문일 것이다.

  魏晋시대에 생겨난 行書는 楷書와 草書의 중간 형태의 서체이다. 현재 일반인이 편지를 쓸 때 쓰는 서체가 行書이다. 유명한 서예가 王羲之(303~361)는 行書의 대가였다.

  종합하자면, 漢字가 생겨난 이후 쉼 없이 변화해 온 과정 중에 甲骨文, 金文, 大篆, 小篆, 隸書, 楷書, 草書, 行書 등 8가지 서체가 출현했으며, 이들의 총체적인 발전방향은 簡略化가 주를 이루는 과정이었다.

제4장

漢字의 造字法 및 그 다양한 모습

4-1. 六書 및 漢字의 造字法

앞에서 언급했듯이, 중국문자의 창조에 대한 몇 가지 전설이 존재하지만, 이는 어디까지나 후대인들이 살에 살을 붙이고 또 붙여서 이루어진 것일 뿐, 사람들의 교류를 통해 만들어진 것은 의심의 여지가 없는 사실이다. 처음에 만들어진 漢字는 아마도 엉터리로 만들어져서, 각자가 자신의 방법에 따라 글자를 만들었을 것이다. 그러나 사용하고 유통되는 과정 중, 서서히 나름대로 그 어떤 글자를 만드는 규칙이 생겨나, 이 규칙을 벗어나서 만들어진 글자는 대중에게 인정을 받지 못하고 곧바로 사라져버렸을 것이다. 그러므로 살아남은 漢字는 모두 기본적으로 사람들이 인정하는 조자규칙에 부합하는 것이다.

이러한 한자의 조자규칙을 설명해주는 것이 이른바 六書이다. 六書의 명칭이 출현하기 시작한 것은 戰國時代 때로, 『周禮·地官·保氏』에 "掌諫王惡, 而養國子以道, 乃教之六藝, 一曰五禮, 二曰六樂, 三曰五射, 四曰五馭, 五曰六書, 六曰九數"의 구절이 보인다. 하지만 六書의 명칭만 보일 뿐 구체적인 언급은 없다가 東漢시대에 이르러서야 구체적인 언급이 보인다. 당시 六書를 언급한 班固, 鄭衆, 許愼 등 3인은 그 명칭과 순서가 서로 다르다.10

班固: 象形, 象事, 象意, 象聲, 轉注, 假借
鄭衆: 象形, 會意, 轉注, 處事, 假借, 諧聲
許愼: 指事, 象形, 形聲, 會意, 轉注, 假借

위 3인의 六書명칭 중, 象形, 轉注, 假借는 같으나, 나머지 세 종류의 명칭은 일치하지 않는다. 대체로 象事=處事=指事의 관계이며, 象意=會意, 象聲=諧聲=形聲의 관계이다. 唐 이후로는 학자들이 許愼을 받들었기 때문에 許愼의 명칭이 널리 보급되게 되었다. 하지만 六書가 발달한 차례를 따진다면, 班固의 주장이 사실에 가깝다. 六書의 내용에 대해 설명하자면, 아래와 같다.

　六書 중 가장 먼저 생겨난 것은 그림을 닮은 象形字이다. 象形字는 수만 개의 漢字를 만들어내는데 있어 元素 역할을 하는 중요한 요소이다. 象形字가 없었다면 지금과 같은 한자의 수는 상상도 할 수 없는 일이었다. 朱駿聲의 분석에 따르면 『說文解字』의 총 수록자 9353字 중 약 4%에 해당하는 364字가 象形字라고 한다.

10　許愼의 六書에 대한 해석을 보면, "一曰指事, 指事者, 視而可識, 察而見意, 上下是也. 二曰象形, 象形者, 畵成其物, 隨體詰詘出, 日月是也. 三曰形聲, 形聲者, 以事爲名, 取譬相成, 江河是也. 四曰會意, 會意字, 比類合誼, 以見指撝, 武信是也. 五曰轉注, 轉注者, 建類一首, 同意相受, 考老是也. 六曰假借, 假借者, 本無其字, 依聲託事, 令長是也."라 하고 있다.

象形字의 예: 日, 月, 申(번개의 상형자로, 후대에는 十二支의 이름으로 假借된 후 의미부 '雨'가 추가되어 '電'이 생겨남), 雲(甲骨文 '云'은 뭉게구름의 모양으로, 나중에 '이를 운'으로 가차된 후로는 의미부 '雨'가 추가되어 形聲字가 됨), 魚, 燕, 龜, 衣, 齒(처음에는 '止'가 없는 형태였으나 나중에는 形聲字로 바뀜), 行, 鼎, 貝, 舟, 尾, 考, 身, 豕, 文, 壺, 無, 雨, 州, 眉, 目, 皿, 木 등

指事字는 비교적 추상적인 개념을 나타내고자 쓰인 방법으로, 기호를 이용해 나타내거나(上, 下), 象形字의 기초 위에 기호를 추가하여 사물이나 개념을 나타낸 것이다(本, 末, 刃). 指事字는 그 수가 그다지 많지 않아, 『說文解字』의 총 수록자 9353字 중 약 1.1%에 해당하는 125字만이 指事字라고 한다.

指事字의 예: 本, 末, 左, 右, 刃, 亦, 甘, 井, 上, 下, 甘, 一 등

會意字는 두 개 혹은 그 이상의 象形字를 이용해 하나의 개념이나 사물을 나타낸 것으로, 象形이나 指事로 나타낼 수 없는 좀 더 복잡한 개념을 나타내는 데 쓰인 방법이다(休). 이 방법은 그 뜻을 전달하기가 쉬워, 초기의 漢字 중 상당히 많은 수의 글자를 보여, 『說文解字』의 총 수록자 9353字 중 약 12.4%에 해당하는 1167字가 象形字라고 한다.

會意字의 예:
    爲, 갑골문이나 금문 모두 손으로 코끼리를 붙잡고 있는 모습으로 '코끼리를 노동에 활용하다'가 本義이다.
    走, 금문에는 사람이 두 손을 흔들며 활보하는 모습에 발이 결합한 모습으로 '뛰다'가 本義이다.

武, 과거 '싸움을 그치게 하다'라는 뜻으로 이해되었으나, 갑골문에도 보이는 글자로 창 아래로 발이 그려져 있다. 梁東漢은 '싸움을 그치게 하다'라는 뜻은 춘추시대 反戰사상의 반영으로 보고, 이러한 사상이 殷代에는 없었을 것으로 보고, '무력을 행사하기 위해 정벌하러 가다'의 뜻으로 해석했다.

看, 눈 위에 손을 얹어 햇빛을 막아 편안한 시야를 확보하도록 함.

涉, 양쪽 발 사이에 물이 놓여있는 형태이다. 두 발로 물을 건너는 모습으로, '물을 건너다'는 뜻이다.

步, 양쪽 발이 앞뒤로 놓여있는 형태로 '걸음'을 나타낸다.

鄕, 두 사람이 음식을 향해 앉아있는 모습으로 '饗宴'의 本字이다. 후에 '鄕里', 즉 '고을'로 假借되었다.

卽, 사람이 밥을 향해 앉아있는 모습으로 '밥을 먹으려 하다'는 뜻이다. 여기서 '곧'이라는 의미가 생겨난 것이다.

旣, 사람이 음식을 먹고 돌아앉은 모습으로 '밥을 이미 다 먹었다'는 뜻이다. 여기서 '이미'라는 의미가 생겨난 것이다.

從, 사람이 사람을 따르는 모습으로 '따르다'는 뜻이다.

北, 사람과 사람이 등을 지고 있는 모습으로 '등지다'가 본뜻이다. 나중에 방위를 나타내는 '북쪽'으로 가차되면서 원래의 뜻을 나타내기 위해 月이 추가되어 '背' 字가 생겨났다.

刑, 갑골문은 사람이 네모난 함정에 갇혀있는 모습이다. 금문에서는 함정 옆에 사람이 옆으로 서 있는 모습이나, 서 있는 사람의 모습이 '刀'와 비슷한지라 小篆은 '刀'로 표시했다. 그 후 隷書에서도 小篆의 형태를 받아들여 지금과 같은 글씨가 되었다.

並, 갑골문에서 並은 두 사람이 나란히 서 있는 모습이다.

見, 사람의 형체 위에 눈을 크게 강조하여 '보는' 행위를 표현.

牧, 손으로 막대기를 쥐고 있는 모양으로, 牧童의 특성을 표현.

采, 나무에서 잎을 따는 모습.

益, 그릇에 물이 넘치는 모양.

班, 금문에 두 개의 玉字 중간에 '刀' 字가 끼어있는 형태로, '칼로 옥을 나누다'는 뜻이다. 갑골문이나 금문에서는 玉字의 하단부에 있는 點

이 없어 王과 玉의 글자가 비슷하나, '王'은 둘째 번 가로줄과 셋째 번 가로줄 사이가 넓어 세 가로줄 사이의 거리가 비교적 균일한 '玉'과 차이가 있었다. '玉'이 지금처럼 점이 있게 된 것은 '王'과 구별하기 위해 후대에 생겨난 것이다. '班'과 '分'은 원래 같은 字이나 '分'이 뒤에 생겨난 글자이다.

飮, 사람의 모습, 입, 혀와 술 단지가 함께 그려진 모습으로 '술을 마시다'가 본뜻이다.

臽, 사람이 함정에 빠진 모습이다. 후에 義符 'ß'가 추가되어 形聲字 '陷'이 되었다.

得, 갑골문은 길에서 조개를 줍는 모습이다. 오른쪽 상단의 '日'은 조개의 모습에서 변형된 것으로 '해'와는 아무런 관련이 없다. '說文解字'는 '䙷'를 '見'部에 수록하여 '得' 과 서로 다른 글자로 보아 달리 해석을 했으나, 갑골문에 의하면 두 字가 같은 字임을 알 수 있다. 즉 '說文解字'의 잘못된 부분이다.

莫, 해가 땅과 맞닿은 하늘가의 풀숲에 있는 모습으로, 해가 서쪽 지평선으로 지고 있는 모습을 묘사한 것으로 '어둠'의 뜻을 가지고 있다. 후에 '아니다'의 뜻으로 가차되면서 義符를 추가한 '暮'가 생겨났다.

射, 갑골문은 활을 손으로 당기는 모습이다. 하지만 활의 모습이 '身' 字와 비슷했던지라 현재와 같은 글씨가 정착되게 되었다. 잘못된 오류가 정식글자체로 인정받은 경우인 것이다.

象形, 指事, 會意는 모두 글자의 형태를 보고 글자의 뜻을 알 수 있다. 만일 모든 한자를 이 세 가지 방법으로 만든다면, 얼마나 배우기가 수월할지 상상할만하다. 하지만 중국어에 있는 많은 복잡하고도 추상적인 낱말은 이 세 가지 방법으로 나타내기 어려운 것들이 있다. 예를 들면 東, 西, 南, 北 등 방위를 나타내는 단어라든가, 성질을 나타내는 難, 易 등 형용사라든가, 사람이나 사물을 지칭하는 我, 之, 其 등 대명사라든가, 어기를 나타내는 乎, 也 등 어기사 등은 위의 세 가지 방법으로 글자를 만들 수가 없다. 그래서 생겨난 것이 이미 있는 한자를 빌려서 쓰는 방법으로, 이를 假借라고 한다. 吉林大學 고문자연구실의 통계에 따르면, 갑골문시기에 가차의 방법으로 문자를 쓴 예가 90%를 넘는다고 한다.

假借字의 예:
令, 갑골문에서 본뜻을 추추해내지 못하고 있는 글자로, 현재 쓰이는 의미는 모두 假借이다.
長, 긴 머리를 가진 사람의 모습을 그린 象形字이나, 현재는 가차되어져 '길다'와 '우두머리'의 뜻으로 쓰인다.
東, 본래는 양쪽 입구를 묶은 포대의 象形字이나, 현재는 방위의 뜻으로 가차되어 가차의로만 쓰이고 있다.
離, 본래는 새의 이름이나 가차되어 '分離'나 '離別' 등으로 쓰인다.
難, 본래는 새의 이름이었음을 隹를 통해 알 수 있다.
易, 본래는 다리 달린 뱀의 뜻이었으나, 지금은 '쉽다'의 가차자로 쓰인다.
自, 본래는 코의 象形字이나, '自己'의 뜻으로 가차되면서 聲符'畀'와 결합한 새로운 字 '鼻'를 만들어 원래의 뜻을 나타내게 되었다.
何, 본래는 사람이 짐을 진 모습의 會意字이나, 의문사로 가차되어 현재는 가차자로만 쓰인다.
習, 본래는 '여러 차례 날기를 시도하다'의 뜻이나 현재는 가차되어 '學習'이나 '習慣' 등으로 쓰인다.
驕, 본래는 야생마의 뜻이었으나 가차되어 '교만'의 뜻으로 쓰인다.
蚤, 본래는 빈대를 가리키는 말이었다가, 한때 '무'로 가차되어 쓰이다가, 현재는 본의만 쓰이고 있다.
理, 원래 '옥을 다듬다'의 뜻이나 현재는 가차되어 '管理', '整理' 등으로 쓰인다. '玉'의 表意직용은 싱실되있다.
笨, 본래는 대나무 속을 가리키는 말이었으나, 현재는 '둔하다'는 假借義만 쓰인다.
笑, 본뜻은 밝혀지지 않았으나, '竹'이 구성요소인 것으로 보아 '대나무'와 관련이 있을 것으로 추측된다. 현재는 '웃다'는 假借義로만 쓰인다.

苦, 원래 풀의 일종이었으나, 현재는 '쓰다'의 假借義로만 쓰인다.

能, 원래는 곰의 일종을 나타내는 말이나, 현재는 능원동사로 가차되어 쓰인다.

麗, 원래는 사슴의 일종을 가리키는 말이었으나, 현재는 '아름답다'의 뜻으로 가차되어 쓰인다.

其, 원래는 쌀을 까부르는데 쓰이는 '키'의 象形字이나 대명사 '그'의 뜻으로 가차되고 나서 원래의 뜻은 '竹'을 추가한 새 글자 '箕'가 충당하게 되었다.

來, 원래는 보리의 象形字이나, '오다'의 뜻으로 가차되면서 '麥'이 원뜻을 대체하게 되었다.

豆, 원래는 '(제물들을 올려놓던) 높은 단'의 뜻이었으나, '콩'의 뜻으로 가차되면서 원래의 뜻은 폐기되어진 字이다.

鄕, 원래는 '마주보고 먹다'의 뜻이었으나, '마을'이란 뜻으로 가차되면서 원뜻은 새 형성자 '饗'을 세워 나타내게 되었다.

假借字가 앞선 세 가지 조자법의 부족한 점을 보충하는 구실을 했지만, 역할의 한계가 존재했다. 한 글자가 여러 가지 단어의 가차자로 쓰인다면, 그 글을 읽는 사람은 그 글자가 나타내는 假借義가 무엇인지 알아내려면 많은 시간을 소비해야 할 것이다. 이러한 단점을 보완하고자 생겨난 것이 원래 있던 글자에 다른 의미를 나타내는 部分字를 추가해 의미상의 차이를 구분하거나(a), 원래 있던 글자 위에 讀音을 나타내는 部分字를 추가해 정확한 발음을 표기하는(b) 形聲字가 생겨났다. 形聲字의 출현은 기존의 조자법의 단점을 일시에 해결해주는 가장 환영받는 조자법이 되었으며, 그 결과 形聲字가 전체 한자의 90% 이상을 차지하게 되었다. 물론 常用字 중의 形聲字의 비율은 이보다 낮아 70여%를 웃돌았다. 『說文解字』의 총 수록자 9353字 중 약 82%에 해당하는 7697字가 形聲字라고 한다.

현재 쓰이는 중국의 漢字에서 形聲字의 表意작용과 表音率은 모두 온

전치 못해, '鏡(거울 경)'의 경우처럼 초기의 청동거울과 현재 쓰이는 유리 거울의 재질의 차이로 인해 表意작용이 온전치 않음을 알 수 있으며, 隘(ài),賅(gāi),梏(gù),酗(xù),綻(zhàn) 등처럼 해당자의 발음과 聲符가 크게 벗어나있음을 알 수 있다. 이외에도 聲符와 큰 괴리를 보이는 形聲字들은 다음처럼 적잖이 발견된다.

泣(qì) : 立(lì)   提(tí) : 是(shì)
通(tōng) : 甬(yǒng)   路(lù) : 各(gè)
龐(páng) : 龍(lóng)   移(yí) : 多(duō)
諒(liǎng) : 京(jǐng)   悔(huǐ) : 每(měi)

형성자의 예:
 a 유형: 盤, 輕, 趾, 吐, 芒, 佛, 裏, 溢 (회의>가차>형성)
 b 유형: 寶, 齒

六書 중 앞에 든 다섯 가지는 造字에 관여하지만, 轉注는 발음이 비슷하고 뜻이 같은 글자들 사이의 상호 간의 訓釋을 지칭하기 때문에 순수한 用字의 예에 속할 뿐이다. 用字의 측면에서 보면 假借도 여기에 포함되지만, '電', '雲', '箕' 등의 漢字처럼 假借 때문에 다수의 形聲字가 생겨났으므로 결과적으로는 造字에 관여했다고 보는 것이 옳을 듯하다.

중국문자의 90%를 차지하는 形聲字가 어떻게 그 수를 늘려나갔는지는 다음에 보이는 '父'字의 族譜形成圖를 보면 훨씬 이해가 쉬울 것이다.[11]

---

11   이 관련 形成圖는『古代漢語講授綱要』(中央廣播電視大學出版社)에 나온 도표를 참고해 약간의 漢字를 추가한 것이다.

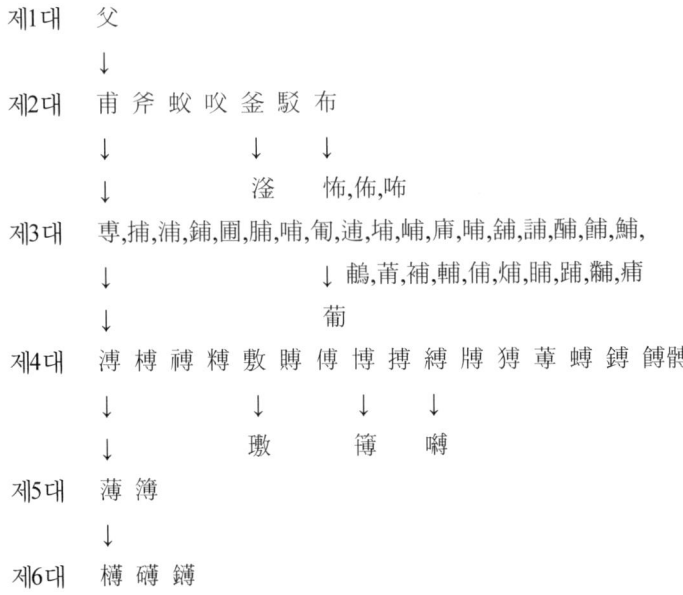

4-2. 漢字의 다양한 속사정(古今字, 通假字, 異體字, 繁簡字)

　隸書의 등장은 앞에서도 보였듯이 많은 漢字의 일부분을 簡素化하는 효과를 거두어 결국은 記號化한 글자, 즉 記號字를 낳는 결과를 초래했다. 근자에 생겨난 '乒乓球'의 '乒乓'도 '兵' 字의 일부를 변형시켜 이루어진 記號字라 할 수 있다.

　漢字에는 발전하는 과정에서 서로 다른 외모를 가졌으나, 실질적인 내용은 같은 것이 있기도 하고, 1956년 중국의 國務院이 추진한 한자간화방안에 따라 이전에는 달리 쓰이던 한자가 현재는 같은 간화자로 쓰이는 예도 있다. 중국어를 배우는 사람이라면, 이들을 구분 지어 낼 수 있어야 한다.

옛날의 典籍을 살필라치면, 현재 우리에게 친숙한 글자인데도 해독이 매끄럽지 않을 때가 있다. 이는 그 典籍 이후로 특정 의미를 나타내는 새로운 한자가 생겨났기 때문으로, 이전부터 있었던 글씨체를 古體字라 하고, 나중에 만들어진 글자를 今體字라 한다. 이는 漢字의 수가 적어서 한 글자가 부득이하게 여러 가지 의미를 나타내는 兼職을 하면서 생겨난 불합리성을 탈피하고자 생겨난 현상으로, 今體字가 생겨나면서 古體字가 가지고 있던 여러 가지 의미나 역할 중 하나를 今體字에게 넘겨준 뒤 그 뜻으로 특화되어진지라, 후대에 태어난 우리는 今體字의 의미나 역할에만 익숙해져서, 古體字를 접하면 당시에는 가지고 있었던 今體字의 의미가 떠올려지지 않기 때문이다.

古今字와 밀접한 관련이 있는 것으로, 通假字라는 것이 있다. 通假字란 발음이 같거나 비슷한 글자로 다른 글자를 대신해 쓴 것인데, 옛 전적에는 이러한 通假字가 엄청나게 많이 있다. 현대인들이 옛 경전을 대할 때 어렵게 느껴지는 것도 일정부분은 이 通假字의 해석이 쉽지 않기 때문이다. 아래에 간단히 通假字의 예를 두어 개만 들어보이도록 한다. 아래에 보인 예들은 같은 이야기를 서로 다른 전적에서 다른 글자를 써서 표현하고 있는 것들이다.

① 『史記·項羽本紀』에 "項王進兵圍成皐, 漢王逃"라 되어있는 이야기가 『漢書·高帝紀』에서는 "項羽逐圍成皐, 高祖跳"라 기록되어 있는데, 여기서 양쪽 문장 맨 뒤의 '逃'와 '跳'는 '도망치다'의 뜻을 나타낸 글자로 앞의 '逃'가 本字이며, 뒤의 '跳'가 通假字임을 알 수 있다. ② 『戰國策·趙策』에 "雖强大不能得之於小弱, 小弱顧能得之於强大乎?"로 되어있는 내용이 『史記·趙世家』에는 "雖强大不能得之於小弱, 小弱故能得之於强大乎?"로 되어있어, 단 한 군데 '顧'와 '故'만 빼고는 완벽히 일치하

는 문장임을 알 수 있다. 여기서는 『史記·趙世家』에 보이는 '故'가 本字이며 『戰國策』에 보이는 '顧'가 通假字임이 확실하다.

그렇다면 왜 通假字가 생기는 것일까? 그것은 漢字의 수가 많기 때문에 기록하고자 할 당시의 시점에 막상 글자가 생각나지 않아 같은 발음의 동음자로 대체하면서 생겨난 것일 수도 있고, 그렇지 않으면, 쓰고자하는 글자가 필획이 너무 번잡해 간단한 필획의 글자로 대신하다보니 생긴 것일 수도 있다. 그렇다면 역대로 秦漢시대 때의 典籍에 通假字가 특히 많은 것은 왜일까? 그것은 문장을 베낌에 있어 스승의 전적을 그대로 따르다보니 생긴 것이니, 즉 古文經派와 今文經派의 대립이 그것으로, 스승이 잘못 쓰면, 제자는 그것을 그대로 따라하면서 생겼던 현상인 것이다. 달리 보면, 당시 漢字의 規範에 대한 제도가 제대로 갖추어지지 않은 때문일 수도 있다. 그렇다면 假借字와 通假字는 어떠한 차이가 있는 것일까? 假借字는 本字가 없는 音義를 위해 빌려 쓰는 글자이고, 通假字는 本字가 있음에도 다른 字를 빌려 쓴 것이 다른 점이다.

古籍중에 자주 보이는 通假字를 내보여 독자의 궁금증을 풀어주는 것도 유익한 일일 것이라 보여 그 대표적인 예들을 들어 보이면 아래와 같다. 앞의 것은 通假字이고 괄호 안은 本字이다.

冊(策)　平(評)　兩(輛)　爲(僞)　承(乘)　鄕(響/享)
克(刻)　仄(側)　厭(壓)　厘(釐)　厝(錯)　有(友/域)
貞(正)　刑(型)　到(倒)　伏(服)　佛(拂)　佼(交/攪)
假(遐)　曾(層)　后(後)　父(甫)　弟(第)　反(翻/販)
從(踪)　會(繪)　合(盒)　勾(夠)　匈(胸)　決(缺/訣)
京(鯨)　馮(憑)　冶(野)　寫(卸)　詳(祥)　請(情/淸)
隊(墜)　陰(蔭)　切(砌)　菲(扉)　台(怡)　爭(怎/諍)
菜(采)　工(功)　功(工)　地(第)　增(層)　豫(預/與)

蒐(搜)	萌(氓)	幕(漠)	蔣(獎)	大(泰)	能(寧/耐)	
奈(耐)	無(毋)	藏(贓)	牽(縴)	扶(匐)	薄(箔/泊)	
報(赴)	撫(拊)	拾(涉)	搔(爪)	兄(況)	固(姑/痼)	
員(圓)	彼(被)	很(狠)	循(巡)	須(需)	臧(贓/藏/臟)	
猶(由)	亡(忘)	問(聞)	泊(薄)	鴻(洪)	宥(侑/右/囿)	
害(曷)	驁(慇)	道(導)	退(何)	適(敵)	宿(夙/肅)	
粥(育)	疆(强)	妃(配)	爾(邇)	肖(消)	歸(饋/愧)	
孫(遜)	紀(記)	韋(圍)	共(恭)	機(幾)	幾(冀/豈)	

 古今字의 分岐와 관련된 재미있는 역사적 사실이 존재한다. 때는 漢나라가 전성시기로 진입하던 漢武帝 때로, 漢武帝는 思想統治를 강화하기 위해, 百家를 쫓아내고 오직 儒家만을 떠받들었으며, 그 결과 董仲舒의 건의를 받아들여 太學과 五經博士를 세웠고, 그와 동시에 經學은 관직에 나아가는 출세의 도구가 되었다. 당시에 쓰인 經書는 스승의 입에서 제자의 귀로 전해지며, 당시에 통용되던 隸書로 기록된 것이었다. 이른바 今文으로 이루어졌다하여 今文經이라 불리는 것이다. 그런데 그즈음 옛날 秦始皇 때 벌어진 焚書坑儒를 피하기 위해 孔子의 집 벽에 숨겨두었던 儒家의 經典들이 발견되는데, 거기에 쓰인 문자들은 당시의 대세였던 隸書와는 다른 것이었다. 그것들은 동방의 六國文字로 써진 『尙書』, 『春秋』, 『論語』, 『禮記』, 『孝經』 등이었다. 이것들은 당시에 쓰이던 隸書本보다 오래된 것이라는 뜻으로 古文經이라 부르게 되었다. 哀帝 때에 이르러, 劉歆은 古文을 다루는 經學博士를 둘 것을 건의하면서 그 후 무려 200년이나 지속된 古文經學派와 今文經學派 간의 투쟁이 시작되었다. 논쟁의 초점은 經書의 내용과 그 해석방면에 있었지만, 양쪽이 근거로 삼는 경전의 文字가 서로 다른지라, 거기에서 파생된 문맥을 두고 서로 첨예하게 대립하게 되었던 것이다. 今文經학자들은 古文字를 믿지 않고, 秦나라

때 쓰이던 隸書는 蒼頡이 만든 문자이며, 부모와 자식이 이어서 써온 것이라 바뀔 수가 없는 것이라고 굳게 믿었다. 그들은 오로지 隸書만이 쭉 존재해온 것이라고 믿었다. 그들은 隸書에 근거하여 文字에 대한 뜻풀이를 시도했다. 그리하여 『說文解字·序』에 보이듯이 "馬頭人爲長"이나 "人持十爲斗"와 같은 실소를 머금게 하는 해석을 내렸던 것이다.

許愼은 東漢시대 때의 유명한 古文經학파의 대가로, 그는 古文經을 사수하는 동시에 今文經學派의 문자에 대한 오류를 반박하기 위해 『說文解字』라는 대작을 써내게 되었다. 이 책은 서기 100년(東漢和帝12년)에 隸書보다 이른 시기에 존재했던 小篆을 主로 하고, 그보다도 더 이른 일부 籀文도 포함시켜 완성되었다. 그의 이러한 隸書 이전의 문자의 수집이 있었기에 한참 후에나 발견되는 갑골문이나 金文의 해석에 대한 가교역할을 할 수 있었던 것이다. 특히 『說文解字·序』는 중국에 문자학이라는 학문이 있게 한 記述이라 할 수 있다. 그중에서도 그의 六書說에 대한 설명과 그가 정한 540개의 部首는 후대의 문자학 형성과 字典 편집에 지대한 영향을 미쳤다. 經學者들 간의 싸움에서 훌륭한 학문이 새로이 탄생한 셈이다.

어쨌든 이러한 연유로 古文經에 쓰였던 古體字와 今文經에 쓰였던 今體字의 구분이 생겨났다 하겠다.

古體字	今體字	古體字	今體字
岳	嶽	縣	懸
其	箕	禽	擒
反	返	竟	境
知	智	匈	胸
耆	嗜	要	腰

說	悅	赴	訃
孰	熟	弟	悌
然	燃	屬	囑
志	誌	賈	價
爲	僞	共	供
責	債	昏	婚
益	溢/鎰	莫	暮/幕/瘼

외모는 서로 다르나 지칭하는 사물이나 뜻은 완전히 일치하는 예가 있는데, 이들을 異體字라고 한다. 이들을 正字와 俗字로 구분하는 사람도 있다. 과거에는 왕이나 孔子 등 특정인 또는 家長의 이름자를 그대로 쓰기를 꺼려한 나머지 필획 중의 일부를 고의로 빠트린 적이 있었는데, 이 또한 異體字라고 할 수 있다.

異體字의 예

傑杰	卻却	袴褲	崑崐
群羣	棄弃	暖煖	迺乃
睹覩	雞鷄	歎嘆	憑凭
雁鴈	詒貽	線糸戔	筍笋
時旹	礙碍	蠶蚕	巖岩
磚甎	焰燄	踪蹤	滙匯

예전에는 서로 다른 글자이던 것이 중국에서 簡化字 정책에 의해 한 글자로 합쳐진 예가 있다. 이들을 예로 들어 보이면 아래와 같다.

간화 후	간화 전	간화 후	간화 전
冲	沖/衝	才	才/纔
丑	丑/醜	历	歷/曆

斗	斗/鬪	征	征/徵
复	復/複	借	借/藉
发	發/髮	后	后/後
干	干/乾/幹	御	御/禦
谷	谷/穀	几	几/幾
里	里/裏	台	台/臺
叶	叶/葉	余	余/餘

　중국의 簡化字 정책으로 예전에 존재하던 漢字가 전혀 쓰이지 않게 된 漢字가 생겨났다. 예를 들면 '機'의 簡體字로 쓰이는 '机'는 '機'의 聲符 '幾'가 '几'로 대체되면서 생긴 것으로, 원래 가지고 있던 '책상'의 뜻은 이제는 쓰이지 않게 된 漢字이다. 하지만 책상이란 의미는 이미 '桌' 字가 대체하고 있으므로 현재로서는 그 때문에 생겨나는 문제점은 없다.

　현재 중국에서 쓰이는 簡體字 중에는 과거에도 일찍부터 簡體字로 쓰였던 것들이 많이 있다. 이것들은 각 시대별로 그 생겨난 시점이 다른 점을 보이고 있다. 예를 들면, '壽'와 '來'의 지금의 간체자는 漢나라 때 이미 보였고, '聲'과 '與'의 지금의 簡體字는 六朝시기에 이미 보였으며, '憐' 과 '蟲'의 간체자는 唐나라 때에, '親'과 '舊'의 간체자는 宋나라 때에, '燭'과 '當'의 간체자는 元나라 때에, '亞'의 간체자는 明나라 때 이미 존재했다.[12]

12　『文字學淺談』(大象出版社) pp.138-139 참조.

4-3. 같은 외모, 다른 목소리 - **異讀字**

문자로 표기할 때는 같으나, 읽히는 발음은 다른 漢字가 있으니, 이들을 異讀字라고 한다. 聲母, 韻母, 聲調등 각기 다른 부위에 따라 네 종류로 나눌 수 있다.

聲母가 다른 것:
秘: 秘密(mì), 便秘(bì)
繫: 連繫(xì), 繫鞋帶(jì)
韻母가 다른 것:
薄: 紙很薄(báo), 薄弱(bó)
熟: 飯熟了(shóu), 成熟(shú)
聲調가 다른 것:
骨: 骨頭(gú), 骨節(gǔ)
差: 差別(chā), 差不多(chà)
복합적인 다름:
嚇: 恐嚇(hè), 嚇壞了(xià)
殼: 鷄蛋殼(ké), 地殼(qiào)
虹: 霓虹燈(hóng), 天上出虹了(jiàng)

異讀字의 발생원인은 文白異讀 등 여러 가지가 있겠으나, 여기서는 文白異讀 외의 원인들을 살펴보도록 한다.

1. 성씨나 지명에 쓰이는 異讀字
責任(rèn): 他姓任, 任邱(지명, rén)
中華(huá): 華山, 華陰(huà)
城堡(bǎo): 瓦窯堡(bǔ), 十里堡(pù)

2. 품사 및 의미에서 갈리는 異讀字
   好　好壞(형용사 hǎo) : 愛好(명사 hào)
   縫　縫補(동사 féng) : 縫兒(명사 fèng)
   傳　傳播, 傳統(chuán) : 傳記(zhuàn)
   調　調絃(tiáo) : 腔調(diào)
3. 의미의 연결이 없는 異讀字
   差　差別(chā) : 出差(chāi)
   的　的確(dí) : 目的(dì) : 你是我永遠的朋友(de)
   打　敲打(dǎ) : 一打十二個(dá)
4. 방언의 차이에서 비롯된 異讀字
   尿　(niào) : (suī)
5. 고대의 번역어에서 비롯된 異讀字
   龜茲(qiūcí), 單于(chányú), 冒頓(mòdú), 大宛(dàyuān)
6. 訓讀(漢字를 빌어 고유어휘를 나타냄)의 방식으로 생겨남
   廣西省의 壯族은 자신들의 族名을 '僮'이란 漢字를 빌려와 zhuàng이란 발음으로 읽었는데, 이로 인해 漢字 '僮'字에는 원래 있던 tóng이란 발음 외에 zhuàng이란 발음이 추가되어짐. 이는 마치 일본인들이 人이나 山이라 써놓고 각기 'hito'와 'yama'로 읽는 이치와 같다.

이외에도 일상에서 자주 애용되어지는 異讀字는 長(cháng, zhǎng)이나 樂(lè, yuè)처럼 두 가지 음을 모두 유지하지만, 잘 쓰이지 않을 경우 많이 쓰이는 발음으로 대체되어 間接은 jiànjiē에서 jiānjiē로, 處理는 chǔlǐ에서 chùlǐ로, 從容은 cōngróng에서 cóngróng으로, 一唱一和는 yīchàngyīhè에서 yīchàngyīhé로 바뀌게 되었다.

4-4. 중국의 漢字簡化運動

　중국의 漢字簡化運動은 1909년 陸費逵가 『教育雜誌』 창간호에 「普通教育應當採用俗體字」라는 논문을 발표하여 簡體字를 사용할 것을 주장하면서 비롯되었다. 그 후 1922년 錢玄同이 국어통일준비위원회에서 「減省現行漢字的筆劃案」을 제출하여 과거에 민간에서만 사용하던 簡體字를 모든 書面語에 응용할 것을 주장하는 동시에 8가지 구체적인 簡化방법을 제시했고, 그의 방법은 이후의 『漢字簡化方案』에서 대부분 채택되었다. 그 후 34년이 지난 1956년 1월 31일 자 『人民日報』에 『漢字簡化方案』을 정식으로 공포하였으며, 1964년 5월 총 2236字에 달하는 『簡化字總表』를 발행하였다.

　중국은 이후로도 普通話에 대한 개선을 수차례 더 시도하였는데, 1986년에는 『普通話異讀詞審音表』를 公布하여 여러 異讀字의 讀音에 대해 손을 댔다. 거기에 포함되어진 몇 례를 보이면, ① '指'는 '指甲'에서는 1성으로, '手指頭'에서는 2성으로, '手指'에서는 3성으로 각기 다르게 읽히던 字였는데, 개정 후 3성만을 인정하게 되었으며, ② '盟'은 'míng' 'méng'의 두 讀音이 있던 것을 'méng'으로 통일시키게 되었다. ③ '尋'은 과거 'xín'과 'xún'이 공존했었는데 『普通話異讀詞審音表』 이후 'xún' 하나만 인정을 받게 되었다. ④ '從'은 'cōng'(從容)와 'cóng'(從屬,服從)의 두 讀音으로 읽히던 字였는데, 『普通話異讀詞審音表』 이후로는 'cóng' 하나만 쓰이게 되었다. ⑤ '臭'는 원래 'chòu'와 'xiù'의 두 讀音이 있는 異讀字였는데, 1986년의 조치 이후 '香'과 대응되는 형용사일 때는 'chòu'(臭味相投)로, '냄새'라는 명사일 때는 'xiù'(銅臭,乳臭)로 읽기로 확정되었다.

　簡化방법을 분석해보면 크게 아래의 10가지로 나눌 수 있다.

1. 古字를 그대로 채용: 云(雲), 电(電), 尔(爾), 后(後), 才(纔), 从(從)
2. 草書體를 楷書化함: 东(東), 专(專), 乐(樂), 当(當), 为(爲), 孙(孫), 农(農), 买(買)
3. 일부를 간단한 부호로 대체: 邓(鄧), 欢(歡), 劝(勸), 戏(戲), 鸡(鷄), 观(觀), 区(區), 团(團), 赵(趙), 归(歸), 岁(歲), 刘(劉)
4. 글자의 일부만 취함: 条(條), 号(號), 丽(麗), 广(廣), 医(醫), 声(聲), 习(習), 丰(豊), 夏(復, 複), 术(術)
5. 편방을 간단한 形符로 바꿈: 阳(陽), 阴(陰)
6. 聲符를 간단한 聲符로 대체: 迁(遷), 邮(郵), 阶(階), 运(運), 远(遠), 疗(療)
7. 원래자의 윤곽을 유지: 爱(愛), 龟(龜), 虑(慮)
8. 새로운 會意字를 만듦: 泪(淚), 灶(竈), 灭(滅), 尘(塵)
9. 동음자로 대체: 谷(穀), 里(裏), 系(繫)
10. 민간속자 이용: 丛(叢), 划(劃), 于(於), 听(聽), 梦(夢), 圣(聖), 双(雙), 乱(亂)

簡化 이후의 漢字는 記號로 봐야 하는 것이, 艱,難,對,漢,鷄,鄧등의 簡化字 좌측은 모두 '又'로 대체하고 있는데, 이는 실제로는 意味符도 發音符도 아닌 하나의 記號일 뿐이기 때문이다. 이러한 漢字 일부의 記號化는 邓(鄧)과 灯(燈), 场(場)과 阳(陽)처럼 원래는 같은 편방을 쓰던 한자가 다른 모습을 하게 되어 전통의 六書이론에 위배하는 모습을 보이기도 한다.

쓰기 쉽게 하고자 하는 취지에서 비롯된 것이 漢字의 簡化이지만, 簡化 이후 혼동을 초래한 경우도 있다. 『說文解字』에는 "協, 衆之同和也. 旪   , 古文協, 從日十. 旪   , 或從口"라 하여, '叶'과 '協'이 古今字의 관계임을 말하고 있다. 이 '叶'은 古詩의 押韻을 일컬을 때도 쓰여, '協韻'을 '叶韻' 이라고도 했다. 그런데 『簡化字總表』에서는 '叶'를 '葉'의 簡化字로 간주했다. 즉 '葉'과 '叶'은 繁簡字의 관계인 것이다. 이렇게 되자 하나의 漢字가 'xiè'와 'yè' 두 개의 서로 다른 발음의 繁體字를 대체하는 형국이 되어, 簡化의 효과가 반감되어진 예로 볼 수 있겠다.

중국은 1977년에 『第二次漢字簡化方案』을 내놓았는데, 그중 상당수의 예가 실패로 돌아갔다. 그 대표적인 예가 '帮'字로, 이 字는 『第一次漢字簡化方案』에서 '帮'으로 한 차례 簡化되었던 字로, 『第二次漢字簡化方案』에서 또 한 차례 簡化를 시도해 '邦'으로 교체하려 했으나, 이 案은 실패로 돌아가, 『第一次漢字簡化方案』에서 정한 '帮'으로 돌아가야만 했다.

어떤 簡化字는 簡化 이후에도 용법에 따라 簡化字를 쓰기도 하는가하면, 번체자를 그대로 쓰기도 하는데, 학습자는 주의할 필요가 있다. 예를 들면, '借口', '凭借'에서의 '借'는 '藉'의 簡化字로 쓰이고 있는데, '狼藉'란 어휘에서는 그대로 번체를 쓰고 있고, '夥'도 '동료 및 동반자'를 나타낼 때는 '伙'(伙伴)로 쓰지만, '많다'의 뜻으로 쓰이면 繁體를 그대로 써 '獲益甚夥'로 쓴다.

어떤 多音字인 漢字는 그중 일부 음은 簡化字로 대체하고, 다른 음은 번체로 쓰는 경우도 있다. '乾'은 'gān'과 'qián' 두 가지로 읽히는 漢字로, 'gān'음일 때는 '干'으로 대체하여 '干枯'나 '餅干'처럼 쓰이고, 'qián'일 때는 '乾坤'이나 '乾隆'처럼 그대로 둔다. '瞭'도 'liáo'음일 때는 '了解'나 '明了'처럼 '了'로 표기하고, 'liào'음일 때는 '瞭望'처럼 그대로 둔다.

형체만 빌리다 簡化字로 삼은 경우, 새 簡化字의 빌음과 本字의 빌음이 혼동되어지지 않도록 주의해야 한다. '朮'은 '術'의 簡化字로 '技術'이나 '算術'에서는 'shù'로 읽으나, 본래의 쓰임새인 '蒼朮'이나 '白朮'처럼 한약재명을 나타낼 때는 그 본래 발음인 'zhú'로 읽어야 한다.

또 어떤 簡化字는 서로 다른 두 개의 異音字를 簡化한 경우가 있는데, 이 경우 발음이 각기 다른 점에 주의해야 한다. 예를 들면, 纖 (千)은 織과 牽의 簡化字를 겸하는데, 織의 簡化字일 때는 xiān으로, 牽의 簡化字일 때는 qiàn으로 읽어야 한다.

중국의 簡化字 정책은 많은 異體字를 도태시켜 그 수는 1053字에 이르는데, 예를 들면 '泛,汎,氾' 세 개의 異體字 중 '泛'만을 이들의 대표자로 채택하고 나머지 두 字는 폐기하는 식이다. 그런가 하면 필획이 적은 同音字를 이용해 필획이 많은 字를 대체하는 방법으로 102字를 감소시켰으니, '鬪爭'의 '鬪'를 '升斗'의 '斗'로 대체하거나, '穀物'의 '穀'을 '山谷'의 '谷'으로 대체한 것들이 그 예이다. '迹,跡,蹟'을 '迹'으로, '烟,煙,菸'을 '烟'으로, '炮,砲,礟'를 '炮'로 대표자를 삼게 된 것도 이러한 예에 속하는 것들이다.

簡化字정책이 성공하면 해당한자는 생존하게 되고, 실패하면 해당한자는 도태되어지고 만다. '嘴'는 한때 '咀'로 簡化되어졌었으나, 결국은 실패로 돌아가 '咀'는 더 이상 쓰이지 않게 되었고, 번잡한 '嘴'가 여전히 명맥을 유지하고 있다. 그런가 하면, '橘'은 '桔'로의 簡化가 성공적으로 마무리되어 '橘'은 더 이상 쓰이지 않게 되었다. '桔'이 '橘'을 성공적으로 대체하긴 했지만, 또 다른 문제점이 생겨났다. '桔'은 원래 '桔梗'에 쓰이던 漢字로 이때의 발음은 'jié'인데, 새로 생겨난 '橘'의 簡化字 '桔'은 'jú'로 읽기 때문에 이 두 가지 음을 가진 '桔'은 異音字가 되어, 발음 시 주의를 기울여야한다는 사실이다.

簡化로 인해 원래는 별개의 漢字였던 두 개의 異音字가 필획이 적은 字로 합쳐지면서 주의해야만 하는 점이 생겨났으니, 그것은 簡化되어진 이후에도 讀音은 그대로 유지하고 있기 때문에, 이러한 漢字들을 접할 때에는 원래의 성조대로 읽어줘야 한다는 점이다. 대표적인 예로, 只는 '隻'과 '祇'의 簡化字로, '船只'나 '一只老虎' 등으로 쓰일 때는 'zhī' 즉 1성으로, '只有'나 '只要' 등으로 쓰일 때는 'zhǐ' 즉 3성으로 읽어야만 한다.

4-5. 역대 주요 字典의 수록자 수는?

중국 최초의 字典은 東漢시대(기원후 100) 許愼이 편찬한 『說文解字』로, 小篆체 漢字 9,353字를 자신이 개발한 部首排列法에 따라, 총 540部로 나누어 수록하고 있다. 部首의 순서는 당시 陰陽五行家의 사상을 반영하여, '一'부터 시작해 '亥'로 끝맺었다.

西晉때 呂忱이 편찬한 『字林』은 『說文解字』를 따라 540部로 나누고, 小篆字 12,824字를 수록했다.

南朝 梁代(543)에 顧野王이 펴낸 『玉篇』[13]은 이전의 字典들과 달리 楷書體를 수록하고 있으며, 『說文解字』의 540部 중 10개의 部首를 폐지하고, 12개의 部首를 새로 추가하여, 총 542部로 나누어, 16,917字를 수록했다.[14]

隋代(601) 陸法言이 펴낸 『切韻』은 시를 지을 때 押韻字를 찾기 쉽게 하고자, 讀音에 따라 漢字를 배열한 韻書로, 12,158자를 수록하고 있다. 『切韻』을 근거로 하되, 수록자를 더 확장한 『廣韻』(1008)은 26194字를

---

[13] 한국에서 자주 쓰이며 字典의 대명사처럼 쓰였던 同名의 책자는 『康熙字典』을 저본으로 만들어진 것으로, 원래의 『玉篇』과는 다른 것이다.
[14] 참고로 사전(商務印書館 『現代漢語詞典』)에서 가장 수록자가 많은 部首를 10위까지 열거한다면, 水(氵), 口, 艹, 木, 手(扌), 人(亻), 心(忄), 金, 土, 虫의 순이다.

수록하고 있다.

遼代(997) 승려 行均이 펴낸 『龍龕手鑑』은 어디서 간행되었는가에 따라 『龍龕手鏡』이라고도 하며, 대량의 異體字와 俗字를 포함하고 있어, 敦煌文書를 해독하는데 유용한 점이 있다. 242部에 수록자는 26430여字이다.

明代末(1615) 梅膺祚가 펴낸 『字彙』는 『說文解字』의 部首를 214部로 줄였는데, 그 후의 字典들이 따르는 바가 되었다. 수록자는 33,179자이다. 같은 字라 하더라도 『說文解字』와 『字彙』의 소속 部首가 다른 예들이 있는데, 이는 『說文解字』가 字義에 의거하여 부수를 나눈데 반해, 『字彙』는 字形에 따라 부수를 나누었기 때문이다. '相'과 '悶'을 예로 들면, 『說文解字』에서는 이 둘을 '目'部와 '心'部에 편입시킨 반면, 『字彙』는 이 둘을 '木'部와 '門'部에 편입시켰다.

淸代 康熙55년(1716) 張玉書 등이 왕명으로 편찬한 『康熙字典』은 그 때까지의 字典들의 總結版이라 할 수 있으며, 47,035자를 수록하고 있다.

그 후, 1986년부터 1990년까지 출간된 『漢語大字典』은 가장 많은 漢字를 수록하고 있어, 그 수가 56,000여 字에 이른다.

중국의 漢字는 위에 보인 대로 엄청난 수량을 보이지만, 일반 중국인들이 즐겨 쓰는 漢字의 수는 常用字 2500字로 전체 쓰이는 漢字의 98%를 차지한다고 한다. 이 말은 우리가 2500字만 알고 있다면, 일상적인 문자 활동에 별다른 문제점이 발생하지 않는다는 것이다. 1988년에 발표한 『現代漢語常用字表』에 따르면, 중국에서 가장 사용 빈도수가 높은 10字는 的,一,是,了,不,在,有,人,上,這라고 한다.

제5장
◇
중국어를 이해하기 위한 어음 상식

인간과 인간은 말을 통해 서로의 의사를 전달하며 소통한다. 그런데 우리의 말은 어떠한 장치를 통해 서로 다른 소리를 이용해 각기 다른 의미를 상대에게 전달할까? 이를 위해 인간이 어떻게 발음을 하는지 알아볼 필요가 있다.

인간의 발음기관은 그 부위와 방식에 따라 각기 다른 소리를 내뱉게 된다. 우리가 프랑스어를 처음 들으면, 도저히 흉내 낼 수 없을 것 같은 느낌을 지울 수가 없다. 이는 프랑스인들이 발음할 때 자주 쓰는 발음부위와 발음방법이 우리와 많이 다르기 때문이다.

인간의 발음기관은 크게 호흡기관, 성대, 구강 및 비강의 세 부위로 나눌 수 있다. 호흡기관은 폐와 거기에 연결된 기관지로 나뉘며, 폐는 발음의 발전소라 할 수 있는 곳으로, 발음 시 기류를 공급하는 역할을 한다. 성대는 후두부 중간에 있으며, 두 개의 탄력적인 얇은 막으로 이루어져 있다. 이 성대 중간의 통로를 聲門이라고 하는데, 호흡 시에는 聲門이 열려 기류가 자유로이 통과하게 되고, 어떤 발음을 할 때면 기류가 그 틈을 비집고 나오면서, 성대가 진동하면서 음파를 생성하게 된다. 구강은 상하 입술,

상하 치아, 치은, 경구개, 연구개, 혀와 목젖 등으로 구성되는데, 기류가 구강 안에서 이들 부위와 상호 관계하여, 여러 가지 음파를 형성하여 각기 다른 발음을 내게 한다. 발음할 때의 구강 크기도 모음의 성격에 관여한다.

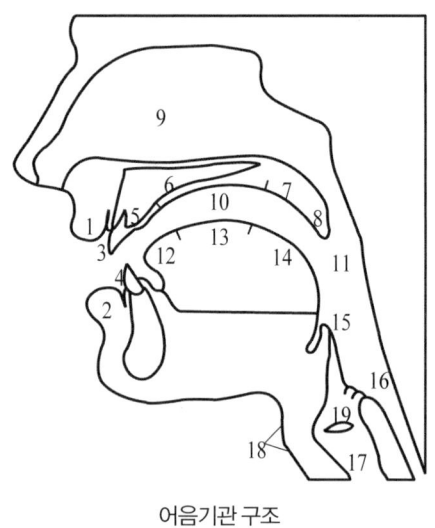

어음기관 구조

(1, 2)위아래 입술, (3, 4)위아래 이빨 (5)치은: 구강 내부 위쪽의 앞부분의 튀어 나온 부분 (6)경구개: 치은 뒤쪽의 함몰된 부분 (7)연구개: 上顎 뒤쪽의 말랑한 부분 (8)목젖 (9)비강 (10)구강 (11)인두: 구강과 비강으로 나누어지기 전의 목구멍 공간 (12)舌葉 (13)舌面前舌面中 (14)舌面後 혹은 舌根 (15)喉頭蓋: 음식물이 기도로 들어가는 것을 막아주는 역할을 함 (16)식도 (17)氣管: 아래 로는 肺와 통하고 위로는 후두와 접해 있음 (18)喉頭 (19)聲帶: 후두 중앙에 있으며, 두 개의 근육으로 구성되며, 성대 사이의 공간을 聲門이라고 함.

5-1. 音節과 音素

우리가 상대방의 말을 들을 때, 가장 쉽게 구분해낼 수 있는 것이 音節 이다. 音節은 가장 작은 어음단위가 아니다. 가장 작은 어음단위는 音素

이다. 音素는 자음과 모음으로 나뉘며, 자음은 모음이 동반되어야 소리로 발현된다. 현재 보통화는 모음 10개와 자음 22개 도합 32개의 음소로 이루어져 있으며, 25개의 라틴자모를 이용해 중국어의 音素를 표시하고 있다.

하나의 음절은 하나의 음소로 이루어질 수도 있고, 여러 개의 음소로 이루어질 수도 있다. 예를 들면, "這朵花不香"을 병음으로 표기하면 "zhe duo hua bu xiang"로 모두 5개의 음절로 되어 있다. 첫 번째와 네 번째 음절은 2음소로, 두 번째와 세 번째 음절은 3음소, 마지막 음절은 4음소로 이루어져 있다. 이 중 세 번째 음절 'hua'와 마지막 음절 'xiang'은 같은 병음 'a'로 표기되고 있는데, 이 둘은 실제로는 다른 발음이다. 앞의 'a'는 발음할 때 혀가 뒤쪽으로 약간 오므라들고, 뒤의 'a'는 발음할 때 혀가 좀 더 앞으로 뻗는다. 이러한 미세한 차이는 중국어에서 의미를 구분 짓는 역할을 하지 않기 때문에, 실제로 말을 할 때 그 차이를 느낄 수가 없다. 그래서 둘 다 똑같이 'a'로 표기한다. 이 둘 사이의 크지 않은 음소의 차이를 드러낼 수 있는 장치가 있으니, 그것이 국제음성기호이다.

국제음성기호는 국제적으로 공인된 음소표기방법으로 1888년에 처음 공포된 후 여러 차례 보충과 수정을 거쳤다. 국제음성기호는 기본적으로 라틴자모의 소문자를 기초로, 합체자모, 부가부호, 대문자, 거꾸로 쓴 글씨체와 몇 개의 그리스문자를 이용해 '[ ]'로 표기하는 것이 원칙이다. 이 부호는 세계의 모든 언어의 음소를 정확히 기록할 수 있는 장점이 있어 각국의 어음학자들은 語音을 연구할 때 이 부호를 사용한다.

영어를 예로 국제음성기호가 왜 유용한지를 알아보면, 그 有用性을 잘 알 수 있다. 영어에는 알파벳표기로는 같은데 실제로 읽으면 발음이 다른 것들이 있다. 예를 들면 똑같이 'ough'를 포함하고 있는데, '감기'라는 뜻의 cough[kɔf]는 [-ɔf]로, '강인함'을 뜻하는 tough[tʌf]는 [-ʌf]로, '통과'를 뜻하는 through[Θru:]는 [-u:]로, '사상'을 뜻하는 thought[Θɔ:t]는 [-ɔ:-]로, '나뭇가지'를 뜻하는 bough[bau]는 [-au]로 각기 다르게 발음되어진다.

그런가 하면 by/bye/buy 또는 high/height 또는 eye/I나 sight/cite/site처럼 알파벳표기로는 다른데 실제발음은 같은 경우도 있다. 이런 경우들에 있어 국제음성기호는 아주 유용한 도구임을 확인할 수 있다.

중국어에 쓰이는 국제음성기호표

發音方法		發音部位	双脣昔	脣齒音	舌尖前音	舌尖音	舌尖后音	舌葉音 (舌尖及面)	舌面音	舌根音	喉音
輔音	塞音	清 不送氣	p(b)			t(d)			ṭ	k(g)	
		清 送氣	pʻ(p)			tʻ(t)			ṭʻ	kʻ(k)	
		濁 不送氣	b			d			ḍ	g	
	塞擦音	清 不送氣			ts(z)		tṣ(zh)	tʃ	tɕ(j)		
		清 送氣			tsʻ(c)		tṣʻ(ch)	tʃʻ	tɕʻ(q)		
		濁 不送氣			dz		dẓ	dʒ	dz		
	鼻音	濁	m(m)	ɱ		n(n)				ŋ(ng)	
	邊音	濁				l(l)					
	擦音	清		f(f)	s(s)		ṣ(sh)	ʃ	ɕ(x)	x(h)	h
		濁		v(v)	z		ẓ(r)	ʒ	z	ɣ	ɦ
	半元音	濁	w(w)ɥ(ü)						j(y)ɥ(ü)	(w)	
			圓脣母音		舌尖母音前后			舌面母音前中后			
元音	高元音		(ü u)		ɣ(i)	ɿ(i)		i(i)y(ü)	u(u)		
	半高元音		(o)					e(e) ə(e)	o(o)		
	半低元音							ɛ ɒ	ɔ		
	低元音							a(a)	ɑ		

* 위의 표에서 ( ) 안의 것은 중국의 현행 병음자모이며, ( )가 없는 것은 국제음성기호이다.

표준중국어의 음절수는 415개로[15], 성조를 음절에 반영한다 하더라도 1324개일 뿐이다. 이 중에는 자주 사용되는 음절도 있고, 별로 사용되지 않는 음절도 있는데, 통계에 의하면 이들 중 총 음절수의 4분의 1 정도의 음절의 사용이 실제 활용되는 음절 총합의 75%를 차지한다고 한다. 그중에서도 활용되는 음절 총합의 절반을 차지하는 음절은 전체 음절수의 25% 정도에 불과한 47개라고 한다.[16] 이 47개의 음절을 그 쓰이는 字와 함께 예를 들어 보이면 아래와 같다.

de,	的, 地, 得, 德
shi,	是, 時, 市, 始, 示, 視, 試, 十, 實, 室, 識, 師, 史, 使, 石, 食, 事, 世
yi,	一, 衣, 醫, 遺, 移, 疑, 以, 已, 意, 易, 義, 役, 藝, 異
bu,	不, 捕, 補, 部, 布, 步, 怖
you,	有, 憂, 優, 幽, 游, 尤, 由, 油, 郵, 友, 又, 幼, 誘
zhi,	只, 之, 支, 知, 指, 脂, 職, 直, 執, 紙, 治, 志, 至, 致, 置, 制, 智, 質
le,	了, 樂
ji,	幾, 激, 積, 擊, 基, 機, 鷄, 疾, 吉, 集, 及, 急, 級, 卽, 己, 計, 技, 寄, 季, 際, 旣, 記, 紀, 繼
zhe,	這, 着, 折, 哲, 者
wo,	我, 窩, 臥, 握
ren,	人, 忍, 認, 任
li,	裏, 離, 禮, 理, 立, 利, 厲, 例, 力, 歷, 麗
ta,	他, 她, 它, 踏
dao,	到, 刀, 倒, 導, 盜, 道, 稻
zhong,	中, 鐘, 終, 種, 衆, 重

---

[15] 참고로 한국어의 음절수는 2037개이며, 일본어의 음절수는 120개가 되지 않는다고 한다.
[16] 張志公主編『現代漢語』참고.

zi,	自, 子, 字, 資
guo,	過, 國, 鍋, 果, 裹
shang,	上, 商, 傷, 賞, 尙
ge,	哥, 割, 歌, 擱, 革, 隔, 格, 胳
men,	們, 門, 悶
he,	和, 喝, 核, 河, 何, 合, 賀
wei,	爲, 威, 微, 危, 違, 圍, 惟, 唯, 維, 僞, 偉, 委, 尾
ye,	也, 爺, 野, 夜, 液, 業, 葉
da,	大, 打, 搭, 答, 達
gong,	公, 工, 攻, 功, 供, 共, 恭
jiu,	就, 酒, 九, 久, 糾, 救, 舊, 舅
jian,	見, 間, 兼, 監, 堅, 尖, 艱, 奸, 簡, 剪, 減, 檢, 薦, 建, 健
xiang,	想, 相, 香, 鄕, 詳, 降, 響, 項, 向, 像
zhu,	住, 主, 朱, 珠, 諸, 猪, 燭, 逐, 竹, 注, 祝, 助, 鑄, 築
lai,	來, 賴
sheng,	生, 聲, 升, 省, 盛, 勝, 聖
di,	地, 滴, 低, 敵, 底, 抵, 弟, 第, 遞, 帝
zai,	在, 再, 災, 栽, 載
ni,	你, 擬, 逆, 膩
xiao,	小, 消, 鎖, 蕭
ke,	可, 客, 苛, 顆, 科, 咳, 渴, 刻, 克, 課
yao,	要, 腰, 邀, 搖, 皸, 藥, 鑰
wu,	無, 五, 汚, 惡, 烏, 屋, 舞, 午, 侮, 誤, 務, 物
yu,	於, 欲, 餘, 愚, 魚, 語, 雨, 與, 育, 玉, 遇, 寓, 預
jie,	結, 解, 節, 接, 揭, 階, 街, 潔, 姐, 戒, 介, 界, 借, 皆
jin,	今, 金, 斤, 僅, 緊, 盡, 進, 近, 禁
chan,	産, 纏, 闡, 蟬
zuo,	做, 坐, 昨, 作, 左, 座
jia,	家, 假, 挾, 加, 佳, 價, 架, 駕
xian,	先, 現, 鮮, 纖, 閑, 嫌, 賢, 顯, 險, 獻, 陷, 限
quan,	全, 勸, 權, 圈, 拳
shuo,	說, 碩

5-2. 母音과 子音

어떤 언어이든 예외 없이 가지고 있는 것이 모음과 자음이다.

母音은 聲帶가 진동하면서 나오는 소리로, 모음의 특징은 口腔의 모양으로 결정이 된다. 구강이 열린다거나 닫힌다거나, 혀를 펴거나 오므리거나 하고, 입술을 둥글게 하거나 가지런하게 하여 구강의 상태를 다르게 만들면서 서로 다른 모음을 내게 한다. 口腔이 열리면, 혀의 위치는 내려가고, 구강이 오므라들면, 혀의 위치는 높아진다. 이렇게 하여 高, 中, 低의 위치에 따라 [i][u], [ə][o], [a][ɑ]의 구분이 생겨난다. 혀의 펴고 오그림에 따라, 혀의 위치는 앞에 놓이기도 하고 뒤에 놓이기도 하는데, 그러면서 前, 後모음의 차이가 생겨, 前, 央, 後의 위치에 따라 [ɛ][a], [ə], [u][ɣ]의 구분이 생겨나게 된다. 입술의 동그란 형태 여부에 따라서 圓脣母音([u][o])과 非圓脣母音([i][e])으로 나뉠 수도 있다. 이 모음들은 모두 혀의 위치 변화에 따라 생겨난 것인지라 舌面元音이라고도 한다. 舌面元音은 각종 언어에서 아주 널리 쓰이는 것으로, 그중 [i][e][ɛ][a][ɑ][ɔ][o][u] 등 8개가 기본원음이다. 중국어에는 이런 舌面元音 외에, 舌尖元音[ɿ]와 [ʅ], 卷舌元音[ɚ] 등도 있다.

자음은 입 밖으로 나오는 날숨이 발음기관의 장애를 받으면서 나오는 소리이다. 장애가 일어나는 부위와 발음방법에 따라, 내뱉는 자음은 각기 다르게 된다. 중국어를 처음 배울 때 연습하는 [p][ph][m]의 차이는 발음방법의 차이에서 생겨난 것이고, [p][t][k]의 차이는 발음부위의 다름에서 생겨난 차이이다. 중국어의 자음은 발음부위에 따라 雙脣音([p][m]), 脣齒音([f]), 舌尖前音([ts][s]), 舌尖中音([t][l]), 舌尖後音([tʂ][ʂ]), 舌面音([tɕ][ɕ]), 舌根音([k][h])으로 나눌 수 있고, 발음방법의 차이에 따라, 숨의 통로가 완전히 막혔다가, 갑자기 열리면서 터져 나오는 파열음 또는 塞音

([p][t][k]), 숨의 통로가 좁아져 있으나 완전히 막히지는 않아서, 숨이 그 틈을 비집고 나가면서 내는 마찰음 또는 擦音([f][s][x]), 통로가 완전히 막혔다가, 천천히 열리면서 숨을 내보내는 파열마찰음 또는 塞擦音 ([tɕ][tʂ][ts]), 구강의 통로를 완전히 막고, 코로 내보내는 鼻音([m][n][ŋ]), 혀 중간의 통로가 막혀, 숨이 혀 옆으로 빠져나오며 발음되는 邊音([l]) 등 다섯 가지로 자음을 나눌 수 있다. 이 외에도 성대가 진동하지 않으면서 소리가 나는 淸音([p][t][k])과 진동하며 소리가 나는 濁音([m][z])의 구분 이 있으며, 塞音과 塞擦音은 발음 시 聲門이 열려 있어 숨이 세게 터져 나오는 送氣音과 성대가 닫혀 있어 숨이 약하게 터져 나오는 不送氣音으 로 나뉜다. 送氣音은 不送氣音에 [h]나 [ʻ]를 추가하여 나타낸다.

5-3. 중국 전통의 음운 구분법 聲母와 韻母

5-2에서 언급한 母音과 子音은 서양에서 비롯된 語音學 용어이며, 중 국에는 이와는 별도로 이와 유사한 音韻學 용어가 있는데, 聲母와 韻母가 그것이다.

중국 전통음운학은 漢字의 음을 앞뒤 두 부분으로 나누어, 앞부분을 聲母라고 하고, 뒷부분을 韻母라고 한다. 한 글자 즉 한 음절에서 앞부분 에 쓰일 때, 聲母는 子音과 다르지 않다. 하지만 子音은 음절의 뒷부분에 도 올 수 있다는 점에서 聲母와 다르다. 중국음운학에서는 음절의 뒷부분 에 오는 자음은 韻母의 일부로 볼 뿐이다. 자음 n을 예로 들어보면, 你[ni] 에서 n은 聲母이기도하고 자음이기도 하지만, 面[miɛn]에서의 n은 똑같은 음성부호이지만 자음일 뿐 聲母는 아니며, 韻母의 일부인 韻尾일 뿐이다. 현재의 표준중국어에 쓰이는 자음은 모두 22개인데, 그중 20개는 聲母로

만 쓰이고, [n]은 聲母와 韻尾에 모두 쓰이며, [ŋ]은 韻尾로만 쓰인다. 표준중국어에 쓰이는 자음은 아래와 같다.

[p] [pʻ] [m] [f]
[t] [tʻ] [n]   [l]
[k] [kʻ] [ŋ] [x]
[tɕ] [tɕʻ]   [ɕ]
[tʂ] [tʂʻ]   [ʂ] [ʐ]
[ts] [tsʻ] [s]

위의 각 聲母로 이루어진 쌍음절어를 내보이는 것도 초심자에게는 의미 있는 학습재료가 될 듯싶다.

頒布 bānbù   澎湃 péngpài   盲目 mángmù   奮發 fènfā
道德 dàodé   談吐 tántǔ   惱怒 nǎonù   輪流 lúnliú
干戈 gāngē   刻苦 kèkǔ   黃河 huánghé
絶技 juéjì   齊全 qíquán   學校 xuéxiào
戰爭 zhànzhēng 出差 chūchāi 双聲 shuāngshēng 忍讓 rěnràng
在座 zàizuò 層次 céngcì   洒掃 sǎsǎo   語言 yǔyán

한 음절에서 聲母는 하나의 자음이 충당하거나, 자음이 없거나(零聲母라고 함) 하여 비교적 단순하지만, 韻母는 좀 더 복잡하게 구성되어있다. 韻母는 다시 韻頭, 韻腹, 韻尾로 나눌 수 있다. 韻腹은 모든 음절에 반드시 존재하는 요소로, 主要母音이라고도 하며, 韻頭로 쓰이는 모음은 [i][u][y]밖에 없으며, 韻尾로는 [n][ŋ] 등 자음도 올 수 있다.
표준중국어는 운모를 특징에 따라 開口, 齊齒, 合口, 撮口의 네 종류로 나눈다.

開口呼: 韻頭가 없으며, 韻腹이 [i][u][y]가 아닌 것 예자) 特, 包, 忙, 思, 詩
齊齒呼: 韻頭나 韻腹이 [i]인 것 예자) 七, 家, 西, 先, 兄
合口呼: 韻頭나 韻腹이 [u]인 것 예자) 骨, 花, 水, 端, 光
撮口呼: 韻頭나 韻腹이 [y]인 것 예자) 居, 靴, 宣, 群, 雲

다음은 현대중국어를 4呼에 따라 나눈 음절표와 각 성조를 대표하는 예자들이며, 0으로 나타낸 것은 해당성조에 글자가 없음을 나타낸 것이다.

開口呼: a, ai, an, ang, ao, e, ei, en, eng, er, i, o, ou

b: 八拔把爸吧, 刮白百拜, 班0板牛, 帮0榜棒, 包薄保暴, 杯0北被唄, 奔0本笨, 崩甭繃蹦, 撥博跛柏

p: 葩爬0怕, 拍排迫派, 攀盤0判, 滂旁榜胖, 泡袍跑炮, 胚培0配, 噴盆0噴, 烹朋捧碰, 潑婆叵破, 剖裒掊0

m: 媽麻馬罵, 0埋買賣, 嫚瞞滿慢, 牤忙莽0, 猫毛卯冒, 0000麼, 0沒美妹, 0門0悶們, 蒙蒙猛夢, 摸磨抹末, 哞謀某0

f: 發罰法髮, 翻煩反飯, 方房訪放, 非肥匪肺, 分墳粉奮, 風縫, 諷奉, 0佛00, 00否0

d: 答答打大, 呆0歹代, 担0膽但, 當0党蕩, 刀叨倒道, 嘚得0的, 00得0, 000扚, 登0等凳, 都0抖斗

t: 他0塔踏, 胎台呔泰, 攤彈毯探, 湯唐躺趟, 掏逃討套, 000特, 烴疼00, 偷頭0透

n: 南拿哪納, 00奶耐, 囡南柅難, 囊囊攮齉, 0撓腦鬧, 000呢, 00餒內, 000嫩, 0能00, 000耨

l: 拉旯喇辣啦, 0來0賴, 0蘭懶濫, 啷郎朗浪, 撈勞老烙, 肋00樂, 勒雷累累, 棱稜冷愣, 摟樓簍露

g: 旮嘎嘎尬, 該0改蓋, 干0趕干, 剛0港鋼, 高0稿告, 割革葛個, 00給0, 根00艮, 更0耿更, 勾0狗夠

k: 咖0卡0, 開0慨忾, 看0坎看, 康扛0抗, 尻0考靠, 頦咳渴刻, 剋000, 00肯裉, 坑000, 摳0口扣

h: 哈蛤哈哈, 嗨孩海害, 鼾寒罕汗, 夯行0巷, 嚆豪好浩, 喝河0賀,

黑000, 0痕很恨, 亨恒0横, 齁喉吼候

zh: 扎閘眨炸, 摘宅窄債, 占0展站, 張0掌丈, 招着找照, 遮折者這着, 000這, 眞0枕陣, 征0整正, 汁職紙治

ch: 挿茶叉差, 拆柴0虿, 攙纏産顫, 昌嘗場唱, 抄朝吵秒, 車0扯撤, 嗔沉碜趁, 称成逞秤, 吃遲耻赤

sh: 沙0傻煞, 篩0色晒, 扇0閃善, 商0賞上, 燒匀少紹, 奢舌舍社, 0誰00, 深神審愼, 聲繩省盛, 師實矢市

r: 0然染0, 嚷穰壤讓, 0饒扰繞, 00惹熱, 0人忍認, 扔仍00, 000日

z: 咂雜咋0, 灾0宰載, 簪咱拶暫, 賍詛藏, 糟鑿棗灶, 0責0仄, 0賊00, 00怎譖, 增00贈

c: 擦0磋0, 猜裁采菜, 餐殘慘燦, 倉藏00, 操曹草0, 000側, 參岑00, 噌曾0蹭

0: 阿啊啊啊啊, 挨呆矮愛, 安0埯按, 肮昂0盎, 凹熬襖懊

齊齒呼: i, ia, ian, iang, iao, ie, in, ing, iou(iu)

b: 逼鼻比必, 編0扁辨, 標0表鰾, 憋別癟別, 賓00殯, 冰0丙幷

p: 批皮匹僻, 偏便諞片, 漂朴漂票, 瞥0撤氅, 拼貧品聘, 乒平00

m: 眯迷米密, 0棉免面, 喵苗秒妙, 乜00蔑, 0民敏0, 0明酩命, 000謬

d: 滴敵底弟, 00嗲0, 顚0点店, 凋0鳥釣, 跌蝶00, 丁0頂定, 丢000

t: 梯題體替, 天田舔搂, 挑條挑跳, 貼0鐵帖, 聽停挺梃

n: 妮尼你逆, 拈黏捻念, 0娘0釀, 00鳥尿, 捏00涅, 0您00, 0寧擰佞, 妞牛扭拗

l: 哩離里利, 00倆0, 0廉斂戀, 0梁兩亮, 撩聊了料, 000獵, 0林凜吝, 0灵領令, 溜流柳六,

j: 基吉几寄, 家煩甲嫁, 兼0簡見, 將0獎醬, 澆嚼攪教, 接節解屆, 津0緊進, 京0井竟, 究0酒救

q: 期齊啓气, 掐0卡恰, 謙前淺欠, 腔强搶蹌, 敲橋悄殼, 切茄且竊, 親勤寢沁, 清情請慶, 秋求糗0

x: 西席喜細, 瞎狭0下, 先閑顯獻, 相詳想項, 消淆曉笑, 些鞋寫謝, 心尋0信, 星行醒幸, 休0宿嗅

0: 衣宜椅易, 壓牙啞亞呀, 烟顔演艶, 央羊養樣, 腰搖咬要, 噎爺治夜, 因銀飲蔭, 應贏影硬, 000喲, 憂游有又

合口呼: u, ua, uai, uan, uang, uei(ui), uen(un), ueng, uo, ong
    b: 逋醭捕部
    p: 鋪蒲普瀑
    m: 0模母目
    f: 夫福撫富
    d: 督讀賭肚, 端0短段, 堆00對, 敦0蹾頓, 多奪朵惰, 東0懂動
    t: 突徒土兔, 湍團疃彖, 推頹腿退, 吞臀余褪, 脫駝妥唾, 通同統痛
    n: 0奴努怒, 00暖0, 0挪0諾, 0農0弄
    l: 嚕爐魯鹿, 掄輪0論, 捋羅裸落, 隆龍籠弄
    g: 姑骨鼓顧, 刮0寡挂, 乖0拐怪, 官0管灌, 光0广逛, 歸0鬼貴, 00滾棍, 鍋國果過, 功0拱供
    k: 哭0苦庫, 夸0垮跨, 00劊會, 寬0款0, 匡狂夼曠, 亏葵傀潰, 昆0捆困, 000擴, 空0孔空
    h: 呼糊虎戶, 花滑0話, 0怀0坏, 歡還緩患, 荒黃謊晃, 揮回毀匯, 葷渾0混, 豁活火獲, 烘紅哄哄
    zh: 珠燭主住, 抓0爪0, 拽0轉拽, 專0轉賺, 裝0奘壯, 追00墜, 諄0准0, 捉着00, 中0种衆
    ch: 初廚儲畜, 揣0揣踹, 穿傳喘串, 窗床闖創, 炊垂00, 春唇蠢0, 戳00輟, 充重寵冲
    sh: 梳熟鼠樹, 刷0耍刷, 衰0甩帥, 栓00涮, 霜0爽0, 0誰水睡, 00吮順, 說00碩
    r: 0儒乳褥, 00軟0, 0蕤蕊銳, 000閏, 000若, 0容冗0
    z: 租族祖0, 鉆0纂鉆, 00嘴最, 尊0撙0, 作昨左鑿, 宗0總粽
    c: 粗徂0醋, 攛攢0竄, 催0璀脆, 村存忖寸, 撮痤脞措, 聰從00
    s: 蘇俗0宿, 酸00蒜, 雖隨髓歲, 孫0損0, 縮0鎖0, 松0聳送

0: 烏無武物, 挖娃瓦袜哇, 歪0歲外, 彎完碗萬, 汪王网望,
   威圍僞爲, 溫文穩問, 翁0翁瓮, 窩0我臥

撮口呼: ü, üan, üe, ün, iong

n: 00女衄, 000虐
l: 0驢旅慮, 00掠略
j: 鞠菊擧聚, 捐0卷絹, 撅覺蹶倔, 軍00俊, 局0窘0
q: 區渠取趣, 圈拳犬勸, 缺瘸0雀, 逡群00, 0窮00
x: 須徐許序, 宣旋選眩, 靴學雪血, 熏循0迅, 兄雄00
0: 迂魚雨玉, 冤元遠愿, 約00閱, 暈云允孕, 擁喁永用

한국인이 표준중국어를 배울 때, 애로사항을 유발할 수 있는 聲母와 韻母는 한국어에 없는 捲舌音聲母[tʂ], [tʂʻ], [ʂ], [ʐ]와 韻母[y]를 들 수 있을 것이다. 齒音이 한 세트밖에 없는 한국어는 zh, ch, sh와 z, c, s의 구분을 확연히 하기가 쉽지 않으며, 'ㄹ'로 표기할 수 있는 r과 l의 구분도 명확히 할 필요가 있다. 韻母에 있어서는 ü와 i의 구분도 신경써야 할 부분이다.

zh, ch, sh와 z, c, s의 구분
 主力—阻力 摘花—栽花 戰時—暫時 致力—自力 大致—大字
 初步—粗布 挿手—擦手 魚翅—魚刺 最初—最粗 新春—新村
 詩人—私人 熟語—俗語 堅立—肅立 商業—桑葉 史記—死記
 支援—資源 木材—木柴 亂吵—亂草 深林—森林

r와 l의 구분
 入口—路口 利潤—立論 天然—天藍

ü와 i의 구분
 榮譽—容易 豫見—意見 拒絶—季節 全面—前面 通訊—通信
 運行—印行 均匀—金銀 風趣—風氣

5-4. 중국어다움을 결정짓는 聲調

표준중국어음에는 聲母와 韻母만 있는 것이 아니다. 聲母와 韻母가 같다 하더라도 그 음절의 높낮이가 다르면 서로 다른 의미를 갖게 된다. 이런 차이를 갖게 하는 것이 聲調이다. 중국의 지명 중 성조로만 구분이 가능한 지역명이 있다. 山西省과 陝西省이 그것으로, 두 省의 구별은 앞 글자의 발음 shan의 성조로만 온전히 그 구별이 가능하여, 山西는 Shānxī 즉 1성으로, 陝西는 Shǎnxī 즉 3성으로 읽어야만 둘의 구분이 온전히 이루어지는 것이다. 이처럼 중국어에 있어 성조는 아주 중요한 요소이다.

표준중국어의 聲調는 陰平(1聲), 陽平(2聲), 上聲(3聲), 去聲(4聲)의 네 종류로 구분된다. 음절 [tɕ'i]와 [ma] 및 [t'u]를 예로 들어 보이면 아래와 같다.

陰平	陽平	上聲	去聲
妻	旗	起	氣
媽	麻	馬	罵
禿	圖	土	兔

한 음절의 높낮이의 기복은 聲帶의 긴장 여부에 따라 결정된다. 발음할 때 성대가 이완하면, 낮은 소리를 내게 되고, 성대가 긴장하면, 높은 소리를 내게 되며, 성대가 이완했다 긴장하면, 소리가 낮은 데서 높은 곳으로 이동하고, 성대가 긴장했다 이완하면, 소리는 높은 데서 낮은 곳으로 이동하게 된다. 표준중국어의 네 가지 성조는 바로 이런 물리적 현상에 의한 것으로, 한 음절을 발음하는 동안 성대가 긴장되어 있으면 陰平, 성대가 이완했다 긴장하면 陽平, 성대가 긴장했다 이완한 후 다시 긴장하면 上聲, 성대가 긴장했다 이완되기만 하면 去聲의 특징이 생겨나는 것이다. 중국

어의 이러한 특징을 수치화하여 나타낸 것이 미국에서 활동한 중국인 어학자 趙元任이다. 그는 중국어 성조의 높낮이 변화를 낮은 데를 1로, 높은 데를 5로 정해, 각 성조의 특징을 數値化 및 可視化하는 데 성공했다. 그 결과 陰平은 55로, 陽平은 35로, 上聲은 214로, 去聲은 51로 그 높낮이의 수치를 표기하게 되었고, 이를 可視化하여 陰平은 '¯'로, 陽平은 'ˊ'로, 上聲은 'ˇ'로, 去聲은 'ˋ'로 표시하게 되었다.

그렇다면 聲調의 표시는 어디에 해야 할까? 주요모음 위에 하면 된다. 그럼 주요모음이란? 모음 하나로 이루어진 음절이라면 그 모음이 바로 주요모음이며, 여러 개의 모음으로 이루어진 음절이라면 그중 개구도 즉 입 모양이 큰 것이 주요모음으로, 그 위에 표시하면 된다. 예를 들어 iao가 같이 온다면 a 위에, ie가 온다면 e 위에 표시하는 것이다.

모든 한자는 독립시켜 읽으면 고유의 높낮이로 발음을 하나, 문장 속에서 다른 글자와 같이 연결해서 읽다 보면 본래의 성조 높낮이를 상실하기도 하는데, 이러한 본래의 성조 높낮이를 상실한 상태를 輕聲이라고 한다. 중국어 초심자들을 살펴보면, 이 輕聲을 하나의 고정화된 성조로 인식하여 앞에 오는 한자의 성조에 상관없이 천편일률적으로 똑같게 발음하는 경우가 흔히 있다. 하지만 輕聲은 앞에 어떤 성조의 한자가 오느냐에 따라 세 가지의 높이에서 발음된다. 즉 앞의 글자가 陰平과 陽平이면 2의 높이로, 앞의 글자가 上聲이면 4의 높이로, 앞의 글자가 去聲이면 1의 높이로 발음된다.

그렇다면 어떨 때 輕聲으로 읽어야 하는 것일까? 예를 들어 보이면 아래와 같다.

1. 문장 끝에 오는 각종 어기조사: 嗎, 吧, 呢, 啊
2. 명사형 접미사: 子, 頭, 兒, 巴 (椅子, 木頭, 盖兒, 尾巴)

3. 명사 뒤에 오는 방위사: 屋(里), 手(上), 鄕(下)
4. 동사 뒤에 오는 방향보어: 起(來), 出(去), 走(進去), 站(起來)
5. 시태조사 및 구조조사: 我(的), 笑(着)說, 做(得)不好, 下雪(了), 住(過)
6. 의문사나 지시사의 접미어, 복수형 접미어: 那麽, 什麽, 你們
7. 중첩하는 동사나 명사의 뒤쪽 글자: 看看, 走走, 爸爸, 姐姐
8. 이음절어의 두 번째 글자: 東西, 事情, 葡萄, 耳朵, 先生

輕聲도 때로는 의미구분의 역할을 한다.

兄弟(1성+4성='형과 아우', 1성+경성='아우')
大意(4성+4성='주된 내용', 4성+경성='경솔함')
對頭(4성+2성='정확한' 또는 '적당하다'는 형용사,
　　　4성+경성=명사로 적수, 상대)
差使(1성+3성='파견', 1성+경성='직무')
過去(4성+4성='과거', 4성+경성='이곳을 지나가다')
地方(4성+1성= 수도와 상대되는 의미로서의 '지방',
　　　4성+경성= 어느 한 '구역'이나 '지점')
地道(4성+4성= '지하도', 4성+경성= '제대로 된')

그렇다면, 똑같은 漢字를 구성요소로 갖는데 어떤 것은 본래의 성조대로 읽는데, 어떤 것은 경성으로 읽는 것은 왜일까? 그것은 해당한자가 의미소인지 접사인지에 따라 갈린다. '瓜子'(guāzǐ)와 '桌子'(zhuōzi), '船頭'(chuántóu)와 '木頭'(mùtou)가 바로 그러한 예이다. 다음은 聲調가 의미구분의 역할을 하는 예이다.

shishi: 實施(2,1) 時事(2,4) 事實(4,2) 逝世(4,4)
shiyan: 實驗(2,4) 試驗(4,4) 食鹽(2,2) 誓言(4,2)
jianduan: 尖端(1,1) 間斷(4,4) 簡短(3,3) 剪斷(3,4)

5-5. 聲調의 變形

글자와 글자가 연달아올 때, 어떤 때는 성조의 변형이 일어나는데, 제1성과 제2성은 변화가 없으며, 제4성은 제4성자 앞에서만 변형이 있고, 제3성은 모든 성조 앞에서 변형이 있다. 上聲字 뒤에 陰平, 陽平, 去聲 및 輕聲이 오면 앞의 上聲字는 원래의 하강했다 상승하는 곡선에서 하강하는 앞부분만 발음되어, 원래의 214에서 21로 발음이 된다. 그래서 이때의 上聲을 半上聲 또는 半3성이라고 한다.

上聲+陰平: 老師, 首都, 小說, 普通, 火車, 許多, 很多
上聲+陽平: 海洋, 古文, 解決, 好人, 小學, 果實, 講臺
上聲+去聲: 感謝, 土地, 晚飯, 討論, 警告, 考驗, 考試
上聲+輕聲: 里面, 尾巴, 買賣, 口袋, 好處, 耳朵

上聲字 뒤에 上聲字가 오면, 앞의 上聲字는 214에서 35로 변하여 陽平 즉 2聲으로 변한다.

上聲+上聲: 水果, 手表, 演講, 舉手, 洗澡

去聲字는 다른 去聲字의 앞에 올 때, 본래의 51에서 53으로 변한다.

去聲+去聲: 世界, 漢字, 宿舍, 再見, 照相

輕聲字는 기존의 4聲과 성격의 괘를 달리한다고 하여 붙여진 이름이다. 즉 기존의 聲調의 특징이 반영되어지지 않는 또 다른 聲調인 셈이다. 하지만 그렇다고 하여 모든 輕聲이 똑같은 음색을 지니는 것은 아니다. 앞에 오는 漢字의 聲調가 무엇이냐에 따라 실제로는 네 가지의 높이로 구분되어 발음되는 것이다. 즉 앞에 오는 漢字가 3聲이면 가장 높게, 1聲과 2聲이 앞에 오면 중간 높이로 발음되지만, 좀 더 명확히 구분하자면 1聲 다음이 좀 더 높게, 2聲 다음이 좀 더 낮게 발음되며, 4聲이 앞에 오면 가장 낮게 발음된다. 즉 똑같은 구조조사 '的'가 따르는 구조라면, 그 구조조사의 높낮이는 '苦的'>'香的'>'甛的'>'辣的'의 순으로 높낮이의 순서가 낮아지는 것이며, '們'으로 나타내는 복수형 인칭대명사라면 '我們,你們'>'他們'>'咱們'의 순으로 높낮이가 낮아진다. 기타 일반명사들로 예를 들어 보이면 '耳朶,椅子,怎么'>'衣裳,桌子,家里'>'頭髮,裙子,人們'>'太陽,爸爸,這么'와 같은 순으로 뒷 음절의 경성자의 발음 높이가 낮아지게 된다.

그 외에 중국어 초심자들을 위해 고안해낸 것이 있으니, 격음부호가 그것이다. 예를 들어 xian이나 jie라는 병음이 있을 경우, 그것이 '先'이나 '街'를 나타낸 것으로 이해할 수 있으나, 실은 '西安'이나 '飢餓'를 나타낸 것일 수도 있다. fangan도 마찬가지로 '反感'이나 '方案'으로 이해되어도 초심자에게는 충분히 발생 가능한 일인 것이다. 이러한 불필요한 오해의 소지를 해소시키고자 고안되어진 것이 격음부호로, 격음부호는 음절이 분리되는 것을 나타내는 부호인 것이다. 앞에 예를 든 병음들은 xi'an, ji'e, fan'gan 혹은 fang'an으로 표기함으로써 그 나타내는 바가 각각 '西安', '飢餓', '反感', '方案'임을 뚜렷이 나타내게 되는 것이다. piao도 '票'인지 '皮襖'인지 구분이 필요하다.

이외에 중국어에는 불문율의 변조법칙이 존재한다. 그것은 주로 '一'와 '不'에서 발생되는 것으로, 이 둘의 뒤에 4聲字가 위치하면 이들은 2聲으로 變調되어진다. 그리하여 '一定', '一律', '不要', '不問', '不是', '不上不下' 등은 원래의 聲調대로 1聲과 4聲으로 읽히는 것이 아니라, 'yídìng', 'yílǜ', 'búyào', 'búwèn', 'búshì', 'búshàngbúxià'로 읽어야 하는 것이다.

'一'은 뒤에 1,2,3聲이 위치할 경우엔 4聲으로 변조되어진다. 즉 '一天', '一心', '一年', '一碗', '一帆風順' 등은 'yìtiān', 'yìxīn', 'yìnián', 'yìwǎn', 'yìfānfēngshùn'으로 읽히는 것이다. '一'은 그렇다면 언제 제 성조대로 읽힐까? '萬一'처럼 단어의 뒤에 위치할 때이다. '一'이 왜 이렇게 변조해야만 했을지 'yīshēng'이라는 병음으로 설명이 가능하리라고 본다. 이 병음은 '一生'을 나타내는 걸까? '醫生'을 나타내는 걸까? 둘 중 어느 것을 나타낸다 해도 전혀 이상하지 않다. 하지만 앞의 것을 變調하여 'yìshēng'으로 읽는다면 불필요한 고민은 깨끗이 사라지는 것이다. 이와 똑같은 방식을 적용한다면, '醫道'와 '一道', '醫治'와 '一致', '醫學'와 '一學'등의 혼동은 자연스럽게 비켜갈 수 있음이 분명하다. 아마도 이러한 이유 때문에 근대 이후로 중국인들은 變調의 법칙을 만들어냈을 것이다. '一'을 1聲으로 규정지은 것이 먼저일까, 아니면 變調가 먼저일까? 아마도 變調가 먼저일 것이라고 여겨진다. 왜냐하면 '一'은 音의 높낮이로 구분하는 舒聲字(平聲,上聲,去聲)가 아니라 塞音을 띠는 入聲字이기 때문이다. 아마도 '一'이 變調를 일으킨 것은 원래 성조언어를 구사하지 않던 북방민족이 성조언어를 쓰는 漢族과 깊은 교류관계를 맺으면서 생겨난 현상일 것이다. '不'도 入聲字였던 점은 變調의 원인에 대한 필자의 추측을 뒷받침하는 좋은 예로 보인다.

5-6. 현대 중국어의 두 가지 표음법

과거 중국인들은 '反切'이란 그들만의 방법으로 漢字에 대한 표음을 하였으나, 이것은 단지 지식인들을 위한 소수의 편의만을 위한 장치로,

대다수의 국민들에게 혜택이 돌아갈 수 없는 온전치 못한 표음법이었다. 다수 국민들의 識字率을 높이기 위해서는 다른 방법이 필요했으므로, 다수의 지식인들이 이를 고민하다가 얻어낸 결론으로 생겨난 것이 주음부호법과 한어병음방안이다. 먼저 선을 보인 것은 주음부호로 1918년부터 쓰이기 시작하였으며, 1949년 국공내전에서 패한 국민당정부가 대만으로 이동한 후로 지금까지도 계속 쓰이고 있으며, 대륙에서는 그 후 10년 가까이 더 쓰이다가 1958년부터 한어병음방안이 쓰이게 되어 현재에는 주음부호를 대체하게 되었다.

아래에 독자의 이해를 돕기 위해 주음부호를 보이고, ( ) 안에 그에 상응하는 병음을 제시하도록 한다. 주음부호의 운용에 있어서 병음부호와의 가장 두드러진 차이점은 일부 성모를 나타내는 주음부호가 단독으로 음절을 나타낼 수 있다는 점으로, ㄓ,ㄔ,ㄕ,ㄖ,ㄗ,ㄘ,ㄙ등은 ㄓㄉㄠ(知道),ㄔㄈㄢ(吃飯),ㄌㄠㄕ(老師),ㄕㄥㄖ(生日),ㄗㄐㄧ(自己),ㄕㄥㄘ(生詞),ㄙㄒㄧㄤ(思想)처럼 단독으로 음절을 이루기도 한다. 물론 음절을 이루고 있기 때문에 그 위에 그대로 성조표기를 할 수도 있다.

　　주음부호(병음)
　ㄅ(b) ㄆ(p) ㄇ(m) ㄈ(f)
　ㄉ(d) ㄊ(t) ㄋ(n) ㄌ(l)
　ㄍ(g) ㄎ(k) ㄏ(h)
　ㄐ(j) ㄑ(q) ㄒ(x)
　ㄓ(zh) ㄔ(ch) ㄕ(sh) ㄖ(r)
　ㄗ(z) ㄘ(c) ㄙ(s)
　ㄚ(a) ㄛ(o) ㄜ(e) ㄧ(i) ㄨ(u) ㄩ(ü)
　ㄝ(ie) ㄞ(ai) ㄟ(ei) ㄠ(ao) ㄡ(ou)
　ㄢ(an) ㄣ(en) ㄤ(ang) ㄥ(eng) ㄦ(er)

제6장
◇
중국언어학의 열쇠 聲韻學

6-1. 聲韻學이란?

　語音學은 인류의 발음에 대해 객관적인 발음현상 및 발음기관의 기능 등을 연구 또는 묘사하는 학문으로, 그 대상은 중국어와 한국어를 포함해 모든 언어가 될 수가 있다. 이에 비해, 聲韻學은 중국어에만 한정된 학문으로, 그 역할과 기능은 어음학과 유사하나, 중국인은 예로부터 이 음운학적 용어를 통해 자신들만의 방법으로 자신들의 언어를 분석하고 활용해왔던지라, 중국어를 배우고자 하는 사람도, 좀 더 중국어를 정확히 이해하려면 聲韻學 즉 음운학을 이해할 필요가 있다.

　앞에서도 언급했듯이, 옛날 중국인은 중국 언어를 연구하는 학문을 '小學'이라고 불렀다. 그러나 애초의 '小學'은 엄밀히 말하면 文字에 국한되는 개념이었으나, 文字란 그 자체적인 외형 외에, 의미와 字音도 내포하고 있는지라, 언어를 구성하는 3요소가 각자 독립된 학문으로 발전하게 되었다. 이 3요소 중 가장 먼저 출현한 것은 의미, 즉 字義에 관한 것으로, 『爾雅』를 필두로 秦漢교체기부터 漢代에 걸쳐 이 방면의 典籍들이 집중적으로 생겨났다. 이 시기에 訓詁쪽의 서적이 집중적으로 출현한 것은 중국의 시대상황과도 무관치 않을 것이다. 漢은 중국 역사를 통틀어 최초로 강력한 통치를 펼친 정권이었다. 漢은 강력한 통치를 위해 文字의 신권적인 측면을 이용하였을 것이며17, 그 과정에서 그들의 통치에 도움을 줄 수 있는 이러한 訓詁書가 생겨난 것이 아닐까 생각해볼 수 있다. 중국 최초의 자전으로 알려진『說文解字』조차도 訓詁적인 측면을 지니고 있음을 부인할 수 없다.

『隋書』의 기록에 따르면, 중국에서 韻書가 최초로 등장한 것은 1700여 년 전인 三國時代 때로, 魏의 李登이 편찬한『聲類』가 그 시초라고 한다. 韻書란 일종의 字典으로, 韻의 종류에 따라 漢字를 수록했다는 점에서 部首를 분류의 근거로 삼는 字典과 다르다. 韻書의 등장은 중국의 '小學'이 그 구성요소인 세 가지 측면, 즉 形音義가 각자 독자적인 길로 들어섰음을 의미한다.『聲類』와 같은 시대의 것으로 추정할 수 있는 晉의 呂靜이 펴낸『韻集』이란 韻書도 있었다 하나,『聲類』와 더불어 후대에까지 전해지지는 않았다. 現存하는 최초의 韻書는 隋나라 때 陸法言이 펴낸『切韻』이다. 이 책은 당시의 네 가지 聲調에 따라 韻을 나누어, 韻별로 同音字를 수록한 것으로, 시를 짓는 데 꼭 필요한 押韻字의 선택을 쉽게 하는 데 그 목적이 있었다.

音韻學은 중국어의 어음을 구성하고 있는 聲母, 韻母, 聲調의 발음원리와 종류를 구별해내고, 나아가 그것들이 과거로부터 현재까지 어떠한 변화과정을 거쳤는지 연구하는 학문이다. 과거 중국인은 音韻學 혹은 聲

---

17   실례를 하나 들어보면,『說文解字』는 '王'字에 대해 "一貫三爲王, 三者, 天地人也. 而參通之者, 王也"라 했는데, 甲骨文을 보면 도끼의 형태를 보이고 있어,『說文解字』의 해석이 잘못된 것임을 알아차릴 수 있다.

韻學을 '絶學'이라고 과장하곤 했었다. 그 뜻을 풀이하자면, '후속세대가 끊긴 학문' 내지는 '더 깊이 파고들 수 없는 학문'이 될 것이다. 중국인이 이렇게 표현한 것은 중국문자의 특징에서 비롯된 것이다. 모두가 알다시피 漢字는 눈으로 읽으면 곧바로 발음되는 표음문자와는 다르다. 과거의 일부 학자들은 그러한 非表音적인 문자로 漢字의 발음과 관련된 개념들을 설명하려다 보니, 그 표현이 玄學적인 것이 되어버려, 그것을 이해하려는 사람으로 하여금 더욱더 모호하게 만드는 경향이 있었다. 이러한 현상이 근대 들어 개선되었으니, 그것은 서양의 문명과 함께 수입된 語音學 덕분이었다. 어찌 되었건 중국어의 音韻을 이해하고자 하는 우리로서는 그들이 즐겨 썼던 용어를 이해할 필요가 있다.

중국의 오랜 역사 중 小學이 가장 발전을 이룬 시기는 淸代였다. 그런 淸代의 학자들은 중국의 음운학을 先秦시기의 上古音을 연구하는 古音學, 『切韻』으로 대표되는 中古音을 연구하는 今音學으로 구분하였으며, 그들이 살던 시점의 실제 어음인 近代音에 대해서는 거의 눈길을 주지 않았다.[18] 현대의 학자들은 古音學을 上古音으로, 今音學을 中古音으로 치환하여 부르고 있으며, 청대의 학자들이 관심을 두지 않았던 『切韻』 이후의 어음을 근대음으로 따로 분류하여 연구하는가 하면, 도표의 형식으로 어음의 발음원리와 종류 및 그 차이를 분석하는 等韻學을 따로 세우는 경향이다. 각 시기의 어음연구를 통해 중국어음의 전체적인 역사적 변화과정의 규칙적인 면을 연구하는 것이 음운학의 주된 내용이라고 볼 수도 있다.

음운학을 연구하는 데 필요한 자료로는, 중국고전문학 중의 詩, 詞, 曲

---

[18] 왜 그랬을까? 주지하다시피 淸은 이민족인 만주족이 지배계층으로 있던 시대이며, 중국어가 현재의 모습으로 변화하기 시작한 시기인 元도 이민족인 몽골족이 지배한 시기이다. 漢族 신분의 학자들 눈에는 당시의 변화된 중국어가 이민족에 의해 더럽혀졌다는 인식이 은연중 작용한 결과일 것이다.

등의 韻文과 反切, 韻書, 韻圖, 현재의 方言音 및 다른 언어로 기록된 漢字音 등을 들 수 있다.

6-2. 中古音 聲母의 대표 36字母

　원래의 韻書에는 字母라는 명칭은 없었다. 韻書의 漢字音은 反切로 나타내곤 했는데, 후대에 이 反切들에 쓰인 反切上字를 系聯法을 통해 분류하고, 같은 聲母를 가진 同音字 중 代表字를 하나 세워 이 同音字들의 반장으로 삼았는데, 그 반장이 곧 字母이다. 그러므로 36字母란 36개의 각기 다른 음색을 가진 성모의 반장, 즉 代表字인 것이다. 이 字母는 인도에서 들어온 병음문자로 이루어진 산스크리트어 불경을 번역하는 과정에서 생겨난 것으로, 唐나라 말기에 승려 守溫이 산스크리트어의 字母인 '悉曇'(siddham)을 본떠서 만든 30字母가 최초의 것으로, 20세기 초 敦煌에서 발견되어, 현재는 프랑스의 파리국가도서관에 소장되어있다. 그의 30字母는 아래와 같다.

　　脣音　不芳並明
　　舌音　端透定泥是舌頭音
　　　　　知徹澄日是舌上音
　　牙音　見溪群來疑等字是也
　　齒音　精淸從是齒頭音
　　　　　審穿禪照是正齒音
　　喉音　心邪曉是喉中音淸
　　　　　匣喩影亦是喉中音濁

宋나라 때에 이르러, 누군가 위의 30자모의 기초 위에 非, 敷, 奉, 微, 娘, 牀 등 6자모를 추가하고, 30자모 중 잘못 배치되었던 日, 心, 邪, 來 등의 위치를 바로잡아 36字母를 만들었으니 이것이 唐나라 때의 聲母의 대체적인 모습이라고 할 수 있다.

牙音　　　見溪群疑
舌音　舌頭　端透定泥/
　　　舌上　知徹澄娘
脣音　重脣　幫滂並明/
　　　輕脣　非敷奉微
齒音　齒頭　精淸從心邪/
　　　正齒　照穿牀審禪
喉音　　　影曉匣喩
半舌音　　來
半齒音　　日

위에 예를 든 36字母는 그 발음부위에 따라 '五音' 또는 '七音'으로 불리기도 한다. '五音'은 喉音, 牙音, 舌音, 齒音, 脣音을 지칭하는 말이며, '七音'은 여기에 半舌音과 半齒音을 추가한 것이다. 36字母의 구체적 음가는 唐作藩의 주장을 따르면 아래와 같다.

牙音　　　見[k] 溪[kʻ] 群[g] 疑[ŋ]
舌音　舌頭　端[t] 透[tʻ] 定[d] 泥[n]/
　　　舌上　知[ṭ] 徹[ṭʻ] 澄[ḍ] 娘[ṇ]
脣音　重脣　幫[p] 滂[pʻ] 並[b] 明[m]/
　　　輕脣　非[pf] 敷[pfʻ] 奉[bv] 微[m]
齒音　齒頭　精[ts] 淸[tsʻ] 從[dz] 心[s] 邪[z]/

正齒	照[tɕ] 穿[tɕ'] 牀[dʐ] 審[ɕ] 禪[ʐ]
喉音	影 0 曉[x] 匣[ɣ] 喩[j]
半舌音	來[l]
半齒音	日[nʐ]

  36字母를 설명하면서 빼놓을 수 없는 것이 淸音과 濁音이다. 이는 입 밖으로 나오는 숨이 聲帶를 통과할 때 성대를 울리느냐 여부로 결정되는 것으로, 성대가 울리지 않을 때 나는 소리가 淸音이고, 성대가 울릴 때 나는 소리가 濁音이다. 위에 열거한 36字母 중 濁音은 群, 定, 澄, 並, 奉, 從, 牀, 匣, 疑, 泥, 娘, 明, 微, 喩, 來, 日, 邪, 禪母로 모두 18개로 36字母 중 반을 차지하고 있음을 알 수 있다. 이들 중 현재의 보통화에 남아있는 濁音은 泥, 明, 來, 日 등 네 개일 뿐이다.

  전통음운학에서는 위의 36자모를 발음 부위에 따라 喉音, 牙音, 舌音, 齒音, 脣音의 '五音'과 喉音, 牙音, 舌音, 齒音, 脣音, 半舌音, 半齒音의 '七音'으로 대별했다. 하지만 '七音'의 명칭에는 이빨과 관련이 있는 輕脣音에는 이빨의 명칭이 빠지고, 이빨과 직접 접촉이 없는 발음에는 오히려 '齒', '牙' 등 이빨의 명칭을 쓰는 우를 범하고 있다. 어찌되었든 이러한 명칭들이 지칭하는 실제의 모습과 일치하지 않은 관계로, 발음부위에 따라 다시 구분해본다면, 重脣音은 雙脣音으로, 輕脣音은 脣齒音으로, 舌頭와 半舌音은 舌尖音으로, 齒頭音은 舌尖前音으로, 舌上音과 正齒音 그리고 半齒音은 舌面音으로, 牙音과 함께 曉母, 匣母는 舌根音으로, 影母는 그대로 喉音으로, 喩母는 半元音으로 부르는 것이 더 정확한 명칭이 되겠다.

6-3. 中古音韻母의 상징 206韻

聲母의 代表字인 字母에 해당하는 韻母적인 개념이 韻目이며, 韻部라고도 한다. 中古音의 대표운서인 『廣韻』은 206韻으로 이루어져 있는데, 여기의 韻은 韻目과 같은 개념으로 『廣韻』은 곧 206개의 韻目으로 이루어졌다는 뜻이다. 『廣韻』은 四聲에 따라 韻을 나누었기 때문에, 같은 韻母라 하더라도 聲調가 다르면 다른 韻目이 된다. 韻目의 개념에서 聲調와 韻頭를 빼면 韻部가 된다. 元代의 韻書『中原音韻』은 19韻部로 이루어졌는데, 그 이름에서 韻部가 지칭하는 것이 『廣韻』의 206韻과는 다른 것임을 알 수 있다. 하지만 개별적인 韻目이나 韻部를 지칭할 때는 둘 다 '韻'으로 줄여 부르기도 한다.

中古音에 대한 語音學적 분석書籍이라 할 수 있는 等韻圖의 분석에 따르면, 中古音의 韻頭는 [i]와 [u]만 존재했으며, 韻頭가 [i]인 것은 開口로, 韻頭가 [u]인 것은 合口로 분류했다. 무릇 中古音에서 韻頭나 韻腹이 [u]이면 모두 合口가 되고, 그 외의 것은 모두 開口에 속한다. 보통화에서 말하는 4呼(開口, 齊齒, 合口, 撮口)의 개념과 일치하는 명칭은 淸代의 潘耒가 쓴 『類音』(1712)에서야 보이는 것으로, 4呼는 中古音의 2呼에 等韻圖에서 구분한 4等이 합쳐져서 발전 변화한 것으로, 대체적으로 中古音의 開口一, 二等은 開口呼로, 開口三, 四等은 齊齒呼로, 合口一, 二等은 合口呼로, 合口三, 四等은 撮口呼로 각각 변화하였다.

韻母는 韻尾의 성격에 따라 세 가지로 나누기도 한다. 韻尾가 없거나 모음으로 끝나면 陰聲韻, 韻尾가 [n], [m], [ŋ]로 끝나면 陽聲韻, 韻尾가 塞音 [p][t][k][ʔ]로 끝나면 入聲韻이라고 한다. 한국한자음 중 一, 卒, 突, 殺처럼 중국 중고음의 [-t]에 해당하는 입성자들이 모두 [-l]로 발음이 되는

데, 이 字들이 중국의 湖北省 通城方言에서도 [-l]로 발음이 되는 점은 상당히 흥미로운 일이다.

6-4. 中古音의 聲調

'중국어에는 4聲이 있다'고 말한다면, 이는 당나라 때의 언어에 대해서 하는 말이든, 현재의 보통화에 대해서 하는 말이든 모두 맞는 말이다. 하지만 '중국어의 4聲은 과거나 현재나 똑같다'고 하면 틀린 말이 된다. 이는 中古音이나 지금의 보통화나 네 가지의 聲調가 있으나, 실제의 聲調의 내용은 다르기 때문이다. 현재의 보통화는 陰平, 陽平, 上聲, 去聲의 4聲이 있으나, 中古音에는 平聲, 上聲, 去聲, 入聲이란 4聲이 있었다. 현재의 4聲은 어음학의 도움으로 그 구체적인 모습을 확인할 수 있으나, 中古音의 4聲의 실제 발음이 어떠하였는지는 당시의 미라를 소생시키기 전에는 확인할 방법이 없다.

역사적 기술에 의해, 사람들은 平上去入의 四聲은 5세기말 沈約이 만든 것처럼 이해해왔으나[19], 현재 중국인은 원래 중국인의 말에 있던 音高의 차이를 沈約이 최초로 터득하여, 그것을 운용하여 韻書에 적용한 것으로 보고 있다.[20]

普通話의 四聲은 순전히 音高의 차이이지만, 옛날의 四聲 중 入聲은

---

19 지금은 전해지지 않고 있지만, 기록에 의하면 『四聲譜』라는 책을 沈約이, 『四聲切韻』이란 책을 周顒이 펴냈다고 한다. 후대의 사람들이 이 기록에 의해 두 사람이 四聲을 만든 것으로 이해를 했었다.

20 『梁書沈約傳』에는 "約撰『四聲譜』, 以爲在昔詞人, 累千載而不寤, 而獨得胸襟, 窮其妙旨, 自謂入神之作."라 되어 있다.

塞音韻尾([-p], [-t], [-k])를 가진 음절을 지칭하는 것이므로, 이 점에 있어 보통화의 四聲과 큰 차이가 있다. 현재 중국의 각 방언의 聲調는 적게는 3聲(寧夏回族자치구 銀川市)에서 많게는 10聲(廣西省 博白)까지 각기 다른 모습을 하고 있다. 재미있는 사실은 고대의 入聲이 각 방언에서 규칙적인 모습을 보이는 반면, 보통화에서는 원래의 入聲韻尾를 상실한 채 다른 네 가지 聲調로 편입되어 있어, 특별한 규칙성을 찾지 못할 정도로 변화되어 있다는 것이다.

다음은 中古音 중의 4聲이 보통화 4聲으로의 변화의 양상을 보인 도표이다.

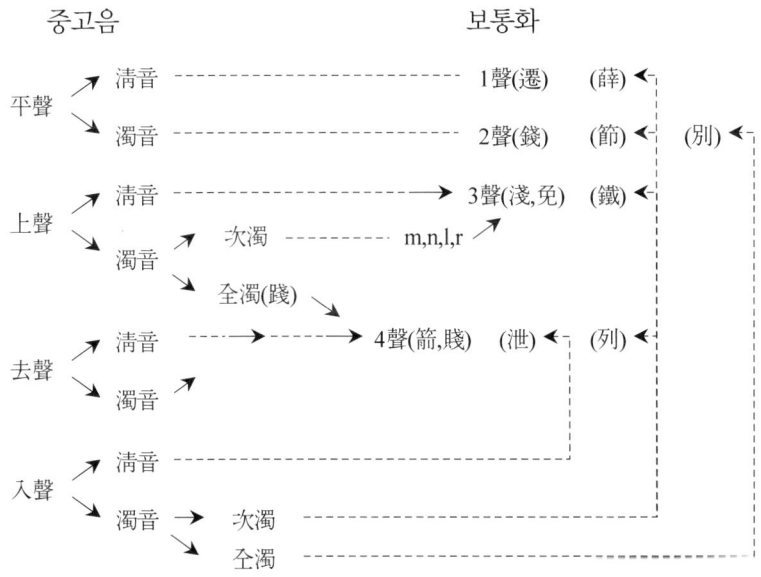

6-5. 중국전통의 표음법 反切

反切이 만들어지기 전까지 중국인은 주로 '讀若'나 '讀如'의 방법으로 글자의 발음을 표시했다. 이들은 모두 '~같이 발음한다'의 뜻으로, 許愼이 쓴 『說文解字』도 이 '讀若'법을 써서 음을 표기하여, "皿, 讀若猛", "杲, 讀若槀", "森, 讀若曾參之參"처럼 發音을 표기했다. 하지만 이 '讀若'은 訓詁적 측면이 고려된 注音法으로, 순수한 注音法은 아니었다. 그 외에 자주 쓰인 방법으로 直音法이 있다. 直音法이란 'A音B'하는 식으로, 발음이 같은 한자를 이용해 다른 한자의 발음을 곧바로 설명한 것이다. 하지만 이러한 방법들은 同音字가 없거나, 同音字가 자주 쓰이는 한자가 아닐 때는 시도하지 않은 것과 같은 결과를 초래한다. 예를 들어, '丟'를 直音法으로 나타낼 수 있을까? 절대 그럴 수 없다. 왜냐하면 이 字의 同音字는 없기 때문이다. 이러한 단점을 보완하고자 생겨난 것이 反切法이다.

反切은 東漢末 2세기경에 처음 시작된 것으로 보인다. 顔之推의 『顔氏家訓』, 陸德明의 『經典釋文』, 張守節의 『史記正義』 등에 漢末 사람 孫炎이 反切을 만들었다고 기록되어있다. 東漢初에 인도에서 불교가 중국에 전해진 후, 불교신자가 갈수록 늘어나고, 불경의 번역사업도 점점 흥성하게 되어, 그 과정에서 지식인들은 산스크리트어의 병음의 이치를 깨닫게 되었고, 여기서 터득한 이치로 한자의 음을 분석하게 되어, 그 결과 反切法이 크게 유행하게 되었다.[21] 이렇게 일기 시작한 지식인 사이에서의 反切法 터득하기 붐이 魏晉시대에 이르러서는 문인들로 하여금 너도

---

21 張世祿은 그의 『中國音韻學史』 p.132에서 "印度文化輸入中國之後, 篤信佛法的人日漸衆多, 佛經的飜譯事業也漸興盛; 一般學士文人因而通悟拼音學理的, 也自然衆多起來. 于是他們根據梵文的音理來分析漢字的音讀, 反切也就風行于世了."라 언급한 후, 그 주장을 증명할 증거를 여럿 제시하고 있다.

나도 앞을 다투어 雙聲과 疊韻을 활용하게하고, 나아가 韻書를 만들어내게 하는 지경에 이르게 하였을 것이다.

　反切이 보편화되기 전에 중국인은 雙聲과 疊韻의 현상을 먼저 이해하고 있었을 듯싶다. 雙聲이란 두 개의 글자가 聲母가 같은 것을 말하며, 疊韻이란 두 글자의 韻母가 같은 것을 말한다. 상고시기의 전적을 보면 雙聲과 疊韻을 이용한 彷彿 蜘蛛, 蟋蟀, 流離, 崑崙, 逍遙, 蒼茫 등과 같은 連綿字들이 보이는데, 이들 連綿字들의 공통점은 같은 聲母의 글자로 앞뒤 글자를 이루거나, 같은 韻母의 글자로 앞뒤 글자를 이루고 있다는 점이다. 즉, 蜘蛛, 蟋蟀, 流離는 각기 [t][s][l]를 그 聲母로 삼는 雙聲관계이며, 逍遙와 蒼茫은 각기 [iɔ]와 [ɑŋ]을 韻母로 삼는 疊韻관계이다. 단음절어가 주를 이루는 상고한어에 이런 連綿字가 많다는 것은 인도 및 주변 국가와의 교류 중 중국이 그들에게서 받아들인 어휘를 단음절어인 한자로 기록하면서 생긴 결과물은 아닐지 깊이 생각해봄직한 일이다. 이렇게 중국인이 이해하고 있던 雙聲과 疊韻에서 생겨난 것이 反切法인 것이다. 雙聲과 疊韻은 시대적인 제한이 있다. 즉 어떤 낱말이 한 시대에 雙聲 또는 疊韻관계였다고해서, 다른 시대에도 똑같이 雙聲 또는 疊韻관계가 반드시 적용되지는 않는다는 것이다. 위에 든 예 중, 蟋蟀의 경우 上古音 시기에는 [set sət]으로 雙聲이었으나, 보통화에서는 [ɕi ʂuai]로 이미 雙聲이 아니다. 그런가 하면 '學習'은 보통화에서는 雙聲관계를 보이나, 中古音시기의 발음을 적용하면 아무런 관계도 아니다.

　反切이라 명칭이 처음부터 쓰인 것은 아니었다. 처음에는 'ㅇㅇ反'이나 'ㅇㅇ翻'으로 쓰였는데, 당나라 代宗은 백성이 반란을 일으키는 것을 두려워하여, '反'자를 쓰지 못하게 한 결과 'ㅇㅇ切'로 바꿔 쓰게 되었다. 그 뒤 宋代부터 사람들은 이러한 주음법을 '反切'이라고 지칭하게 되었다.

반切의 방법은 두 개의 한자를 이용해 한 개의 한자의 음을 나타내는 방식으로, 두 개의 한자 중 앞쪽에 쓰인 한자, 즉 反切上字는 주음하려고 하는 한자, 즉 被切字와 聲母가 같고, 뒤쪽에 쓰인 한자, 즉 反切下字는 被切字와 韻母와 聲調가 같아야만 한다. 바꾸어 말하자면, 被切字와 反切上字는 雙聲관계이며, 被切字와 反切下字는 疊韻관계인 것이다. 예를 들면, "公, 古紅切"에서 '公'은 被切字이고, '古'는 反切上字로 '公'과 雙聲관계이고, '紅'은 反切下字로 被切字 '公'과 疊韻관계이다. 이를 도식화하면, 公[kuŋ平聲]=古[k]+紅[uŋ平聲]이 된다.

成語 '靑出於藍'을 『廣韻』에 쓰인 반절을 그대로 가져다 표현하면 아래와 같다.

 靑, 倉經切
 出, 赤律切
 於, 央居切
 藍, 魯甘切

제7장
◇
중국의 고대음[22]

7-1. 중고음의 모습 및 系聯法

　中古音에 대해 말하려면, 운서를 떠나서는 말을 할 수가 없다. 운서란 押韻字를 찾는 데 필요한 공구서이다. 일반적인 한국학생들은 字典이 있으면 그만이지, 왜 韻書가 필요하냐고 반가워하지 않을 수도 있다. 그러나 韻書가 출현한 시기에 살았던 중국의 지식인에게는 韻書란 현재의 학생들과 전자사전 및 스마트폰과의 관계처럼 없어서는 너무나 불편한 물건이었다. 당시 지식인들은 출세하려면 科擧를 거쳐야했는데, 그러자면 押韻字를 올바르게 사용할 줄 알아야했다. 자신이 사용하고자하는 漢字가 押韻字의 조건에 부합하는지 알려면, 字典으로는 한계가 있고, 韻書가 있어야만 했던 것이다.

　中古音의 대표적 韻書인 『切韻』이 세상에 모습을 드러낼 즈음은 여러 韻書가 雨後竹筍처럼 여기저기서 생기던 때였다. 그러나 이 韻書들은 각

---

[22]　이 책에서 말하는 古代音은 중고음과 상고음을 아우르는 표현이다.

저자들의 지역어의 方音 때문인지 서로가 서로의 잘못을 지적하던 상황이었다. 이러한 때에 통일왕조가 중국대륙에 들어섰으니, 그것이 隋나라였다. 이즈음 隋나라의 관료 9명이 長安의 陸法言 집에 모여 吳楚, 燕趙, 秦隴, 梁益 등 네 지역 언어의 聲調의 차이와 '支와 脂', '魚와 虞', '先과 仙', '尤와 侯' 등의 韻의 차이에 대해 토론하고, 隋 이전에 만들어진 韻書들이 方音을 반영하고 있어 활용에 문제가 있음을 지적했다. 이 토론에 참여한 인물들은 당시 나이가 가장 어렸던 陸法言으로 하여금 당시의 회의내용을 기록하게 하고는 헤어져, 각자 자신의 생업에 종사하기 바빴다. 陸法言 또한 바쁘게 관직생활을 하다가 20년 가까이 지난 시점에 이르러 관직을 그만두고 고향으로 돌아간다. 거기서 그는 옛날 다른 8명의 관리와 토론했던 기록을 근거로 새 韻書를 펴냈으니, 그것이 곧 中古音을 대표하게 된 『切韻』(601)이다.

『切韻』이라는 거의 무결점에 가까운 强者의 출현으로 그 이전의 韻書들은 소리 없이 자취를 감추게 되었다. 『切韻』은 唐代 들어 科擧의 標準書가 되었고, 이후에 나온 韻書들은 너나 할 것 없이 『切韻』의 체제를 본받게 되어, 『唐韻』(732~751 사이)은 거기에 3,500字를 증가시켰다. 『切韻』출현으로부터 400년이 지난 宋代에 이르러 황제의 명령에 의해 『切韻』系 韻書를 집대성하여 『大宋重修廣韻』, 즉 『廣韻』(1008)이 만들어졌는데, 『切韻』에 수록되었던 12,158字와 『唐韻』에 추가되었던 3,500字에 다시 1만여 字를 추가하여 모두 26,194字를 수록하게 되었다. 『廣韻』이 출현한 이후론 『廣韻』이 『切韻』의 체제를 그대로 준수한데다 수록자도 많았기 때문에 『切韻』은 점차 자취를 감추게 되어 현존하는 『切韻』은 완전치 않은 殘卷으로만 전해지게 되었다. 『廣韻』이 실질적으로 『切韻』을 대체했다는 것은 그 안에 『切韻序』가 실려 있는 점을 보더라도 잘 알 수 있다. 그렇기 때문에 宋代 이후로 『切韻』을 언급한 연구서들은 실제로는 대부분이 『廣韻』을 대상으로 했던 것이었다. 『廣韻』은 206韻으로 『切韻』의 193韻에 비해 韻目도 증가했고, 反切도 약간의 변화가 있기는 하지만, 둘의 계승관계를 무너트릴 정도는 아니다.

『廣韻』의 체계는 四聲으로 파트를 나누고, 전체 206韻을 平聲 파트엔 57개의 韻目을, 上聲 파트엔 55개의 韻目을, 去聲 파트엔 60개의 韻目을, 入聲 파트엔 34개의 韻目을 배치하여 이루어졌다. 책은 총 5권으로 구성되어져있는데, 平聲은 수록자가 많아 上과 下 두 卷으로 나누고, 上聲, 去聲, 入聲이 각각 한 권씩의 분량을 차지하여 이루어졌다. 『廣韻』의 206韻을 차례대로 열거하면 아래와 같다.

平聲	上聲	去聲	入聲
東	董	送	屋
冬		宋	沃
鍾	腫	用	燭
江	講	絳	角
支	紙	寘	
脂	旨	至	
之	止	志	
微	尾	未	
魚	語	御	
虞	麌	遇	
模	姥	暮	
齊	薺	霽	
		祭	
		泰	
佳	蟹	卦	
皆	駭	怪	
		夬	
灰	賄	隊	

哈	海	代	
		廢	
眞	軫	震	質
諄	準	稕	術
臻			櫛
文	吻	問	物
欣	隱	焮	迄
元	阮	願	月
魂	混	慁	沒
痕	很	恨	
寒	旱	翰	曷
桓	緩	換	末
刪	潸	諫	鎋
山	産	襉	黠
先	銑	霰	屑
仙	獼	線	薛
蕭	篠	嘯	
宵	小	笑	
肴	巧	效	
豪	皓	號	
歌	哿	箇	
戈	果	過	
麻	馬	禡	
陽	養	漾	藥
唐	蕩	宕	鐸
庚	梗	映	陌
耕	耿	諍	麥
清	靜	勁	昔
青	迥	徑	錫
蒸	拯	證	職
登	等	嶝	德
尤	有	宥	
侯	厚	候	
幽	黝	幼	
侵	寑	沁	緝

覃	感	勘	合
談	敢	闞	盍
鹽	琰	艷	葉
添	忝	㮇	帖
咸	豏	陷	洽
銜	檻	鑑	狎
嚴	儼	釅	業
凡	范	梵	乏

韻書는 韻에 따라 구성 배열되었기 때문에, 『廣韻』이 206개의 韻으로 구성되었다는 것은 쉽게 알 수 있는 일이지만, 聲母가 얼마나 되는지는 구체적으로 표기하지 않았기 때문에 실제 聲母 수를 알기가 쉽지 않다. 陳澧의 『切韻考』(1842)가 등장하기까지 다른 淸代 古音學者들은 上古韻部의 귀납분석에만 열중했던지라, 聲母에 대해서는 『切韻』과 『廣韻』의 聲母를 분석한 宋代의 36字母를 中古音 聲母의 실제모습으로 이해했다. 그러나 陳澧는 '과연 36字母가 中古音聲母의 실제 모습일까?' 하는 의문을 품게 되었다. 물론 '36字母'說이 있으므로 이를 『切韻』의 聲母로 이해할 수도 있으나, 엄밀히 말하면 이는 等韻圖에서의 구분이므로 唐末宋初의 聲母로 이해하는 것이 옳지, 『切韻』시대, 즉 隋나라 때의 聲母의 모습으로 확신할 수는 없다. 이 궁금증을 풀기 위해 淸代의 음운학자 陳澧는 『切韻考』라는 그의 저서에서 『廣韻』의 反切을 대상으로 신빙성 높은 방법을 통해 『廣韻』의 聲類가 40개임을 밝혀냈다. 그가 『切韻』을 대상으로 삼지 않은 것은 당시에는 이미 『切韻』이 失傳하는 것으로 여겨졌기 때문이다. 그는 "系聯法"이란 과학적인 방법을 고안해내어 활용했다. 이 방법은 反切이 雙聲을 이용하여 만들어졌다는 점에 착안하여, 反切들 사이에 同用, 互用, 遞用의 관계가 성립하면 같은 聲母로 규정하는 규칙을 발견해낸 것이다. 同用은 "客, 苦格切"과 "康, 苦岡切"처럼 두 개의 被切字가

『廣韻』東韻의 일부

『廣韻』東韻의 일부

같은 反切上字를 쓴 경우로, '客'과 '康'은 같은 聲母의 漢字이다. 互用은 "康, 苦岡切"과 "苦, 康杜切"처럼 두 개의 被切字가 서로 상대의 被切字를 反切上字로 삼은 경우로, 이 경우도 被切字 '康'과 '苦'는 같은 聲母의 漢字이다. 遞用은 "客, 苦格切"과 "苦, 康杜切"처럼 '客'은 '苦'를 反切上字로 삼았으므로 '客'과 '苦'는 같은 聲母의 字이며, '苦'의 反切上字 '康'도 '客'과 같은 聲母의 漢字라는 이치이다. 이를 달리 도식화한다면,

同用	互用	遞用
A=C+D	A=B+C	A=B+D
B=C+E	B=A+D	B=C+E

와 같은 공식이 성립한다. 遞用의 경우는 'A=B이고, B=C이므로, 그러므로 A=C이다'라는 마치 '피타고라스의 정의'와도 같은 규칙이 적용된 예이다. 이 系聯法을 실제로 쓰인 다른 반절을 이용해 나타내 보이면 아래와 같다.

同用	互用	遞用
冬,都宗切	當,都郎切	冬,都宗切
當,都郎切	都,當孤切	都,當孤切

聲母를 구하는 데 쓰인 또 하나의 재료는 '又音'으로, '又音'이란 平聲字 '重'과 去聲字 '重'처럼 聲調만 다른 同音字를 가리키는 것으로, 여기에 쓰인 反切上字 또한 같은 聲母의 字가 된다는 이치이다. 실제로 『廣韻』의 反切을 살펴보면, 平聲字 '重'에 대해 "直容切, 又直勇,直用二切"이라 언급하고 있어, 같은 聲母를 공유하는 聲調가 다른 又音字가 있음을 말하고 있다. 그런데 去聲 '用'韻에 있는 '重'에 대한 反切은 "柱用切"로 표기하고 있어, 결과적으로 平聲字 '重'의 反切上字 '直'과 去聲字 '重'

의 反切上字 '柱'가 같은 聲母의 字임을 밝히고 있는 것이다.

이렇게 하여 얻어진 40聲類는 36字母 중 照, 穿, 牀, 審母와 喩母를 각기 둘로 나누고, 微母는 明母에 합쳐지게 했다. 후대의 학자들은 陳澧의 '系聯法'을 똑같이 적용한 결과『廣韻』에는 여전히 明母와 微母의 구분이 있었던 것으로 보아,『廣韻』의 聲類를 41개로 보고 있다.『廣韻』의 41聲類와 그 해당 反切上字들을 정리해보면 아래와 같다.[23]

(1) 雙脣
  1) 幇: 邊布補伯百北博巴卑幷鄙必彼兵筆陂畀哺
  2) 滂: 滂普匹譬披丕
  3) 並: 蒲步裴薄白傍部平皮便毗弼婢被捕比
  4) 明: 莫慕模謨摸母明彌眉綿靡美矛

(2) 脣齒
  5) 非: 方封分甫府反
  6) 敷: 敷孚妃撫芳峯拂
  7) 奉: 房防縛附符苻扶馮浮父
  8) 微: 巫無亡武文望

(3) 舌尖前
  9) 精: 將子資卽則借茲醉姊遵祖臧作
  10) 淸: 倉蒼親遷取七靑采醋麤千此雌
  11) 從: 才徂在前藏昨酢疾秦匠慈自情漸
  12) 心: 蘇素速桑相悉思司斯私雖辛息須胥先寫
  13) 邪: 徐祥詳辭似旬寺夕隨

---

[23] 林慶勳·竺家寧의『古音學入門』(1989, p.69-75)에서 가져온 것으로, 원래의 喩母와 爲母를 本저서에서는 喩四와 喩三으로 바꾸었으며, 예시한 漢字 중 精母 1字, 泥母 1字, 澄母 1字, 喩三 1字 등 소수의 僻字가 빠져있는 상태이다.

(4) 舌面前

　14) 照(章): 之止章征諸煮支職正旨占脂

　15) 穿(昌): 昌尺赤充處叱春姝

　16) 神(船): 神乘食實船

　17) 審(書): 書舒傷商施失矢試式識賞詩釋始

　18) 禪: 時殊嘗常蜀市植殖寔署臣是氏視成承

　19) 日: 如汝儒人而仍兒耳

(5) 舌尖面

　20) 莊: 莊爭阻鄒簪側仄

　21) 初: 初楚創瘡測叉廁芻

　22) 牀(崇): 牀鋤鉏豺崱士仕崇查雛鶵俟助

　23) 疏(生): 疏疏疎踈山沙砂生色數所史

(6) 舌尖中

　24) 端: 多德得丁都當冬

　25) 透: 他託土吐通天台湯

　26) 定: 徒同特度杜唐堂田陀地

　27) 泥: 奴乃諾內妳那

　28) 來: 來盧賴洛落勒力林呂良離里郎魯練縷連

(7) 舌面前

　29) 知: 知張豬猪徵中追陟卓竹珍

　30) 徹: 抽癡楮褚丑恥敕

　31) 澄: 除場治池持遲佇柱丈宜宅隆馳

　32) 娘: 尼拏女穠

(8) 舌根

　33) 見: 居九俱舉規吉紀几古公過各格兼姑佳詭乖

　34) 溪: 康枯牽空謙口楷客恪苦去丘墟袪詰窺羌欽傾起綺豈區驅曲

　　　　可乞弃卿
　35) 群: 渠強求巨具臼衢其奇曁近狂跪
　36) 疑: 疑魚牛語宜擬危玉五俄吾研遇虞愚
　37) 曉: 呼荒虎馨火海呵香朽羲休況許興虛喜花
　38) 匣: 胡乎侯戶下黃何諧獲懷

(9) 喉

　39) 影: 於央憶伊衣依憂一乙握謁紆挹烏哀安烟鷖愛委姻
　40) 喩四: 余餘予夷以羊弋翼與營移悅
　41) 喩三: 于羽雨雲云王韋永有榮爲洧筠又

7-2. 중국식 어음학 等韻學

　反切이 흥행하면서 뒤따라 생겨난 것이 等韻學이다. 等韻學이란 '韻圖'라는 형식으로 나타내어진 것으로, 중국식 어음학이라 할 만하다. 등운학자들은 『廣韻』의 206韻을 韻尾가 같으면서 韻腹이 비슷한 것들을 함께 묶어서 하나 또는 몇 개의 도표로 나타내고, 한 글자로 해당 도표를 대표하게 하였는데, 이 代表字를 韻攝이라고 한다. 최초의 韻圖라 할 수 있는 『七音略』과 『韻鏡』에는 이 韻攝의 명칭이 보이지 않다가 이들보다 뒤에 나온 『四聲等子』에서 처음으로 보이기 시작하여, 그 뒤로 출현한 韻圖들에서는 보편적으로 韻攝의 명칭이 쓰이게 되었다. 『四聲等子』에 쓰인 16개의 韻攝의 내용을 『廣韻』의 206韻과 연관하여 살펴보면 아래와 같다. (平聲으로 上聲과 去聲 및 入聲을 아우르게 한다)

　1. 通攝: 東冬鍾
　2. 江攝: 江
　3. 止攝: 支脂之微

4. 遇攝: 魚虞模
5. 蟹攝: 齊佳皆灰咍祭泰夬廢
6. 臻攝: 眞諄臻文欣魂痕
7. 山攝: 元寒桓刪山先仙
8. 効攝: 蕭宵肴豪
9. 果攝: 歌戈
10. 假攝: 麻
11. 宕攝: 陽唐
12. 梗攝: 庚耕清青
13. 曾攝: 蒸登
14. 流攝: 尤侯幽
15. 深攝: 侵
16. 咸攝: 覃談鹽添咸銜嚴凡

韻攝은 音韻的 특징이 유사한 韻들을 하나로 묶음으로 해서, 韻과 韻 사이의 관계를 분석하는 데 도움을 준다.

『四聲等子』와 『七音略』은 36字母를 韻圖에 곧바로 표기하였지만, 『韻鏡』은 36字母를 표기하지 않고, 각 聲母에 해당하는 脣音, 舌音, 牙音, 齒音, 喉音 등의 발음부위와 淸, 濁, 淸濁 등의 발음방법을 표기하여 나타낸 점이 다르다.

韻圖는 『七音略』이나 『韻鏡』처럼 순수하게 『切韻』의 韻을 대상으로 삼은 것과 『四聲等子』, 『切韻指掌圖』, 『經史正音切韻指南』처럼 비록 『切韻』이나 『廣韻』의 韻目을 이용했으나 당시의 실제의 어음을 다소간 반영한 것으로 크게 대별할 수가 있다.

『韻鏡』을 보면 각 낱장의 圖表에 '內轉' 혹은 '外轉'이란 표기가 있는데, 이는 2等韻을 포함하느냐 여부로 나뉘는 것으로, 2等韻을 포함하고 있으면 '外轉', 포함하고 있지 않으면 '內轉'이라고 표기한 것이다.

等韻學에서 다루고 있는 용어 중 중요한 것으로 '等呼'가 있다. '呼'는 韻頭 'u'가 있느냐에 따라 韻頭 'u'가 있으면 合口, 韻頭 'u'가 없으면 開口라 하며, 等韻學에서의 呼는 이 두 가지밖에 없어 이를 '二呼'라고도 한다. '等'이란 韻圖에서의 위치에 따라 결정되는 것으로, 韻圖 속의 각 韻은 다시 네 칸으로 나누었는데, 그 칸의 위치에 따라 맨 위의 칸을 1等이라 하고, 아래로 차례로 2等, 3等, 4等이라 한다. 해당 漢字가 韻圖에서 3等에 위치한다면, 그 字는 3等字인 것이다. 만약 한 漢字가 開口의 圖表에 존재하며, 3等에 위치한다면, 그 字는 開口3等字가 되는 것이다. 이 '等'의 성질에 대해 淸代의 음운학자 江永은 "一等洪大, 二等次大, 三四皆細, 而四尤細."라 하였으니, 이는 一等韻의 모음이 그 開口度가 가장 크고, 三等韻과 四等韻은 韻頭가 i介音을 포함하고 있는 것으로 이해되고 있다. 『廣韻』의 206韻의 61개 韻部의 等韻圖에서의 위치는 아래와 같다.

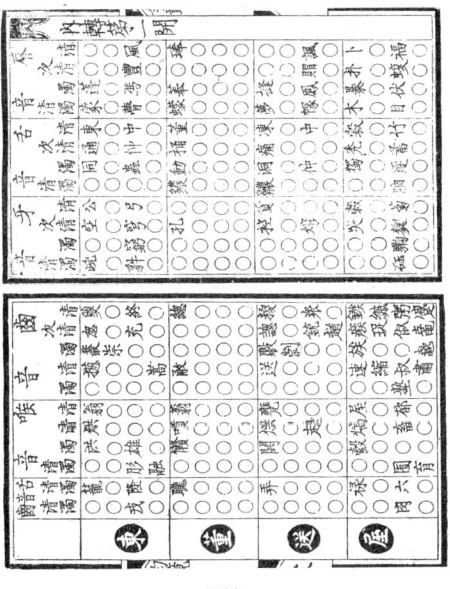

韻鏡

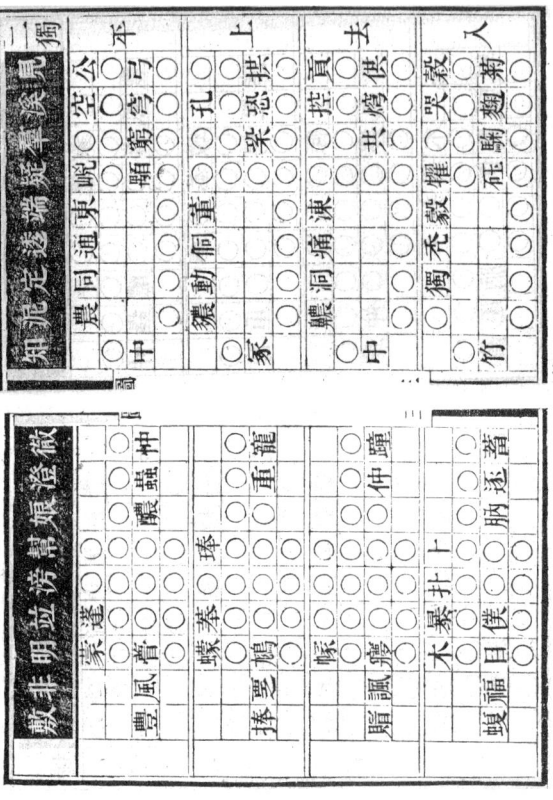

『切韻指掌圖』

一等韻: 東, 冬, 模, 泰, 灰, 咍, 痕, 魂, 寒, 桓, 豪, 歌, 戈, 唐, 登, 侯, 覃, 談

二等韻: 江, 皆, 佳, 夬, 刪, 山, 肴, 麻, 庚, 耕, 咸, 銜

三等韻: 東, 鍾, 支, 脂, 之, 微, 魚, 虞, 祭, 廢, 眞, 諄, 臻, 文, 欣, 元, 仙, 宵, 戈, 麻, 陽, 庚, 清, 蒸, 尤, 幽, 侵, 鹽, 嚴, 凡

四等韻: 齊, 先, 蕭, 青, 添, 支, 脂, 廢, 眞, 諄, 臻, 仙, 宵, 侵, 鹽

7-3. 신비로운 대상 上古音

上古音 연구의 대상 시기인 先秦시대에는 反切도 없고, 韻書도 없던 때라 中古音 연구에 비해 비빌 언덕이 훨씬 적다. 하지만 언덕이 전혀 없는 것은 아니다. 上古音의 문을 연 것은 발상의 전환에서 이루어졌다. 唐代까지만 하더라도 사람들은 語音이 변할 수 있다는 사실을 인지하지 못했다. 그래서 唐의 玄宗은 『書經·洪範章』에 나오는 "無偏無頗, 遵王之義"라는 구절을 읽으면서, '頗' 字와 '義' 字가 압운이 되지 않는 것으로 여겨, '頗'를 '陂'로 고치게 하였다. 하지만 이는 그가 古音에 대해 무지한데서 비롯된 일로, 사실 '義'는 '我'에서 소리값을 얻은 形聲字로, 『書經』이 지어진 시대에는 '頗'와 押韻이 되던 字였다. 하지만 唐나라 때에 이르러서는 '義'에 어음의 변화가 일어나, 당시 사람들의 발음을 따르면 전혀 押韻이 되지 않는 것으로 느껴졌을 뿐이었다.

옛날 語音이 현재의 語音과 같지 않다는 사실을 명확히 인식한 사람은 明나라 때의 陳第였다. 그는 그의 저서 『毛詩古音考』에서 유명한 "時有古今, 地有南北, 字有更革, 音有轉移"란 말을 남겼다. 이러한 발상의 전환 덕에 그의 연구는 그 이전의 연구 업적을 뛰어넘게 되었고, 후대학자에게 古音學의 창시자로 받들어지게 되었다.

앞에서 말한 上古音 연구에서의 비빌 언덕이란 『詩經』의 押韻과 諧聲字를 두고 하는 말이다. 『詩經·豳風·東山』제3장에 "鸛鳴於垤, 婦嘆於室, 洒掃穹窒, 我征聿至."라는 구절이 있다. 여기서 垤, 窒, 室, 至 네 字는 서로 押韻을 하며, 동시에 '至'를 聲符로 삼는 諧聲字이다. 이 시에서 볼 수 있듯이 『詩經』의 韻部와 諧聲系統은 繼承관계가 있다. 물론 甲骨文에도 많은 양이 보이는 諧聲系統이 『詩經』에 앞서는 것은 당연한 일이다. 이처럼 淸代의 古音學者들은 『詩經』의 押韻字와 諧聲字를 이용해 上古

음을 밝히는 데 활용했다.

　淸代 古音學者들의 중요한 上古音 연구 성과를 살펴보면, 먼저 聲母 방면으로는 錢大昕(1728~1804)이 『十駕齋養新錄』에서 古音에는 重脣音만 있었다는 '古無輕脣音說'과 知, 徹, 澄 3母가 端, 透, 定과 같았다는 '古無舌上音說'을 주장했고, 章太炎(1869~1936)은 『國故論衡』에서 古音에는 中古音의 娘母와 日母가 泥母에 속했다는 '古音娘日二紐歸泥說'을 주장했다. 黃侃(1886~1935)은 이 둘의 연구결과를 토대로 喩母를 影母에서 나온 것으로 보고, 照母가 端母에서, 穿母과 審母가 透母에서, 禪母이 定母에서 나온 것으로 보아, 上古音의 聲紐를 見, 溪, 疑, 端, 透, 定, 泥, 來, 精, 淸, 從, 心, 幫, 滂, 並, 明, 影, 曉, 匣등의 19개로 나누었다. 그 후, 曾運乾은 喩母를 匣母에서 발전된 것과 定母에서 발전되어진 것 등 그 유래를 둘로 나누었다.

　韻母방면으로는 顧炎武(1613~1682)가 10部로 나누었고, 段玉裁(1735~1815)는 17部로 나누었으며, 章太炎은 23部로, 黃侃은 28部로 나누었다.

　上古音의 聲調에 대한 淸代 학자들의 연구는 聲母나 韻母에 비해 상대적으로 빈약하다. 그중 후대에 영향을 미친 주장을 편 사람은 江永과 段玉裁이다. 江永(1681~1762)은 『古音標準』(1771)에서 入聲이 去聲과 비슷했다는 주장을 했고, 段玉裁는 『六書音均表』에서 『詩經』시대에는 平, 上, 入의 3聲만 있고, 去聲은 없었으며, 후대의 去聲은 入聲에서 생겨났다고 주장했다. 그런가 하면 黃侃은 平聲과 入聲만 존재했다고 주장했다.

7-4. 비밀의 원시중국어 열쇠 複聲母

上古音 연구에서 진정한 발상의 전환이 이루어진 것은 複聲母문제에 있어서다. 1874년 영국의 漢學者 Joseph Edkins는 諧聲字에 근거해 볼 때 중국의 上古音에 複聲母가 존재했었다는 가설을 내세웠다. 하지만 당시 중국은 清나라 말기의 혼란한 상황인지라, 중국학자들의 관심을 끌지 못했다. 20세기 초에 이르러 칼그렌이 파리에서 출판한『中日漢字分析字典(Analytic dictionary of Chinese Sino-Japanese)』(1923)의 序文에서 '各'과 '絡'의 諧聲관계는 古代중국어에 존재했던 複聲母의 흔적이라는 주장을 하였다. 중국학자 중 가장 먼저 上古音에 複聲母가 있다고 주장한 사람은 林語堂(1895~1976)이다. 그는 칼그렌보다 1년 늦은 1924년에「古有複輔音說」이란 문장을『晨報』에 발표했다. 林語堂은 諧聲字 외에도 連綿字와 고대서적에 있는 異文又讀등을 이용해 좀 더 발전된 연구 성과를 내놓았다. 즉, 俗語 중의 連綿字(孔曰窟籠/角曰矻落/圈曰窟巒(이상 [kl-])//不律曰筆/蒲爲勃盧, 蓬爲勃籠(이상[pl-])//團曰突欒, 螳曰突郞, 鐸曰突落(이상[tl-]))와 諧聲字(各:路[kl-]/稟:廩[pl-]/睦:陸[ml-])를 예로 들며 [kl-], [pl-], [tl-] 등 세 종류의 複聲母의 존재를 주장한 것이다.

1900년대 중반은 많은 학자가 複聲母에 관심을 두게 되었고, 찬성파와 반대파로 갈리게 되었다. 찬성파로는 칼그렌, 陸志韋, 董同龢, 羅常培, 李方桂 등이 있고, 반대파로는 唐蘭, 王力 등이 있었다. 1900년대 후반으로 들어서면서는 대부분의 사람이 複聲母說을 긍정적인 시각으로 보게 되어, 1977년부터 1991년까지 무려 100편이 넘는 논문이 발표되기에 이르렀다.

지금까지 거론된 것 중 일부를 예시하면 아래와 같다.

[kl-]를 추정 가능케 하는 字:
    各格閣胳([k-])酪洛烙賂落絡駱略([l-])
    兼謙歉([k-])廉簾鐮([l-])
    京景鯨([k-])諒涼掠([l-])
    監鑑([k-])藍覽濫籃([l-])
    柬諫揀([k-])蘭練欄爛鍊煉([l-])
    果課([k-])裸螺([l-])
    泣([k-])立笠粒([l-])
    莒筥([k-])呂侶閭([l-])

[pl-]를 추정 가능케 하는 字:
    風楓諷[p-]嵐[l-]
    龐[p-]龍[l-]
    筆[p-]律[l-]
    變[p-]攣戀孌[l-]
    品[p-]臨[l-]

[tl-]를 추정 가능케 하는 字:
    體[t-]禮[l-]
    獺[t-]賴瀨懶[l-]

[xm-]를 추정 가능케 하는 字:
    黑[x-]墨默[m-]
    悔海誨[x-]每梅[m-]

[ml-]를 추정 가능케 하는 字:
    埋[m-]里理裏鯉[l-]
    麥[m-]來[l-]
    卯[m-]聊柳留[l-]

[sl-]를 추정 가능케 하는 字:
    史使[s-]吏[l-]
    數[s-]婁樓褸縷[l-]
    灑曬[s-]麗[l-]

[sn-]를 추정 가능케 하는 字:
　絮恕[s-]如[n-]
　需[s-]儒[n-]
　蘘[s-]讓釀[n-]
[st-]를 추정 가능케 하는 字:
　綏[s-]妥[t-]
　賜[s-]剔[t-]
　修脩[s-]條條[t-]
[sk-]를 추정 가능케 하는 字:
　楔[s-]契[k-]
　宣[s-]桓喧[k-]
　歲[s-]穢[k-]
[nt-]를 추정 가능케 하는 字:
　難[n-]灘攤[t-]

　[l]이 포함된 複聲母가 많다는 점은 주목할 필요가 있다. 어떤 때는 여러 성모와 한 조를 이루는 때도 있다. (龍[l-]/龐[p-]/寵[t-]/龔[k-]) (欒[l-]/蠻[m-]/變[p-])

　複聲母 연구는 이제까지의 연구보다 앞으로 연구되고 응용되어야 할 부분이 훨씬 더 많은 연구 분야이며, 그 연구 성과 또한 긍정적인 효과를 미치리라고 기대된다.

제8장

서얼차대 받았던 近代音

8-1. 북방관화로 향하는 近代音 聲母의 변화

　보통화의 뿌리를 찾으려면 元代로 거슬러 올라가야 한다. 1324년 周德淸이 펴낸『中原音韻』은 당시 유행하던 문학형식인 '曲'의 押韻字를 찾는데 유용하도록 만들어진 韻書로 크게 韻書부분과 用韻과 관련된 이론부분의 지침서라 할 수 있는 별책부록 격인『正語作詞起例』로 나뉜다. 周德淸은 총 5876字를 19개의 韻部에 나누어 수록하되, 각 韻部는 平聲을 陰과 陽의 둘로 나누고, 뒤이어 上聲, 去聲의 순으로 수록하고, 入聲은 따로 독립시키지 않고 '入聲作平聲陽' 또는 '入聲作上聲'하는 식으로 해당 聲調의 뒤에 배치시켰다.『廣韻』은 聲調마다 韻目을 따로 세웠으나,『中原音韻』은 각 聲調마다 韻目을 따로 세우지는 않았다. 각 韻部는 다시 同音字들을 함께 묶어두고, 가 同音字 그룹 사이에는 빈 공간을 두어 다음 同音字들과의 경계를 구분하였다. 모두 1,622개의 그룹으로 나뉘었으므로, 전체 음절의 수는 1,622개인 셈이다.

　『中原音韻』은 元代 北方語音의 실제기록이다.『中原音韻』의 序文에

는 "語言一科, 欲作樂府, 必正語言. 欲正語言, 必宗中原之音.(언어란 시를 짓고자 하면, 반드시 언어를 바로잡아야 한다. 언어를 바로잡고자 하면 반드시 중원지방의 音을 따라야 한다.)"라 기록하고 있어, 中原의 音을 근거로 했음을 알 수 있다. 왜 中原지방의 발음을 근거로 해야만 한다는 것일까? 中原지방은 다름 아닌 중국인이 대대로 터를 잡고 살아왔 던 곳이기 때문이다. 그런가 하면 王伯良은『曲律·論韻』에서 "古樂府悉 系古韻, 宋詞尙沿用詩韻, 入金未能盡變, 至元人譜曲, 用韻始嚴. 德淸 生最晩, 始輯爲此韻, 作曲者守之, 兢兢無敢出入. ~其所謂韻, 不過雜 采元前賢詞曲, 掇拾成編."라 하였듯이,『中原音韻』은 周德淸이 元代 戱曲에서 귀납하여 이루어진 것으로 당시의 희곡 창작의 기준으로 작용했 음을 알 수 있다.

宋 이후로 北方語音은 급속도로 변화하여, 唐宋 시기의 韻書는 더 이상 그 역할을 제대로 할 수 없게 되었고, 이러한 상황에서 당시의 實際音을 반영하는『中原音韻』이 새로이 중고음시기의『廣韻』의 역할을 대신하여 각광을 받게 되었다고 볼 수 있다.

『中原音韻』의 聲母는 捲舌音의 존재 여부에 따라 24개로 볼 수도 있고 21개로도 볼 수 있으나, 그 존재를 인정한다하더라도 상당히 제한된 韻에서만 실현되었을 것이다. 하지만 초심자들을 위해서는 좀 더 구분을 지어주는 것이 필요하다 여겨지므로, 여기서는 잠정적으로 楊耐思의 분류를 따라 21개로 구분하도록 한다. 中古音의 36字母와의 연계로 그 모습을 살펴보면 아래와 같다.

36字母	『中原音韻』聲母	普通話 聲母
1. 幫並(仄)	[p]	[p]
2. 滂並(平)	[pʻ]	[pʻ]
3. 明	[m]	[m]
4. 非敷奉	[f]	[f]
5. 微	[v]	0
6. 端定(仄)	[t]	[t]
7. 透定(平)	[tʻ]	[tʻ]
8. 泥娘疑(일부)	[n]	[n]
9. 來	[l]	[l]
10. 精從(仄)	[ts]	[ts][tɕ]
11. 淸從(平)	[tsʻ]	[tsʻ][tɕʻ]
12. 心邪	[s]	[s][ɕ]
13. 知照澄(仄)牀(仄)	[ʧ]	[tʂ]
14. 徹穿澄(平)牀(平)	[ʧʻ]	[tʂʻ]
15. 審禪	[ʃ]	[ʂ]
16. 日	[ʒ]	[ʐ]
17. 見群(仄)	[k]	[k][tɕ]
18. 溪群(平)	[kʻ]	[kʻ][tɕʻ]
19. 疑(일부)	[ŋ]	0
20. 曉匣	[x]	[x][ɕ]
21. 影喩	0	0

위의 표를 통해 우리는 中古音에서 近代音으로의 변화와 다시 그로부터 보통화로의 변화의 추이를 느낄 수 있다. 먼저 中古音聲母에서의 변화를 살펴보면, 첫째 塞音이던 並, 定, 群 등과 塞擦音이던 從, 澄, 牀 등의 全濁音聲母가 같은 발음부위의 淸音으로 바뀌어, 平聲은 送氣淸音으로, 仄聲은 不送氣淸音으로 변화하였고, 擦音이던 邪, 禪, 匣 등의 全濁音聲母는 送氣不送氣의 구분이 없는 같은 발음 부위의 淸音으로 바뀌었다. 예를 들면 아래와 같다.

並[b]　平聲→[pʻ](旁, 平, 裵, 皮)
並[b]　仄聲→[p](並, 步, 被, 便)
定[d]　平聲→[tʻ](徒, 田, 唐, 同)
定[d]　仄聲→[t](度, 地, 電, 定)
群[g]　平聲→[kʻ](求, 其, 僑, 窮)
群[g]　仄聲→[k](近, 健, 巨, 郡)
從[dz]　平聲→[tsʻ](從, 才, 前, 藏)
從[dz]　仄聲→[ts](自, 在, 漸, 靜)
澄[ɖ]　平聲→[tʂʻ](場, 長, 持, 除)
澄[ɖ]　仄聲→[tʂ](治, 住, 陣, 重)
牀[dʐ]　平聲→[tʂʻ](崇, 査, 愁, 床)
牀[dʐ]　仄聲→[tʂ/ʃ](助, 棧, 狀, 事)
邪[z]　平聲→[s/tsʻ](徐, 詳, 隨, 辭)
邪[z]　仄聲→[s](似, 寺, 緒, 袖)
禪[ʑ]　平聲→[tʂʻ](垂, 酬, 純, 常, 盛)
禪[ʑ]　仄聲→[ʃ](市, 視, 睡, 善, 盛)
匣[ɣ]　平聲→[x](孩, 胡, 黃, 懷)
匣[ɣ]　仄聲→[x]→[ɕ](下, 校, 現, 幸)

이러한 결과로 中古音 시기까지 聲調만 다를 뿐 같은 聲母이던 字가 聲調는 물론 聲母까지 다르게 되었으니, 보통화에서의 발음으로 보았을 때, '調和,空調'의 '調'([tʻ])와 '聲調,單調'의 '調'([t]), '彈琴,彈劾'의 '彈'([tʻ])과 '彈弓,原子彈'의 '彈'([t]), '重複,重新'의 '重'([tʂʻ])과 '輕重,重要'의 '重'([tʂ]), '隱藏,貯藏'의 '藏'([tsʻ])과 '寶藏,三藏法師'의 '藏'([ts]), '盛飯'의 '盛'([tʂʻ])과 '茂盛,昌盛'의 '盛'([ʂ]) 등이 그 예들이다. 위와 같은 다량의 濁音字의 淸音化로 『中原音韻』에는 [v], [ʒ], [ŋ]만이 濁音聲母로 남게 되었다.

둘째 知系字와 照系字가 합류되어, 貞(知)과 蒸(照), 忡(徹)과 衝(穿), 幢(澄)과 床(牀)이 同音字가 되었다.

셋째 影母와 喩母, 그리고 일부 疑母字가 零聲母로 합쳐졌다. 예를 들면 椅, 以, 蟻가 그렇다.

이렇게 변화했던 聲母는 明과 清 兩代를 거치면서 또 한 차례 변화를 겪으면서 현재의 보통화와 같은 모습을 보이게 되었다. 이 시기의 聲母의 변화를 보면, 微母와 疑母가 완전히 零聲母로 합쳐져 '物事'와 '誤事'가 동음어가 되었으며, 見系字의 細音字와 精系字의 細音字가 함께 합쳐져 [k]母과 [ts]母의 細音字가 [tɕ]로 변하여 합류한 결과 '鷄'와 '蹟'이 동음자가 되었고, [k']母와 [ts']母의 細音字가 [tɕ']로 변하여 합류한 결과 '期'와 '妻'가 동음자가 되었고, [x]와 [s]의 細音字가 [ɕ]로 변하여 합류한 결과 '吸'과 '西'가 동음자가 되었다. 그런가 하면 知照系字는 모두 으로 바뀌었으며, 日母字도 대다수가 捲舌音으로 바뀌었고, 支思韻에 속하던 字(兒, 耳, 二)들은 零聲母로 변하였다.

8-2. 近代音 변화의 바로미터 韻母

『中原音韻』은 19개의 韻部로 나뉘어져 있다. 하지만 각 韻部는 몇 개의 韻으로 이루어져 있으므로 실제 韻의 수는 훨씬 더 많아지게 된다. 따로 入聲韻을 독립시키지 않고 聲調를 구분하지 않은 『中原音韻』의 특징을 고려하면, 『廣韻』의 206韻은 61韻으로 포괄시킬 수 있다. 이를 『中原音韻』의 19韻과 대조해봄으로써 변화의 양상을 이해할 수 있다.

『廣韻』	『中原音韻』	보통화
東冬鍾	1. 東鍾[uŋ][iuŋ]	[uŋ][yŋ]
江陽唐	2. 江陽[aŋ][iaŋ][uaŋ]	[aŋ][iaŋ][uaŋ]
支(일부)脂(일부)	3. 支思[ï]	[ï][ər]
齊祭廢微之/支脂灰(각 일부)	4. 齊微[i][əi][uei]	[i][ei][uei]
魚虞模	5. 魚模[u][iu]	[u][y]
咍佳皆夬泰灰(일부)	6. 皆來[ai][iai][uai]	[ai][iɛ][uai]
眞諄臻文欣痕魂	7. 眞文[ən][in][un][iun]	[ən][in][un][yn]
寒刪山凡	8. 寒山[an][ian][uan]	[an][iɛn][uan]
桓	9. 桓歡[ɔn]	[an][uan]
先仙元	10. 先天[iɛn][iuɛn]	[an][iɛn][uan][yan]
蕭宵肴豪	11. 蕭豪[au][iau]	[au][iau]
歌戈	12. 歌戈[ɔ][iɔ][uɔ]	[o][yɛ][uo][ɤ][a]
麻(일부)	13. 家麻[a][ia][ua]	[a][ia][ua]
麻(일부)	14. 車遮[iə][iuə]	[ə][iɛ][yɛ]
庚耕清青蒸登	15. 庚青[əŋ][iŋ][uəŋ][iuəŋ]	[əŋ][iŋ][uŋ][yŋ]
尤侯幽	16. 尤侯[əw][iw]	[əu][iəu]
侵	17. 侵尋[əm][im]	[ən][in]
覃談咸銜	18. 感咸[am][iam]	[an][iɛn]
鹽添嚴	19. 廉纖[iəm]	[iɛn]

위의 표로부터 中古音에서 近代音까지의 韻母의 변화를 살필 수 있다. 먼저 韻部의 數가 많이 줄어들어, 원래 韻尾가 같고 韻腹이 비슷했던 것이 하나의 韻部로 합쳐진 것을 알 수 있다. 단지 中古音보다 세분화한 것은 麻韻이 家麻韻과 車遮韻으로 분화하고, 支思韻과 齊微韻이 나뉘어졌을 뿐이다. 그리고 入聲韻尾 [-p][-t][-k]가 사라진 점이 특징이다. 이러한 특징은 현재의 보통화와 상당히 근접했음을 보여주고 있다.

하지만 『中原音韻』에서 보통화까지 또 다른 변화가 있었음을 발견할 수 있다. 첫째, [-m]韻尾가 [-n]韻尾로 바뀌어, 侵尋韻이 眞文韻으로 합쳐져 '林'과 '隣'이 同音字가 되고, 監咸韻이 寒山韻으로 합쳐져 '南'과 '難' 이 同音字가 되고, 廉纖韻이 先天韻으로 합쳐져 '添'과 '天'이 同音字가 되었다. 둘째, 桓歡韻은 寒山韻으로 바뀌어, '般', '攀', '滿' 등 脣音字는 開口呼로 바뀌고, '端', '團', '酸'처럼 그 외의 聲母字들은 合口呼로 바뀌었다. 셋째, 先天韻이 寒山韻에 합쳐졌다. 넷째, 張, 主, 眞, 春, 展, 船, 少, 周 등 대다수의 知照系字들이 細音字에서 洪音字로 바뀌었다. 이로부터 볼 때 『中原音韻』에서부터 보통화까지의 기간 중간에도 적지 않은 변화가 있었음을 알 수가 있다.

『中原音韻』合口에서 開口로 바뀐 예:
  分,門,奮,嫩(眞文韻)
  半,判,般,滿(桓歡韻)
  崩,朋,孟,橫(庚靑韻)
『中原音韻』齊齒에서 開口로 바뀐 예:
  眞,神,陣,認(眞文韻)
  善,扇,戰,展(先天韻)
  招,超,燒,饒(蕭豪韻)
  奢,車,遮,熱(車遮韻)
  正,稱,聲,仍(庚靑韻)
  周,醜,手,柔(尤侯韻)
  針,沉,深,任(侵尋韻)
  占,諂,閃,染(廉纖韻)
『中原音韻』撮口에서 齊齒로 바뀐 예:
  聯,戀(先天韻)
『中原音韻』撮口에서 合口로 바뀐 예:
  穿,傳,船,軟(先天韻)
  拙,啜,說(車遮韻)
  諸,處,書,乳(魚模韻)

『中原音韻』-m韻尾에서 -n韻尾로 바뀐 예:
　　林金您(侵尋韻)
　　談南含(監咸韻)
　　尖添點(廉纖韻)

8-3. 알 듯 말 듯 근대음 聲調의 변화

『廣韻』부터 『中原音韻』까지 聲調에도 크게 3가지의 변화가 있었다. 첫째, 平聲字가 陰과 陽 둘로 나뉘었다. 원래 淸聲母이던 것은 陰平이 되었고, 濁聲母이던 것은 陽平이 되었다. 『中原音韻』의 東鐘韻 수록자를 예로 들어보자.

	『廣韻』	『中原音韻』	보통화
同童銅	平聲東韻 徒紅切	平聲陽 tʻuŋ	陽平(2성)tóng
窮	平聲東韻 渠弓切	平聲陽 kʻiuŋ	陽平(2성)qióng
蟲	平聲東韻 直弓切	平聲陽 tʂʻuŋ	陽平(2성)chóng
崇	平聲東韻 鋤弓切	平聲陽 tʂʻuŋ	陽平(2성)chóng
重	平聲鍾韻 直容切	平聲陽 tʂʻuŋ	陽平(2성)chóng
從	平聲鍾韻 疾容切	平聲陽 tsʻiuŋ	陽平(2성)cóng

둘째, 全濁音 上聲字가 去聲으로 바뀌면서 원래 去聲이던 字들과 同音字가 되었다.[24] 셋째, 入聲字가 中古音에서 陽聲韻과 함께 수록되던 것이 『中原音韻』에서는 陰聲韻에 수록되어 있으되 '入聲作○聲'으로 표기되어 있는데, 이는 入聲字들이 그 韻尾는 잃어버렸지만 아직 入聲의

---

[24] 일례로 全濁音 上聲字 '重'이 淸音去聲字 '衆'과 同音字가 됨.

특징을 완전히 잃지 않은 채 어느 정도 유지하고 있었다고 볼 수 있다. 『中原音韻』의 入聲字는 上聲에 배분되어진 것이 월등히 많은데, 이는 현재의 보통화에서 원래의 入聲字들이 대다수가 去聲에 편입되어진 것과 무척 다른 모습이다. 이는 바꿔 말하면 『中原音韻』을 현재의 보통화의 먼 조상으로는 볼 수 있으나, 직계조상으로 보기에는 무리가 있다는 것이다. 이해를 돕기 위해 아래에 『中原音韻』의 입성자의 배치를 살펴보도록 해보자.

	현 북경음 성조와 같은 것	북경음 성조와 다른 것
支思韻 上聲	0	3
齊微韻 陽平	19	3
齊微韻 上聲	8	41
齊微韻 去聲	25	2
魚模韻 陽平	13	4
魚模韻 上聲	4	30
魚模韻 去聲	20	1
皆來韻 陽平	4	1
皆來韻 上聲	6	16
皆來韻 去聲	4	0
蕭豪韻 陽平	8	0
蕭豪韻 上聲	8	8
蕭豪韻 去聲	19	4
歌戈韻 陽平	10	0
歌戈韻 上聲	3	8
歌戈韻 去聲	19	1
家麻韻 陽平	8	1
家麻韻 上聲	5	11
家麻韻 去聲	7	4
車遮韻 陽平	12	2

車遮韻 上聲	6	23
車遮韻 去聲	15	1
尤侯韻 陽平	2	0
尤侯韻 上聲	1	3
尤侯韻 去聲	2	0

入聲字가 수록된 韻들만을 내보인 위의 입성자의 수치를 성조별로 다시 통합해보면

	현 북경음 성조와 같은 것	북경음 성조와 다른 것
陽平	76	11
上聲	41	143
去聲	111	13

이 되어 陽平에 편입된 입성자와 去聲에 편입된 입성자의 경우『中原音韻』음이 현재의 북경음에 그대로 전승되어졌다는 이론을 편다 해도 큰 대과가 없어 보이지만, 上聲에 편입된 입성자의 수치를 보면 도저히 그 전승관계를 인정할 수 없음을 확연히 보여준다.

8-4. 官話音의 존재

『中原音韻』과 현대 보통화의 가장 두드러지는 차이점은 入聲字에서 찾아볼 수 있다.『中原音韻』이 비록 入聲字들을 中古音처럼 陽聲韻과 함께 하게 하지 않고, 陰聲韻과 함께 수록한 점은 入聲韻尾의 변화를 예측하게 하지만, 그 수록된 聲調가 보통화와는 확연히 다른 모습이다. 北京

語에는 南方方言에 비해 그 수가 적기는 하지만 文讀音과 白讀音으로 나뉘어 읽히는 字들이 있다. 이러한 兩讀音을 가지고 있는 字 중 入聲字가 다수를 차지하고 있는데, 이들을 元代의 北京音을 대표하는 『中原音韻』音과 明代의 官話音을 기록하고 있는 것으로 여겨지는 『西儒耳目資』音과 대조해 본 결과, 舒聲字에서는 뚜렷한 구분점을 찾기 어려운 반면, 入聲字에서는 白讀音이 『中原音韻』音과 일치하는 경향을, 文讀音이 『西儒耳目資』音과 일치하는 경향을 보였다.[25]

현재의 北京音에는 文讀과 白讀 兩讀音으로 읽히는 入聲字가 41字가 있는데 이들을 살펴보면 明代官話音의 영향력을 실감할 수가 있다. 아래에 일부의 字만 예를 들어보이도록 한다.

	『中原音韻』	『西儒耳目資』	北京文讀音	北京白讀音
得	入聲作上聲 tei	te甚	tɤ陽平	tei上聲
擇	入聲作平聲陽 tʃai	ce甚	tsɤ陽平	tʂai陽平
側	入聲作上聲 tʃai	ce甚	ts'ɤ去聲	tʂai陰平
色	入聲作上聲 ʃai	se甚	sɤ去聲	ʂai去聲
閣	入聲作上聲 kau	ko甚	kɤ陰平	kau上聲
客	入聲作上聲 k'iɛ	'ke甚	k'ɤ去聲	tɕ'iɛ上聲
鶴	入聲作平聲陽 xau	ho甚	xɤ去聲	xau陽平
血	入聲作上聲 xiɛ	hiue甚	ɕye上聲	ɕiɛ上聲

---

[25] 이종구, 2007, 「元明音을 통해 본 현대 北京音 文白異讀의 來源」, 『中國言語硏究』 제24집. 이보다 앞선 연구 「『洪武正韻』과 『西儒耳目資』의 관계 및 음운변화」(2003, 『中語中文學』 제33집)에 의하면, 『西儒耳目資』는 명대 초기 관방에서 펴낸 『洪武正韻』을 底本으로 생겨났으며, 『西儒耳目資』에서 보이는 당시의 官話音은 『洪武正韻』에서 제정한 規範音이 당시의 수도 南京에서 활용되면서 당시 南京音 성분의 영향을 받아 형성된 어음계통으로, 그 후 서양선교사들에 의해 轉寫되어진 것으로 보았다.

覺	入聲作上聲 kiau	kio甚	tɕye陽平	tɕiau上聲
脉	入聲作去聲 mai	me甚	mo去聲	mai去聲
薄	入聲作平聲陽 pau	po甚	po陰平	pau陽平
角	入聲作上聲 kiau	kio甚	tɕye陽平	tɕiau上聲

위의 표에서 韻母 부분을 주의해서 보면, 明代官話音이 북경의 文讀音과 같거나 유사함을 보이며, 元代의 北京音이 북경의 白讀音과 비교적 일치함을 확인할 수 있다. 이러한 사실은 元代 北京音의 영향력이 직접적으로 현재의 북경어에 전달되어진 것이 아니라, 그 후로도 明代의 官話音이 현재의 北京音의 생성에 커다란 영향력을 행사했음을 웅변하는 것이라 하겠다.

제9장

외국어 같은 중국 방언

9-1. 方言槪要 및 語音적 특징

과거 중국의 방언에 대한 분류는 학자에 따라 몇 차례 변화가 있었다. 그중 중요한 몇 가지 설을 시대별로 정리하면, 1950년대 중반 丁聲樹와 李榮은 北方方言, 吳方言, 湘方言, 贛方言, 客家方言, 粤方言, 閩南方言, 閩北方言의 8개 방언으로 나누었고, 동시대의 董同龢는 관화방언을 3分하고 閩語를 하나만 세워 9대 방언(北方官話, 西南官話, 下江官話, 吳語, 湘語, 贛方言, 客家語, 粤語, 閩語)으로 나누었다. 그 후, 한때 내부 차이가 크지 않은 贛方言과 客家方言을 합칠 것인가의 논의를 거치기도 했으나, 그냥 두기로 하여, 80년대 이후로는 세 가지의 官話方言을 하나로 합친 北方方言을 비롯해 吳方言, 湘方言, 贛方言, 客家方言, 粤方言, 閩方言의 7대 방언으로 분류하는 경향이다.

北方方言은 官話方言이라고 부르기도 하며, 해당지역으로는 長江 이북과 湖北, 四川, 雲南, 貴州, 廣西省 서북부, 湖南省을 포함한다. 北方方言은 다시 北京과 河北, 河南, 山東, 安徽省北部, 東北3省, 內蒙古 일부 지역을 포함하는 北方官話, 山西省, 陝西省, 甘肅省, 靑海省, 寧夏回族

자치구, 內蒙古 서부지역을 포함하는 西北官話, 湖北省, 四川省, 雲南省, 貴州省, 廣西省 서북부, 湖南省 서북부를 포함하는 西南官話, 安徽省 중부와 南京을 포함하는 下江官話의 네 가지 하부방언으로 이루어진다. 중국 전체 인구의 70%가 이 방언을 사용하며, 普通話의 근간이라고 할 수 있는 北京語도 여기에 속한다. 이 지역의 공통적인 語音의 특징은 濁音淸化와 [-n]과 [-ŋ] 두 가지의 鼻音韻尾만 존재한다는 것, 그리고 聲調에 있어서는 平聲이 陰平과 陽平으로 나뉘고, 全濁上聲字는 去聲으로 바뀌었고, 대다수 지역이 入聲이 없다는 점이다.

北方方言과 南方方言을 구분 지을 수 있는 가장 뚜렷한 특징은 소위 捲舌音이라고도 하는 翹舌音과 非翹舌音 간의 구분 여부로 판단하면 수월하다. 翹舌音에 해당하는 것은 '知'나 '吃'를 대표로 내세울 수 있고, 非翹舌音으로는 '資'나 '雌'가 여기에 속한다. 일반적으로 북방방언 지역에서는 이 둘의 구분이 뚜렷한데 반해, 남방방언 지역에서는 이 둘을 구분하지 못한다. 이는 마치 영어의 car이나 park의 r을 미국영어에서는 권설음으로 읽는데 비해, 영국영어에서는 잘 들을 수 없는 것과 흡사하다.

일반적으로 알려지기는 중국어의 표준어인 보통화는 北京音을 근거로 이루어졌다고 알고 있다. 하지만 한 글자에 얽힌 일화로부터 꼭 그렇지만은 않다는 사실을 깨달을 수 있다. 원래 북경에서는 '癌'을 'yán'이라고 발음했다. 한 張씨 성을 가진 북경출신 의사가 남방지역의 병원으로 전근을 가서 진료를 하던 중 癌에 걸린 환자를 진찰하게 되었다. 그런데 갑자기 긴급환자의 발생으로 응급실에서 전화가 걸려와 옆에 있던 浙江출신의 의사에게 처방전을 부탁하고 급히 응급실로 갔다. 浙江출신 의사는 張氏의 발음을 듣고 '炎'으로 이해하여, 炎症에 해당하는 처방전을 써주는 바람에 하마터면 의료사고로 발전할 뻔 했다. 그 뒤로 의사들은 이 두 병을 구분할 방법을 찾았는데, 마침 吳方言 지역에서는 癌과 炎을 'ŋe'와 'ye'로 구분해서 발음하여 전혀 혼란스럽지 않은 것을 보고 'ŋe'발음을 흉내내어 써봤으나, 자신들의 발음에 없던 것인지라 정확한 발음을 할 수 없어, 그와 비슷한 'ái'로 발음하게 되었다 한다. 그 뒤 1962년 보통화심의위원회가 이 발음을 표준발음으로 정하면서 'yán'이란 방언음은 폐기되어졌고, 그때부터 사전에도 'ái'로 등재하게 되었다고 한다.

  吳方言은 江蘇省의 鎭江 동쪽으로 長江 이남지역과 浙江省 대부분 지역을 포함하며, 때로는 江南話 내지는 江浙話라고도 불린다. 語音적 특징으로는 古代漢語의 濁音 성모를 대다수 지역이 그대로 유지하고 있고, 單母音이 풍부한 반면 複母音은 적어, 普通話에서는 複母音으로 읽히는 '花,加/家,買,梅/美,飛,包,毛,帽,島,草,豆,偸,舟' 등이 ' ho, kɒ, mɒ, mE, fi, pæ, mæ, mæ, tæ, tsʻæ, dɤ, tʻɤ, tsɤ'와 같은 單母音으로 읽히며, 鼻音韻尾는 [-ŋ]만 있고, 聲調는 일반적으로 7개가 있으며, 入聲韻尾는 喉塞音[-ʔ]만 남아있으며, 捲舌音聲母가 없다. 사용 인구는 7천만 명 가량이며 대표방언은 蘇州話이다. 원래 吳방언을 쓰는 지역 중 가장 큰 도시는 上海이지만, 상해지역의 인구유입 경로가 워낙 다양하여 그 純一性을 가늠하기 어려운지라, 상대적으로 언어가 잘 보존되어있는 蘇州語를 대표방언으로 삼았다고 한다.

  湘方言은 湖南省 대부분 지역과 廣西省 북부의 일부 縣을 포함하며, 湖南話라고도 한다. 語音적 특징은 濁音 성모를 그대로 유지하고 있고, 聲調는 平聲과 去聲이 陰陽으로 나뉘고, 韻尾를 완전히 소실했지만 따로 한 聲調를 이루는 짧은 발음의 入聲이 존재한다. 사용 인구는 3천만 명 가량이다. 대표방언은 長沙話이다.

  贛方言은 江西省 중북부에 존재하며, 湖北省 동남부 일대도 포함하며,

江西話라고도 한다. 오랜 기간 주위 방언의 영향을 받은 관계로 나름대로의 특징이 많지 않다. 語音적 특징은 濁音이 清音으로 바뀌어 있고, 聲調는 平聲과 去聲이 陰陽으로 나뉘고, 入聲은 [-t]와 [-k]은 남아있으나 [-p]는 사라졌다. 사용인구 3천만 정도이다. 대표방언은 南昌話이다.

客家方言은 주로 廣東省 동북부와 福建省의 서부와 서북부, 江西省 남부 및 廣西省 동남부에 분포되어 있다. 語音적 특징은 濁音이 清音으로 바뀌어 있고, 曉母와 匣母의 合口는 [f-]로 읽어 '虎'가 '府,斧'와 同音字로, '護'가 '父,富,婦,負' 등과 同音字로 읽히며, 開口는 [h-]로 읽혀 '鶴'은 'hɔk'로, '河'는 'hɔ'로 읽힌다. 撮口呼 韻母가 없으며, 聲調는 平聲과 入聲이 陰陽으로 나뉘고, 入聲韻尾는 喉塞音[-ʔ]만 남아 있다. 사용인구수는 3천 5백만 명쯤 된다. 대표방언은 梅縣話이다. 客家話는 그 형성과정이 특수한 방언으로, 옛날 中原지역에서 거주하던 사람들이 북방민족의 침입이 있을 때마다 차례차례 남쪽으로 피난하여 단체로 주거지를 형성하면서 이루어진 방언이다.

粤方言은 廣東省 중부와 서남부, 廣西省 동남부의 대부분 지역에 분포하며, 廣東話라고도 한다. 語音적 특징은 濁音이 清音으로 바뀌어있고, 捲舌音聲母가 없으며, 母音의 길고 짧음에 따라 의미의 구분이 있을 정도로 母音이 복잡하며, 韻尾는 [-p][-t][-k][-n][-m][-ŋ] 등이 모두 갖추어져 있고, 聲調는 平上去入이 모두 陰陽의 구분이 있으며, 陰入聲은 대부분 또 둘로 나뉜다. 사용인구 4천만 가량이다. 대표방언은 廣州話이다.

閩方言은 福建省 대부분 지역과 海南島, 舟山群島, 臺灣 등에 분포한다. 語音적 특징은 脣齒音과 捲舌音이 없어, 脣齒音은 白讀音에서는 p-나 p'-로 읽히고, 文讀音에서는 h-로 읽혀, '分'의 경우 文讀音은 'hun'으로 읽히는 반면, 白讀音으로는 'pun'으로 읽힌다. 현재 普通話에서 권설음으로 읽히는 知,徹,澄母字는 t-나 t'-로 읽혀 '陳', '中', '竹'은 각각 'tin', 'tiɔŋ', 'tiɔk'으로 읽힌다. 照系字는 精系字와 합쳐져 精系字의 발음 ts-,ts'-,s-로 읽힌다. 그 결과 者=姐, 處=趣, 屎=死의 등식이 성립되어졌다. 그런가 하면 일부 匣母字는 見母字처럼 읽혀, '行', '寒', '糊', '厚', '猴' 등은 'kiã', 'kũã', 'kɔ', 'kau', 'kau'로 읽힌다. 韻尾는 閩南語가 [-p][-t][-k][-n][-m][-ŋ]는 물론 [-ʔ]까지 있는데 반해, 閩北語는 韻尾는 [-n][-ŋ][-ʔ]만 있다. 聲調는 上聲을 제외한 平聲, 去聲, 入聲이 陰陽으로 나뉜다. 사용인구 5천 5백만 명쯤 된다. 閩南 방언의 대표방언은 廈門話이며, 閩北 방언의 대표방언은 建甌話이다.

제리 노만은 음운관련항목 2개, 詞滙관련항목 4개, 어법관련항목 4개 등 총 10개 항목의 유무에 따라 북방형 방언과 남방형 방언 그리고 중부형 방언으로 나누었다. 중국의 각 방언의 차이를 대별해 볼 수 있는 점에서 충분한 참고적 가치가 있는 것이다.

	他	的	不	母鷄	陰陽平	顎化	站	走	兒子	房子
北京	+	+	+	+	+	+	+	+	+	+
西安	+	+	+	+	+	+	+	+	+	+
昆明	+	+	+	+	+	+	+	+	+	+
蘇州	-	-	+	+	-	+	-	+	-	±
溫州	-	-	+	+	-	+	-	+	+	-
長沙	+	-	+	-	-	+	+	+	-	±
雙峰	+	-	+	-	-	+	?	-	-	?
南昌	-	-	+	-	-	+	+	+	-	-
梅縣	-	-	-	-	-	-	-	-	-	-
廣州	-	-	-	-	-	-	-	-	-	-
福州	-	-	-	-	-	-	-	-	-	-
建甌	-	-	-	-	-	-	-	-	-	-

9-2. 방언과 어음

중국의 각 방언이 쓰고 있는 어휘는 한자로 기록하면 그 차이가 크지 않아 전국 각지의 非文盲者는 대체적으로 그 뜻을 이해할 수 있다. 하지만 소리로만 접하면 전혀 그 뜻을 이해하기 쉽지 않다. 다음은 吳語의 대표방언인 蘇州話의 내용이다. "俚走出弄堂門口, 叫啥道天浪向落起雨來哉. 啊呀, 格㓖天未實頭討厭, 喫中飯格辰光, 還是蠻蠻好格啘, 那咾會得落雨格介? 又弗是黃梅天, 現在是年夜快呀!" 이 말을 北京話로 옮기면 다음과 같다. "他走出胡同口兒, 誰知道天上下起雨來了. 嗜, 這個天實在討厭, 吃午飯的時候, 還是很好很好的嘛, 怎麼會下雨的呢? 又不是梅雨天, 現在是快年三十兒啦!"[26] 이 문장에서 어법적 차이는 그다지 크지 않다. '蠻'은 '很'에 해당하고, '蠻蠻'은 강조의 형식으로 볼 수 있으나, 보통화에는 이에 상응하는 '부사+부사' 즉 '很很' 등의 형식은 없다. '～快'는 '快～'에 해당하는 정도이다. 어휘의 차이는 어법에 비해서 크지만, 다른 방언을 구사하는 사람도 이해할 수 있는 정도이다. 하지만 語音상의 차이는 정말 크다. 만일 북경사람에게 이 말을 들려주면, 단지 20~30%만 알아들을 수 있을 뿐이다. 이처럼 方言 사이의 차이는 주로 語音에서 비롯되는 것이다.

일반적으로 사람들은 북경어와 보통화를 동일시하기 쉬운데, 북경어도 엄연한 사투리의 하나이며 단지 그 차이가 남방방언과의 차이처럼 크지 않다는 것이다. 예를 들면 보통화의 '和'를 북경사투리로는 'hàn'이나 'hài'로 읽는다.

남방의 여러 방언이 공통적으로 보이는 북경어를 위시한 북방방언과의

---

[26] 葉蜚聲·徐通鏘 『語言學綱要』 p.207에서 가져옴.

어음 측면의 차이는, 첫째, 捲舌音 聲母가 없다. 蘇州, 南昌, 梅縣, 廣州, 陽江, 厦門, 潮州, 福州 등 남방방언들은 물론 太原, 武漢, 成都, 揚州 등의 관화방언에도 없다. 둘째, 入聲韻尾를 가지고 있다. 蘇州([-ʔ]), 南昌 ([-t], [-k]), 梅縣([-p], [-t], [-k]), 廣州([-p], [-t], [-k]), 陽江([-p], [-t], [-k]), 厦門([-p], [-t], [-k], [-ʔ]), 潮州([-p], [-k], [-ʔ]), 福州([-ʔ]) 등 남방방언은 물론 太原([-ʔ]), 合肥([-ʔ]), 揚州([-ʔ]) 등의 소수 관화방언에도 존재한다. 셋째, 운모의 수가 많다. 北京話가 40개의 韻母를 가지고 있는데 비해, 蘇州(49), 南昌(65), 梅縣(76), 廣州(68), 陽江(61), 厦門(76), 潮州(85), 福州(48) 등 남방방언들은 韻母의 수가 많다. 넷째, 聲調가 많다. 4개인 北京話에 비해 蘇州 7개, 溫州 8개, 長沙 6개, 南昌 7개, 梅縣 6개, 廣州 9개, 陽江 9개, 厦門 7개, 潮州 8개, 福州 7개, 建甌 6개 등 남방방언은 聲調의 수가 많음을 알 수 있다. 다섯째, 濁聲母를 가지고 있다.

중국 방언들 사이에 좀 더 구체적으로 어떠한 차이점이 있는지를 알아보는 것도 중국의 방언의 모습을 이해하는 데 많은 도움이 될 듯싶어 呂叔湘의 소개를 가져오면 아래와 같다.[27]

1) 濁聲母의 유무

여기서 말하는 濁聲母는 鼻音(m,n,ŋ)과 邊音(l)을 제외한 塞音,塞擦音,擦音을 가리킨다. 중국어 방언 중에서는 吳語와 일부 湘方言 및 일부 閩방언에만 존재하는데, 예를 들어보자면, '停'과 '定'은 濁聲母로 '聽'과 다르고, '訂'과도 다르다. 이 네 字의 각 방언에서의 발음형태를 실펴보면, 이들의 차이를 쉽게 느낄 수 있다.

---

27 『語文常談』(1982), 三聯書店, 香港.

	t	dh	d
吳, 湘일부, 閩일부	聽	停定	訂
湘일부, 閩일부	聽		停定訂
北方話, 粵語	聽停		定訂
客家語, 贛語	聽停定		訂

2) -i와 –u 앞에 z-,c-,s-와 j-,q-,x-(혹은 g-,k-,h-)의 합류 여부

普通話에 보면, 見系字의 細音字와 精系字의 細音字가 합류되어 見=箭/九=酒, 腔=槍/邱=秋, 喜=洗/響=想의 현상을 보이는데, 이러한 현상들이 어떤 방언들에 나타나는가하는 것을 살피는 문제이다. 알아본 결과, 閩語,粵語,客家語,吳語,소수의 北方話(20%),소수의 湘語,다수의 贛語에서는 분리가 되는 상태이며, 다수의 北方話(80%),다수의 湘語,다수의 贛語에서는 구분되어지지 않았다.

3) z-,c-,s-와 zh-,ch-,sh-의 합류여부

資=知,雌=痴,絲=詩인지 아닌지를 살피는 것으로, 다수의 北方話(華北과 西北의 대다수, 西南과 江淮의 소수), 일부 贛語, 일부 客家語는 별개의 聲母로 간주되어 구분되어지지만, 字의 표현방식은 같지 않아, 어떤 글자들은 어떤 방언에서는 z-,c-,s-로, 다른 방언에서는 zh-,ch-,sh-로 나타난다. 그런가 하면, 閩語,粵語吳語,일부 贛語,일부 客家語와 소수 北方話(西南,江淮의 다수)는 한 가지 성모만 있으며, 절대다수가 z-,c-,s-로 발음되어진다.

4) n-과 l-의 합류여부

腦=老/難=蘭 즉 洪音字에 있어 n-과 l-이 일치하는가 여부(A), 泥=犁/

年=連 즉 細音字에 있어 n-과 l-이 일치하는가 여부(B)를 보는 것으로, 粵語,客家語,吳語 및 다수의 北方話는 A와 B 둘 다 나뉘고, 湘方言과 贛語 및 소수의 官話方言(소수의 西北官話와 소수의 西南官話)는 A는 일치하는데 B는 일치하지 않고, 官話方言 중 다수의 西南官話와 다수의 江淮官話는 A와 B 모두 일치하지 않는다. 閩語는 n-과 l-이 나뉘지만, 閩北方言은 위의 예들과 비교적 일치하지만, 閩南方言은 많은 글자들이 n-→l-로 변화되어 있다.

5) n-과 ŋ- 및 零聲母의 分合 여부
이 경우는 3가지의 경우[28]로 나눌 수 있다.

  a. '礙(ŋ-),愛(0-),耐(n-)' 셋 사이의 聲母가 같은가의 여부로 구분되어지는 것으로, 閩語,粵語,客家語,吳語는 셋이 전혀 같지 않고, 贛語,湘語 일부와 官話方言 일부는 礙와 愛가 ŋ-로 읽히며, 湘語 일부와 官話方言 일부는 礙와 愛가 0-로 읽히며, 소수 관화방언은 礙,愛,耐이 모두 n-로 읽힌다.
  b. '吳'와 '惡(可惡)'가 같은 聲母인지 여부로 분류할 수 있는 것으로, 閩語,粵語,客家語,吳語,일부 湘語등은 '吳'와 '惡'의 구분이 뚜렷하여, '吳'는 ŋ-으로 발음되어지며, '惡'는 0-으로 발음되어진다. 官話方言과 贛語 및 일부 湘語는 '吳'와 '惡' 둘 다 0-으로 발음되어 구분이 없다.
  c. '遇'와 '裕'가 같은 聲母로 발현되는지에 따른 분류로, 閩語,客家語,吳語,일부 湘語의 경우 둘의 구분이 뚜렷하여 '遇'는 ŋ-나 n-으로 읽히는 반면 '裕'는 일률적으로 零聲母로 발음되어진다. 官話方言과 粵語,贛語, 일부 湘語의 경우 둘 다 零聲母로 발음되어진다.

---

28 呂叔湘은 원래 '牛,扭'의 구분을 포함한 4가지로 분류하였으나, 본고는 그중 3가지만 소개한다.

6) 韻尾 -m,-n,-ŋ의 합류여부를 보는 것으로, '侵,親,淸'과 '沉,陳,程'의 韻尾가 같은지의 여부를 통한 구분이다. 粵語와 閩南語는 –m,-n,-ŋ의 구분이 뚜렷하며, 官話方言은 대체적으로 侵과 親은 –n韻尾로 淸의 -ŋ과는 구분이 되며, 客家話의 경우 一部字에만 –m이 존재할 뿐 대부분 –n韻尾와 합쳐졌으되, -ŋ韻尾조차도 –n으로 합쳐졌다. 그 외의 방언 즉 吳語,湘語,贛語,閩北語와 江淮,西南,일부 西北방언을 포함한 관화방언은 세 韻母의 구분이 없어졌으되 모두 –n이나 -ŋ으로 읽힌다.

7) 韻母나 介音 ü의 존재 여부로 구분하는 것으로, 어떤 방언은 ü音이 아예 없으며, 어떤 방언은 ü를 쓰는 글자 수가 다른 방언에 비해 적은 현상을 보이는데, 이러한 방언들은 일반적으로 i가 ü를 대신하여 '呂=李', '需=西', '宣=先'이 되거나, 일정한 조건에서는 u가 ü를 대신하여 '宣=酸', '雲=魂', '君=昆'이 된다. 각 방언의 상황을 살펴보면, 華北官話가 ü音을 가진 字를 가장 많이 가지고 있으며, 西北,西南,江淮 등 官話들은 상당부분 방언들이 일부 字가 감소하며, 심지어 南京話와 昆明話 같은 경우는 ü音이 전혀 없다. 官話 외의 方言들 사이의 ü音의 수량을 논한다면, 贛語가 華北官話와 근접한 수량을 가지고 있으며, 그 다음은 粵語이고, 그 다음은 吳語,湘語,閩北語 등이다. 客家語와 閩南語는 ü音이 전혀 없다. 粵語도 일부 개별방언은 ü音을 전혀 가지고 있지 않다.

8) 入聲운미의 존재 여부에 따른 구분으로, 官話方言 이외의 방언들은 모두 入聲을 가지고 있으며, 관화방언 중에도 일부는 입성을 가지고 있다. 入聲을 가지고 있는 방언들은 입성의 발음이 세 종류로 나누어진다. 첫째, 粵語,贛語,客家語,閩南語 등은 –b,-d,-g 세 가지의 塞音韻尾를 가지며,

둘째, 吳語,閩北語,江淮官話의 경우 구분 없이 하나의 喉塞音韻尾 -ʔ로만 읽히며, 셋째, 湘語나 소수의 西南官話의 경우 특별한 韻尾 없이 하나의 聲調를 이룬다. 入聲이 없는 방언의 入聲字 처리방식은 둘로 나눌 수 있다. 대다수의 西南지역 방언처럼 일괄적으로 하나의 聲調(거의 陽平)에 편입되어지는가 하면, 대다수의 북방관화나 서북관화처럼 陰平,陽平,上聲,去聲으로 나뉘거나 두세 개의 聲調에 편입된다.

아래에 소개하는 方言圖는 근래 중국학계에서 자주 인용되어지는 地圖로, 본 책자에서 언급한 7대 방언 중 관화지역 외에 존재하는 남방방언의 분포를 보인 것으로, 여기에는 기존의 6대 남방방언 외에 江西省 북동쪽과 浙江省 서북쪽에 걸쳐있는 강아지의 모양을 한 徽語와 廣西省의 동부에 우유의 크라운과 같은 형태로 자리하고 있는 平話를 따로 세워 생긴 분류에 의한 것이다. 平話는 宋나라 때 반란군을 제압하기 위해 파견한 平定軍이 그 지역에 눌러앉으면서 형성되었다 한다. 근자의 方言圖는 이 외에도 북방방언 중 山西省 근처의 晉語를 독립된 방언으로 취급하고 있다. 游汝杰의 『漢語方言學敎程』에 따르면, 徽語 사용 인구수는 312만 명이고, 平話 사용 인구수는 200만 명, 晉語 사용 인구수는 4570만 명이라고 한다. 사용인구수에 따라 각 방언의 등위를 정한다면, 1위 官話 6억 6천만 이상, 2위 吳語 6천 900만 이상, 3위 閩語 5천 500만 이상, 4위 晉語, 5위 粵語 4천만 이상, 6위 客家話 3천 500만 정도, 7위 贛語 3천 100만 이상, 8위 湘語 3천 80만 이상, 9위 徽語, 10위 平話 순이라고 한다.

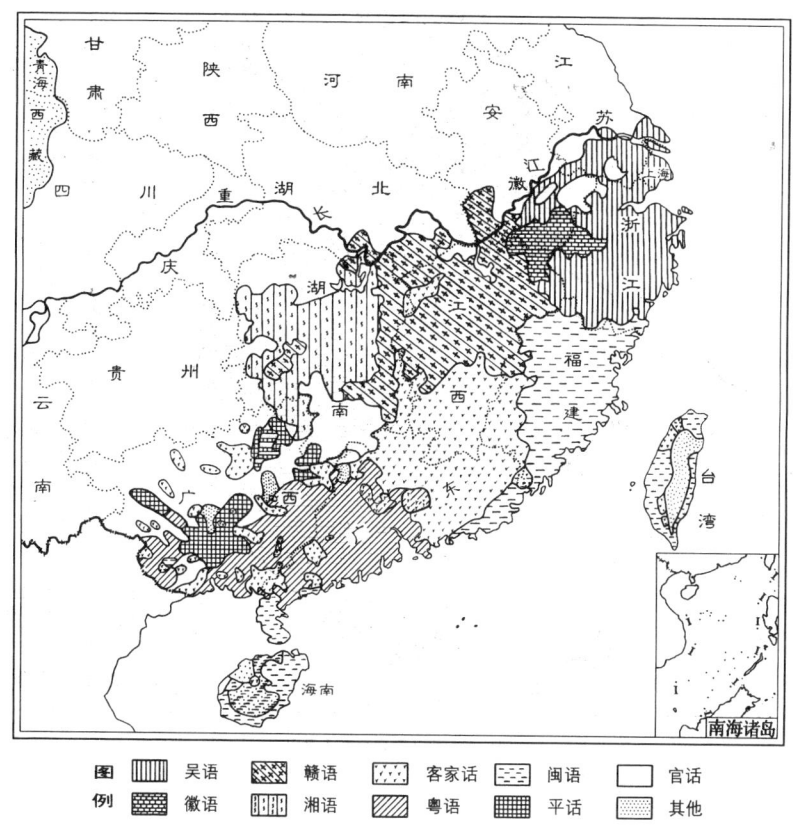

汉语南方八大方言分布示意图 (출처:『汉语方言学教程』(p.5))

9-3. 방언과 어휘

   어휘 측면에서 볼 때 보통화와 각 방언 간의 두드러진 차이점은 보통화가 雙音節 낱말이 두드러지게 많고, 子尾詞와 兒尾詞가 풍부한 반면, 남방방언에는 단음절낱말이 많고 子尾詞와 兒尾詞가 발달되어있지 않다는 점이다. 예를 들면, 보통화의 '舌頭' '螃蟹'는 廣州話에서는 '脷' '蟹'로 쓰며, 보통화의 '筷子' '丈夫'를 閩어에서는 '箸' '翁'으로 부른다. 남방방언 중 특히 閩方言와 粤方言은 子尾詞와 兒尾詞가 드물다. 보다 효과적인 이해를 돕기 위해 앞에서 예시했던 蘇州話를 다시 가져와 蘇州話와 보통화가 어떻게 다른지 짚어보자.

"俚走出弄堂門口, 叫啥道天浪向落起雨來哉. 啊呀, 格爿天未實頭討厭, 喫中飯格辰光, 還是蠻蠻好格晼, 那咾會得落雨格介? 又弗是黃梅天, 現在是年夜快呀!"

이 문장에서는 두 가지가 설명이 필요하다. 첫째, 모든 밖으로 연결된 출구를 '門口'라고 하지는 않는다는 것이다. 이 문장에서 묘사한 것은 上海의 풍경인데, 上海의 마을 입구에는 어디든 門이 하나씩 있어서, '門口'를 쓴 것이다. 둘째, 보통화의 '這種'에 해당하는 부분을 '格爿'으로 말하는 것이 아니라, '이건 아닌데' 하는 느낌을 말할 때 쓰는 표현이다.

방언사이의 어휘를 비교할 때 특히 주의해야 할 것이 있는데, 모든 것이 一對一의 관계인 것이 아니고, 자주 一對多 내지는 多對多의 관계가 된다는 점이다. '鐘'과 '錶'를 예로 들면, 남방방언들은 모두 이 둘을 구분해서 쓰나, 여러 북방방언에서는 구분하지 않고 통틀어서 '錶'라고 한다. '脚'과 '腿'도 통일됨이 없이 쓰이는 어휘로, 이쪽 방언지역에서는 '脚'을 이용해 '腿'를 아우르는가 하면, 저쪽 방언지역에서는 '腿'를 이용해 '脚'를 아우르기도 한다. 또 이런 경우도 발생할 수가 있다. 서로 다른 방언지역에서 성장한 두 친구가 길에서 마주치게 되어, 그중 한 친구가 다른 편의 친구에게 자신의 집으로 초대하며 "請你到我們家坐坐."라 했다 하자. 이에 대한 대꾸로 다른 한 친구가 "我一定去."라 했다면, 그 말을 들은 친구는 아리송해질 수도 있다. 왜냐하면 자기네 고향에서는 이럴 경우 "我一定

來."라고 답하기 때문이다. 이처럼 미세한 쓰임에서의 차이가 방언 사이에는 존재하기 마련이다.

각 方言의 어휘는 표준어는 물론 다른 방언과도 다른 모습을 보인다. 예를 들면, 보통화에서는 키가 큰 것을 나타낼 때 '高'로 나타내나, 上海話에서는 그 대상이 사람일 때는 '長'을, 나무일 때는 '高'를 써서 나타낸다. 그런가 하면 '듣다'의 뜻인 '聽'이 河北省 昌黎話에서는 '코로 냄새를 맡다'의 뜻이다. 일부 기본어휘를 살펴보면 다음과 같은 차이가 있다.

보통화 어휘	北京	蘇州	長沙	梅縣	福州	廣州
白天	白天	日裏	日裏	日晨頭	日中	日頭
晚上	晚上	夜裏	夜間子	暗晡夜	冥晡	夜晚黑
妻子	媳婦兒	家主婆	堂客	老婆	老媽	老婆
兒子	兒子	兒子	伢子	lai	囝	仔
找	找	尋	尋	尋	討	搵
知道	知道	曉得	曉得	知得	八傳	知

다음은 普通話와 같은 의미를 방언에서는 다른 漢字 어휘를 써서 나타내는 예들이다.

보통화 어휘	방언 어휘
他	渠(吳語, 贛語, 客家語, 粵語)
下雨	落水(粵語)
吃	食(남방방언 다수)
走	行(남방방언 다수)
看	睇(남방방언 다수)
穿	着(남방방언 다수)
打	拍(남방방언 다수)
怕	警(남방방언 다수)

你	女(남방방언 다수)
眼	目(남방방언 다수)
臉	面(남방방언 다수)
頭髮	頭毛(남방방언 다수)
鐵鍋	鼎(남방방언 다수)
東西	物事(吳語)
裏邊	裏廂(吳語)
明天	明朝(吳語)
鼻子	鼻頭(吳語)
喝茶	吃茶(上海), 飮茶(廣州)

다음은 普通話와 같은 한자를 쓰지만, 그 의미하는 내용이 다른 것들이다.

	보통화의 의미	방언의 의미
饅頭	소 없는 흰 빵	소 없는 흰 빵, 소가 들어간 만두(吳語)
手	손	손, 팔(閩語)
倒	쓰러지다	쓰러지다, 눕다(閩語)
孫	손자	손자, 조카(閩語)
毛	털	털, 머리카락(閩語)
椅	등받이 의자	등받이 의자, 등받이 없는 의자(閩語)
吩咐	윗사람이 아랫사람에게 하는 부탁	사람을 통해 입으로 전하는 전갈(閩語)
射	쏘다	쏘다, 던지다, 빨리 달리다(長沙)
妹子	여동생	아가씨, 딸, 여자친구(長沙)
蚊子	모기	모기, 파리(湘語 雙峰)
蜂子	벌	벌, 꿀(下江官話)
泥	진흙	진 흙, 마른 흙(梅縣, 廣州)
爹爹	아버지	할아버지(合肥, 揚州, 長沙)
爺	할아버지	아버지(蘇州, 南昌, 梅縣)

媽	어머니	할머니(福州)
地	땅	분묘(客家語)
寃家	원수	싸움(閩語)
各樣	다양하다	특별하다(福州)
細	가늘다	작다(남방방언 다수)
幼	어리다	부드럽다(남방방언 다수)
利	날카롭다	빠르다(남방방언 다수)
客氣	사양하다	예쁘다(南昌)
得意	만족스러워하다	재미있다(廣州)
姑娘	아가씨	고모(長沙)/첩(福州)
簫	똑바로 세워서 부는 피리	세로로 부는 피리(福州)
米粉	쌀가루	쌀국수(福建省, 湖南省)

　普通話와 똑같은 漢字語를 쓰지만 방언에서는 그 품사가 다르게 쓰이는 예도 있다. 福州話에 보이는 예로, 普通話에서 명사로 쓰인 '對頭', '對手', '納悶'은 福州話에서 각기 '서로'라는 부사, '돕다'라는 동사, '멍청하다'는 형용사로 쓰인다.

　普通話에는 없는 어휘이나, 방언에 따라 지칭하는 바가 다른 예도 있다. 예를 들면 長沙話에서 '老虫'은 '호랑이'를 뜻하나, 上海話에서는 '쥐'를 가리킨다. '交關'이란 어휘도 上海話에서는 '아주 많다'의 뜻으로, 廣州話에서는 '대단하다'의 뜻으로, 廈門話에서는 '교역'의 뜻으로 쓰인다. 보통화의 '干淨'(깨끗하다)에 해당하는 어휘도 吳방언에서는 '淸爽'이, 客家方言에서는 '伶俐'가, 閩방언에서는 '淸氣'가 주로 쓰인다. 廣州話에 쓰이는 '行'은 보통화와 많은 차이점을 보인다. 보통화의 '人行道'(인도)는 '行人路'로, '길을 무사히 통과하기 위해 강도에게 지불하는 일종의 통행료'에 해당하는 '買路錢'을 '行水'로, '산보하다'의 뜻인 '逛馬路'를 '行街'로 나타낸다. 吳방언에서는 보통화의 '胡鬚'(수염)를 '牙鬚'라고 한다.

어떤 방언어휘들은 아예 보통화에 편입되어 보통화의 표현력을 풍부하게 하는 역할을 하는 것도 있으니, 垃圾(lājī, 쓰레기), 尷尬(gāngà, 난처한 상황), 名堂(míngtang, 성과, 요지, 눈요깃거리), 噱頭(xuétóu, 웃음을 자아내는 추임새) 등이 그것들이다.

普通話에서는 독립된 명사 어휘로 쓰이는 것이 방언에서는 동사와 결합해야만 상응하는 의미를 나타낼 수 있는 예도 있다. 예를 들면 普通話에서 '早飯', '午飯', '晚飯'은 각기 '아침 식사', '점심 식사', '저녁 식사'를 가리키는 명사이나, 客家語에서는 '食朝', '食晝', '食暗' 등 '食'이란 동사를 써야만 '식사'의 의미를 나타낼 수가 있다. 그런가 하면, 普通話에서는 각기 다른 동사를 이용해 나타내는 '(밥을) 먹다', '(차를) 마시다', '(담배를) 피우다' 등의 행위를 여러 남방방언에서는 '食'이라는 어휘로 통일해서 쓴다.

이밖에도 보통화가 쌍음절어를 즐겨 쓰는 반면 많은 남방방언들은 단음절어를 즐겨 쓰는 경향이 있다.

보통화	남방방언	보통화	남방방언
婆婆	婆	孫子	孫
竹子	竹	事情	事
花兒	花	干淨	淨
尾巴	尾	容易	易
鼻子	鼻	知道	知

그런가 하면 쌍음절어라 하더라도 앞뒤 글자가 뒤바뀌는 경우가 많고, 쓰이는 접미사도 다른 경향을 보인다.

보통화	남방방언	보통화	남방방언
喜歡	歡喜	熱鬧	鬧熱
介紹	紹介	客人	人客
母鷄	鷄母	地道	道地
舌頭	舌子	歌兒	歌子

9-4. 방언과 어법

중국어 어순의 큰 골격이라 할 수 있는 '주어+술어+목적어'의 어순은 각 방언도 대체적으로 일치한다. 하지만 일부 虛詞를 대동하는 문장형태는 보통화와 다른 부분도 있다. 普通話에 보이는 '到(上)+처소명사+來/去'의 경우, 閩語, 粵語, 客家語에서는 '到'가 쓰이지 않은 채, '來/去+처소명사'의 형태로 쓰인다.

그런가 하면 보통화에서의 '간접목적어+직접목적어'의 형태는 廣州話, 梅縣話, 福州話, 上海話 등에서는 그 위치가 뒤바뀌어 쓰인다. 예를 들면, 普通話의 '你給我一支筆'에 해당하는 梅縣話는 '你分一支筆倨'로 쓰인다.

'再'에 해당하는 부사어가 문장 뒤에 온다. 예를 들면, 普通話의 '再等一下'와 '再喫一碗飯'에 해당하는 말이 梅縣話에서는 '等一下添'과 '喫碗飯添'으로 표현되며, 부사어도 동사 뒤에 와, 보통화의 '少講兩句話'는 '講少兩句話'가 된다.

보통화에서는 술어 앞에 오는 시간을 나타내는 부사어가 술어 뒤에 온다. 예를 들면, 보통화의 '我先去, 你等一會兒來'에 해당하는 표현이 廣州話에서는 '我行先, 你等一陣來'로 쓰인다.

9-5. 방언과 문화

　上海語에는 '아줌마'라는 뜻으로 '馬大嫂'라는 말이 있다. 上海에서 식당에 간 적이 있는데, 그 식당 간판이 '馬大嫂'였다. 처음에는 馬씨 성을 가진 아주머니가 주인인가하고 여겼지만, 알고 보니 이는 '시장을 보다'는 '買', '빨래를 하다'는 '汰', '요리를 하다'는 '燒'와 발음이 같아서 붙여진 이름이었다. 즉 아줌마의 주된 업무를 연결 지어 만든 재미있는 어휘였던 것이다.

　북방방언에서는 비누를 '肥皂'라고 하지만 閩南방언에서는 '雪文'이라고 하는데 이는 말레이시아에서 활동하는 남양화교들이 말레이시아어의 비누를 뜻하는 'sabon'을 그대로 들여와 음역한 데서 비롯되었다고 한다.

　충청도의 어느 한 유명한 복권판매상점은 수도관이 터지면 그 가게에서 판매한 복권이 1등에 당첨된다는 징크스가 있다하는데, 홍콩 사람이 이 말을 듣는다면 크게 공감할 일일 것이다. 홍콩은 식수가 부족한 지역으로 물을 귀하게 여겨 곧잘 물을 재산에 비유한다. 그래서 그들은 '현금이 부족한 것'을 '渴水'라 표현하고, '가난한 운명'을 '五行缺水'라 하며, '돈 많은 사람'을 '大水喉'라고 이른다.

　吳語에서 '烏龜'는 '아내가 바람을 피우는 남자'라는 뜻의 욕이다. 그래서 정작 '거북이'를 말할 때에는 욕이 연상되는 '烏龜'라는 말 대신 거북이의 등에 있는 육각형의 수를 언급하여 '十三塊六角'라는 말로 대체한다고 한다.

　남방방언과 북방방언의 낱말의 차이는 문화 차이에서 비롯된 것이 많다. 남방지역에서는 '炭'이 木炭을 지칭하는데 반해 山西省에서는 煤炭을 지칭하는데 이는 山西省이 석탄주산지라서 생겨난 차이이다. 우리가 아는 '밥'에 해당하는 표준어휘는 '米飯'이지만 이는 북방방언에 공통적으로 쓰이는 어휘일 뿐, 여기에 해당하는 남방의 어휘는 '飯'이 대체하고 있다. 그런가 하면 북방에서는 '飯'이라고 하면 일반적으로 '국수'를 지칭하는데, 이는 두 지역의 주식이 쌀과 밀가루로 각기 다른 데서 기인한 차이이다. 같은 맥락에서 비롯한 차이로, 남방지역에서 쌀을 나타내는 '米'가 북방지역에서는 수수를 가리키는 말이며, 쌀을 나타내고자 할 때는 '大米'라는 말로 나타낸다. 그런가 하면 수수를 남방에서는 '小米'라고 지칭한다.

　각 방언 중 보통화에 가장 큰 영향력을 행사하는 방언을 꼽으라면 아마도 粤방언이 될 것이다. 그것은 20세기 70년대말~80년대초에 廣東省이 제일 먼저 외국에 개방이 되면서 많은 외국자본이 들어오게 됨과 동시에, 홍콩에서 광동어로 제작한 많은 TV프로그램이나 유행가들이 전국으로 퍼져나가면서 비롯된 것으로, 홍콩에서 생겨난 炒魷魚, 搞笑, 埋單, 卡拉OK 등의 새로운 낱말과 외래어들이 보통화에 진입했다.

9-6. 방언과 방언 사이의 區分線[29]

　語音적인 측면이든 어휘적인 측면이든, 방언과 방언 사이의 구분이 똑 떨어지게 획일적인 것은 아니다. 예를 들자면 서로 이웃한 A,B,C,D 네 지역이, 어떤 한 방언적인 특징에 있어 A,B를 하나로 묶을 수 있고, C,D를 하나로 묶을 수 있는가하면, 다른 특징에 있어서는 A,B,C가 하나를 이루어 D와 나누어질 수 있고, 그런가 하면 세 번째 특징에 있어서는 A지역만

---

[29] 이 부분은 呂叔湘『語文常談』(1982) 속의 同名의 내용을 저자의 뜻을 최대한 반영하며 번역한 부분임.

가지고 있고 B,C,D지역은 가지고 있지 않을 수 있다. 예를 들어, 江蘇省 東南部와 上海市를 범위로 할 때, '물건'을 '物(mo로 발음)事'라 하는 곳은 啓東,海門,江陰,無錫을 경계로 하는 21개의 縣과 市가 해당되는데, '솥'을 '鑊子'라고 하는 지역은 기본적으로 같지만, 江陰만은 '鍋'라고 하며, '주걱'을 '鏟刀'라 부르는 곳은 위에서 말한 江陰을 포함하는 지역 외에, 이 구역을 벗어난 이웃하는 常州,揚中,泰興,靖江,南通市,南通縣까지를 포함하며, '비누'를 '皮皂'라고 하는 곳은, 원 지역 내에서 啓東,海門 두 지역을 빼고, 常州를 포함시켜야 한다. 이처럼 방언과 방언 사이를 칼로 베어내듯이 뚜렷하게 구분하기란 쉽지 않은 일이다.

　만일 지도에 하나의 語音이나 어휘특징을 줄로 그어 나타낸다면(中國方言學에서는 이를 "同言線", 韓國方言學에서는 "等語線"이라 칭함), 두 방언 사이에는 많은 일치하지 않는 線들이 나타날 것이며, 두 線은 어느 일정거리 안에서는 함께하다가, 다른 구역에서는 분리될 것이다.

　아래에 보인 昌黎 부근 지역의 方言圖를 보면, 이 지역의 말은 두 개의 방언으로 나누어짐이 확실하다. 그러나 어디를 분기점으로 삼느냐하는 것은 그리 쉬운 일이 아니다. 좁은 지역의 방언 사이에만 이런 상황이 존재하는 것이 아니라, 훨씬 넓은 지역의 방언 사이에도 이러한 상황이 존재하니, 앞에서 예를 든 '物事', '鑊子', '鏟刀', '皮皂' 등은 모두 吳方言 어휘이지만, 그 분포하는 지역의 판도는 불일치한다. 심지어는 서로 이웃하는 친속언어 사이, 예를 들면 남유럽의 로마어계의 언어들 사이나, 동유럽의 슬라

30　중화인민공화국 최초의 方言志인 『昌黎方言志』(1960)에 수록된 방언지도 중의 하나로, 이 지도는 1959년에 이루어진 조사에 근거하여 이루어진 것으로, 지도의 남쪽은 昌黎縣이며, 서북쪽은 盧龍縣의 일부이고, 북동쪽은 撫寧縣의 일부이다. 呂叔湘이 이 지도를 가져다 쓴 이유는 당시까지 그려진 방언도 중 조사지점이 가장 세분화되어 있어, 等語線을 살피기에 적당하기 때문이다. 이 方言圖를 설명

昌黎-盧龍-撫寧 지역의 方言圖[30]

브계언어 사이에도 이러한 상황이 존재한다. 단순히 口語에 근거하여, 몇 개의 친속언어인지, 아니면 한 언어의 몇 개의 방언인지를 결정하는 것은

하자면, ········線의 북쪽은 "愛,襖,暗岸"의 聲母가 n으로, "耐,腦,難"과 同音이며, 해당 線의 남쪽은 "愛,襖,暗岸"의 聲母가 ŋ으로, "耐,腦,難"과 同音이 아니다 -···-線의 북쪽은 兒韻과 兒化韻이 권설음이 아니며, 해당 線이 남쪽은 권설음이다. ――――線의 북쪽은 "頭上,黃瓜"의 '頭'와 '黃'이 단음절어 '頭', '黃'과 같은 聲調이며, 線 이남은 다른 聲調이다. 또한 線 북쪽은 "沒錢"의 "沒"과 "沒來"의 "沒"이 같은 발음이며, 線 이남은 다른 발음이다. ～～～線 이북은 "腌菜"의 "腌"이 零聲母이며, 線 이남은 r聲母이다. -··-···線 이북은 "딱따구리"를 "qiānqiān木"이라 하고, 해당 線 이남은 "qiān得木"이나 "qiān搭木" 혹은 "qiān刀木"라 부른다.

쉬운 일이 아니다. 사실상으론 공통의 서면어가 있는지 내지는 그것과 상응하는 '표준어'로 하나의 언어인지를 판단하는 것이다. 네덜란드와 접경을 이루는 독일의 방언은 네덜란드어와 오히려 비슷하며, 독일어와는 상당히 다른 모습을 보인다. 독일어는 하나의 통일된 언어로, 네덜란드어와는 다른데, 이것은 둘이 각자 하나씩의 표준어를 가지고 있기 때문이다. 문자가 없는 상황 아래서, 언어와 방언은 구별하기가 쉽지 않다. 이것이 바로 "중국어에는 몇 개의 방언이 존재하는가?"와 "지구상에는 얼마나 많은 종류의 언어가 있는가?"란 문제에 정확히 대답하기 어려운 이유이기도 하다.

방언조사는 언어사의 연구에 큰 도움이 된다. 고대의 어음 및 어휘 특징이 현재의 방언 속에 남아있기 때문이다. 예를 들면 吳語와 湘語의 濁聲母, 閩語, 粵語, 客家語의 塞音韻尾 -b,-d,-g와 閉口韻尾 -m가 그것들이다. 지금은 이미 통용되어지지 않는 어휘들이 방언 속에 살아있는 경우도 있어, 현재의 '走,跑,吃'에 해당하는 옛 어휘 '行,走,食'이 閩語, 粵語, 客家語에, 현재의 '喝'에 해당하는 옛 어휘 '飮'이 粵語에, 현재의 '穿'에 해당하는 옛 어휘 '着'이 吳語와 粵語에, 현재의 '臉,翅膀,知道'에 해당하는 옛 어휘 '面,翼,曉'가 閩語와 粵語에, '筷子'에 해당하는 옛 어휘 '箸'가 閩語와 客家語에, '晩,兒媳婦'에 해당하는 옛 어휘 '晏,新婦'가 閩語, 吳語, 粵語에, 지금의 '眼睛,哭,粥,熱水'에 해당하는 '目,啼,糜,湯'이 閩語에 살아있다. 이것들은 원래 자주 쓰이던 어휘인가 하면, 그렇지 않은 것도 있고, 어떤 것은 옛 字典 속에만 존재하는 것인데, 위에 예를 든 것처럼 방언 속에서 적지 않게 발견할 수 있는 것이다.

중국어는 일찍부터 방언이 존재했다고 한다. 漢나라 때 楊雄이 펴낸 『輶軒使者絶代語釋別國方言』은 훗날 『方言』으로 이름이 줄여져 불리는데, 여기엔 漢나라 때의 많은 방언어휘가 기록되어져있다 한다. 이 책의 내용에 따르면, 당시의 방언은 秦晉, 趙魏, 燕代, 齊魯, 東齊靑徐, 吳揚越, 衛宋, 周漢鄭, 汝潁陳楚, 南楚, 梁益 등 11개 지역으로 나뉘었었다고 한다. 하지만 楊雄의 책은 方言만을 기록하고 方音은 기록하지 않아, 이 지역들의 語音이 어떻게 달랐는지는 알아낼 수가 없다.

그 후 『方言』을 잇는 책들은 적지 않았으나, 古書 속에 나오는 방언어휘의 '本字'를 찾는 작업에만 열중하고, 실제조사는 소홀히 하여, 방언의 분포상황을 반영할 수 없었다. 이러한 이유로 중국어방언발전사를 연구하기란 여간 어려운 일이 아니다. 각 방언이 예로부터 일관되어지게 이어져 내려왔을 가능성이 높지 않은 것은, 주민들의 이주가 있었기 때문에, 방언에도 변화가 있었다고 보는 것이 타당하다.

9-7. 방언과 지명

중국어를 공부한 사람이라면 누구나 잘 아는 '골목'이란 뜻의 '衚衕'이란 단어는 북경을 위시해 黑龍江省과 河北省 및 吉林省 그리고 天津市 등의 지역에서만 쓰이는 낱말이다. 이는 몽골족의 통치를 받던 元代에 쓰이기 시작한 낱말로, 몽골어의 뜻은 '우물'의 뜻이었다. 많은 몽골족들이 운집해서 살던 지역들의 골목마다 우물이 있던 관계로 나중에는 '골목'이란 뜻을 대치하게 된 것이다. 하지만 몽골족들의 주거가 보편화되지 않았던 남방지역에서는 '衚衕' 대신 '弄'이란 단어가 널리 쓰이고 있다.

우리나라가 중국과 수교를 맺으면서 중국의 한 지역명의 발음에 대해 각 언론사들이 고민을 한 적이 있었다. 바로 홍콩의 옆에 위치한 '深圳'이 그것으로, '심천'으로 발음을 해야 옳은 것인지, 아니면 '심수'로 해야 할지 고민하다가 결국 중국어의 발음 '썬쩐'에 근거하여 '심천'으로 발음하기로 결정한 바 있다. 그도 그럴 것이 이 '深圳'에 쓰인 '圳'은 남방지역에서만 쓰이는 漢字였기에 한국 사람들이 평소 잘 접할 수 없었기 때문이었다. '圳'은 '경작지 옆의 작은 내'를 뜻하는 말로 深圳이 위치한 廣東省 외에도 浙江省이나 江西省의 지명에 널리 분포하고 있는 어휘이다. 廣東지역에는 '那伏', '那落', '那鳥'처럼 '那'가 포함된 지명과 '六補'나 '祿馬'처럼 '六'이나 '祿'이 들어가는 지명이 보이는데, 이것들은 僮族의 언어를 반영한 것으로, '那'는 '논'의 뜻이며, '六'이나 '祿'은 '산'을 뜻하는 僮族의 언어에서 온 것으로, 이 지명들은 과거 이 지역에 僮族들이 거주했었음을 나타내주는 좋은 증거인 것이다.

'衕衕'이나 '圳'처럼 중국어에는 일부 지역에서만 널리 쓰이는 지명들이 있는데, 福建省, 廣東省, 江西省, 湖南省 등에서 '넓은 평지'의 뜻으로 쓰이는 '洋', 福建省과 廣東省의 지명에 널리 쓰이는 '寮', '거주하는 집'의 뜻에서 비롯된 福建省에서만 쓰이는 '厝', 福建省과 廣東省 및 浙江省에서 쓰이는 '곡선으로 이루어진 해안선'을 뜻하는 '澳' 등이 있다.

중국에는 또 '石家庄'이나 '李家堡'처럼 姓氏를 포함하는 지명이 널리 분포하고 있어, 寧夏回族自治區의 永寧縣의 경우 412개의 부락 중 무려 80%에 해당하는 333개의 부락이 姓氏를 포함하고 있는 지명을 쓴다고 한다.[31]

31　高閣元<姓名與地名>, 『地名知識』, 1986년, 제2기.

9-8. 皮欽語의 발생

　중국지역에서 비롯되어 언어학용어로까지 정착한 용어가 있다. 해당지역 언어의 영향을 받아 그 지역의 무역종사자들에게 널리 애용되어지는 일종의 엉터리영어에 해당하는 것으로, 언어학계에서는 이를 'pidgin'이라고 하며, 중국에서는 이를 '洋涇濱' 내지는 '洋涇濱英語'라고 칭한다. 洋涇濱은 上海 外灘의 일부지역에 해당하며, 洋涇濱의 강물과 黃浦江이 합쳐지는 곳이다. 阿片戰爭 이후로, 上海는 외국과 통상을 할 수 있는 지역으로 지정되어, 洋涇濱 일대는 외국상인들이 집결하는 지역이 되었다. 이 외국상인들은 이 엉터리영어인 '洋涇濱英語'를 이용해 해당지역의 일반인들과 접촉했던 것이다. 당시 유행했던 중국식 엉터리영어 어휘 중 '康白渡'(comprador), '拉司卡'(last car), '何洛山姆'(all same, 全部), '溫淘籮'(one dollar) 등은 지금도 나이 지긋한 上海토박이 할아버지라면 알아들을 수 있는 어휘들이다. '지역특색을 가진 엉터리 영어'의 뜻으로 국제적으로 널리 쓰이는 'pidgin'은 영어 'business'의 중국식의 잘못된 발음에서 비롯된 것으로 지금은 세계각지의 무역항에서 생겨난 엉터리영어의 대명사가 되었다.

　'洋涇濱英語'는 토박이 上海人이 외국에서 온 상인이나 선원 또는 선교사들과 접촉하는 과정에서 배우게 된 변형외국어로, 그 원인제공자는 외국인이었다. 그들은 자신의 뜻을 토박이 上海人들에게 명확히 전달하기 위해, 자신들의 언어를 변형시켜 거기에 다시 토박이언어의 성분을 가미시켜 사용했는데, 이를 현지인들이 모방하면서 다시 자신들의 언어적 특징이 추가되어진 채로 외국인과 대화를 진행했고, 이 바뀐 엉터리영어를 외국인이 배워 활용하면서 하나의 틀을 갖춘 언어현상으로 자리 잡게 된 것이다. '洋涇濱英語'의 특징은 해당지역 발음이 적당히 반영되어졌고,

어법규칙은 최대한으로 감소되었으며, 어휘 수는 비교적 적어, 왕왕 빙 돌려서 사물을 나타내곤 했다. '洋涇濱英語'는 입말로만 존재했으며, 18세기 중엽에 이미 존재했음이 기록으로 남아있다. 1950년대 이후로는 외국과의 무역이 표준어로 진행되면서 '洋涇濱英語'는 그 의사전달 기능을 상실하게 되었다.

'洋涇濱英語'의 두드러진 특징 중 하나는 중국어가 양사가 발달된 언어이다 보니, 양사에 해당하는 영어표현 'piecee'(=piece)가 광범위하게 사용되어졌다. 예를 들면, '책 두 권'(two books)은 'two piecee book'라 하는 식이다. 'belong'도 무척 많이 활용되어진 어휘로 be동사의 역할을 담당했다. 예를 들면, 'he belongey China-side now(= he is in China)', 'you belong clever in-side (= you are intelligent)'하는 식이며, 가격을 물을 때는 'how much belong?'이라고 했다.

현재 세계에서 가장 활발하게 pidgin이 쓰이고 있는 곳은 뉴기니로 그곳의 언어를 Tok Pisin이라고 한다. 그들은 이 언어를 공용어로 쓰고 있어, 한때는 UN에서 이 말을 이용해 발언하기도 했다. Tok Pisin의 전체 어휘 수는 1500개가량 되는데, 그중 80%가 영어에서 온 것이라 한다. 그 예를 하나 들어 보이면, 'mi driman long kilim wanpela snek'(= I dreamed that I killed a snake /난 꿈에서 뱀 한 마리를 죽였다)와 같은 식이다.

pidgin은 17세기 이후 확장일로에 있던 제국주의국가들의 식민지 확장과 깊은 연관이 있다. 현재 중국에서는 pidgin을 새로이 번역한 단어가 생겨났으니, 그것은 바로 '皮欽語'이다. '皮欽語'가 등장하며, 마치 중국의 경우만을 떠오르게 하는듯한 편협한 지역성이 느껴지는 '洋涇濱英語'란 어휘는 자연스럽게 전 세계로부터 인정을 받고 있는 '皮欽語'에게 그 자리를 물려준 느낌이다.

제10장

중국어와 문학 및 문화

10-1. 중국어와 중국문학

　중국의 고전문학은 크게 韻文과 散文으로 나뉜다. 문장 속에서 韻律을 강조한 것이 韻文이며, 그렇지 않은 것이 散文이다. 散文도 韻적인 요소를 전혀 배제하지는 않았지만, 韻文은 언어의 음운적 측면을 떠나서는 올바른 詩興을 느끼기 어렵다 할 수 있다. 중국의 고전 韻文을 장식하는 音韻的 표현방식으로는 押韻과 平仄이 있다.

　押韻은 詩句의 같은 위치에 오는 글자를 韻母부분이 같거나 비슷한 字를 사용함으로써 음악적 효과를 내는 방법으로 그 유래는 중국 최초의 詩歌集인 『詩經』에서부터 보인다. 『詩經』은 총 305수의 시를 수록하고 있는데, 그중 300수에 가까운 시가 押韻의 방식을 취하고 있는 점으로 볼 때, 후대의 文學작품에 미친 영향이 대단했음을 짐작할 수 있다.

　『詩經』의 押韻방식은 그 押韻의 위치에 따라 詩句 끝 字에 하는 것과 詩句 중간에 있는 字에 하는 두 가지 방식이 있으나, 詩句 끝 字에 하는 것이 보편적인 방식이다. 또한 하나의 韻으로 끝까지 가는 一韻式과 두 가지 이상의 韻을 바꾸면서 하는 換韻式이 있다.『邶風·靜女』를 예로 들어보면, "靜女其姝, 俟我於城隅. 愛而不見, 搔首踟躕"(1章)에서 姝, 隅, 躕가 押韻字로 쓰여 하나의 韻으로 끝까지 간 一韻式임을 알 수 있다. 그런가 하면 "靜女其孌, 貽我彤管. 彤管有煒, 說懌女美"(2章)은 孌과 管이 押韻字이며, 煒와 美가 押韻字가 되어 韻이 한 차례 바뀌었음을 알 수 있다. 이러한 전통은 古體詩까지 이어졌으나, 당나라 때의 近體詩에 이르러서는 철저하게 一韻式만 고집하게 된다. 杜甫의『春望』을 보면

　　國破山河在, 城春草木深.
　　感時花濺淚, 恨別鳥驚心.
　　烽火連三月, 家書抵萬金.
　　白頭搔更短, 渾欲不勝簪.

여기서는 深, 心, 金, 簪이 押韻字로 모두 平聲 侵韻字이다. 이러한 押韻字의 사용은 詩句에 리듬감을 장착하게 하여 듣는 이로 하여금 지루하지 않게 하며, 흥미를 유발하게 하는 효과를 내게 한다. 이러한 押韻의 방법은 宋代의 詞와 元代의 曲에도 전승되어졌다.

여기서 중국 각 시대별로 압운의 특징을 살펴볼 필요가 있다. 상고시대 시가의 압운은 모음의 조화를 중히 여겼으며, 성조가 달라도 압운할 수 있었으나, 六朝 이후로는 用韻이 점차 엄격해져 4聲을 구분하여 적용하게 되었다. 宋代의 '詞'에 이르러서는 上聲과 去聲을 구분하지 않게 되었고, 심지어는 4聲을 무시하고 압운하기도 했고, 운부도 축소되었다. 元代의 '曲'에 이르러서는 통상적으로 4聲을 무시한 채 압운을 하게 되었다. 현재의 京劇에 사용하는 것은 '十三轍'로, 역대로 그 운부적용이 가장 융통성이 넓은 형식이며, 현재의 북경어에 가장 근접한 압운형식이다. 다음은

十三轍이 포함하는 韻들이다.

1. 中東: əŋ, iŋ, uŋ, yŋ
2. 江陽: aŋ, iaŋ, uaŋ
3. 衣期: ï, i, y
4. 姑蘇: u
5. 懷來: ai, uai
6. 灰堆: əi, ui
7. 人辰: ən, in, un, yn
8. 言前: an, ian, uan, yan
9. 梭波: ɤ, uo
10. 發花: a, ia, ua
11. 乜邪: iɛ, yɛ
12. 遙迢: au, iau
13. 由求: əu, iu

押韻이 중국어의 韻母를 문학에 이용한 것이라면, 平仄은 중국어의 聲調를 문학에 이용한 예이다. 平仄은 서로 이웃하는 詩句를 平과 仄을 다르게 배치하는 것으로, 이 또한 詩에 리듬감을 배가시키는 작용을 한다. 平은 平聲字를 일컬으며, 仄은 平聲字 이외의 字, 즉 上聲, 去聲, 入聲을 아울러서 일컫는 말이다. 平聲字는 平易한 느낌을 주고, 仄聲字는 발음의 起伏을 느끼게 하니, 平과 仄이 규칙적으로 올 때의 리듬감은 분명 감흥을 훨씬 북돋우는 역할을 함이 틀림없다. 平仄은 平聲字로 시작하는 平起式과 仄聲字로 시작하는 仄起式이 있다. 仄起式의 平仄을 위에 예를 든 杜甫의 律詩『春望』을 다시 예로 들어 대조해보자.

仄仄平平仄	國破山河在,	나라가 망하니 산과 강물만 있고
平平仄仄平	城春草木深.	성 안의 봄에는 풀과 나무만 깊어 있구나.
平平平仄仄	感時花濺淚,	시절을 애상히 여기니, 꽃까지 눈물을 흘리게 하고
仄仄仄平平	恨別鳥驚心.	처자와의 이별을 슬퍼하니 새 소리에도 마음 놀라네.
仄仄平平仄	烽火連三月,	전쟁이 석 달을 이었으니,
平平仄仄平	家書抵萬金.	고향집에서 보내오는 편지는 만금보다도 값지도다.
平平平仄仄	白頭搔更短,	흰 머리를 긁으니 또 짧아져서 (그 결과 머리숱이 성글게 되어)
仄仄仄平平	渾欲不勝簪.	다 모아도 비녀가 버티지를 못하네.

 그런데 이 시를 자세히 살펴보면 平仄의 규칙에 맞지 않는 漢字가 눈에 띄는 것을 발견할 수 있다. 세 번째 句의 첫째 字 '感', 일곱 번째 句의 첫째 字 '白', 여덟 번째 句의 첫째 字 '渾' 등이 그 예이다. 이들은 '平仄의 룰'에서 비교적 자유로운 위치에 해당하는 글자이기 때문이다. 소위 말하는 '平仄의 룰'에는 '一三五不論, 二四六分明'이란 룰이 있어, 七言 詩를 기준으로 할 때 각 句의 마지막 글자를 제외한 홀수 번째에 쓰이는 字는 '平仄의 룰'에서 자유로울 수도 있는 반면, 짝수 번째에 쓰이는 字는 '平仄의 룰'을 엄격히 지켜야 한다는 룰이다. 위에 든 例字들은 모두 각 句의 첫 번째 글자로 '平仄의 룰'에서 자유로울 수도 있는 위치에 있기 때문인 것이다.
 五言絶句인 王之渙의 『登鸛鵲樓』는 詩語들 사이의 對句로도 유명하지만, 여기에 平仄이 어우러져 더할 수 없는 걸작이 된 예라 하겠다.

白日依山盡, 훤히 밝던 해 저 산에 기대어 점점 기울어가고

黃河入海流. 황하는 바다를 향해 서서히 흘러가네.
欲窮千里目, 저멀이 기울고 다하는 천리 먼 곳을 눈으로 확인하고자 하니
更上一層樓. 마땅히 한 층 더 높은 곳으로 올라가야만 하겠네.

이 시를 대구로 분석하면, 색채 대 색채(白과 黃), 자연경물 대 자연경물(日과 河/山과 海), 동작 대 동작(盡과 流/窮과 上), 허사 대 허사(欲과 更), 數詞 대 數詞(千과 一), 量詞 대 量詞(里와 層), 명사 대 명사(目과 樓)로 되어 완벽한 對句를 이룬다. 여기에 平仄까지 더해지니, 더할 나위 없는 걸작임이 틀림없다. 이 시의 平仄관계는 아래와 같다.

仄仄平平仄
平平仄仄平
仄平平仄仄
平仄仄平平

押韻이나 平仄을 찾는데 활용되어진 것이 韻書임은 제6장에서 이미 말한 바 있다. 하지만 앞에서 언급한 『切韻』과 『廣韻』은 각각 당나라 때와 송나라 때에 적용되어지는 것으로, 그 후로도 그 역할을 지속한 것은 아니었다. 明代와 淸代에는 『廣韻』의 206韻을 106韻으로 축소 합병한 '平水韻'이 科擧에 적용되면서 새로운 詩韻으로 자리를 잡게 되었다. 이 '平水韻'은 金나라 때 王文郁이 펴낸 官韻書 『平水新刊韻略』(1229)에서 따온 명칭으로, 이 韻書가 지금의 山西省 臨汾 즉 당시의 平水라는 곳에서 판각이 이루어진 관계로 붙여진 이름으로, 宋代에 출판된 『禮部韻略』(1037)에서 同用으로 처리한 韻들을 모두 합병한 결과이다. 후대의 대표적 詩韻書 『佩文韻府』(1711)가 이 106韻을 따라 분류하고 있다. 『廣韻』의 206韻이 '平水韻'의 106韻으로 합병된 상황은 다음과 같다.

| 『廣韻』206韻 | 平水韻 |

1. 東董送屋　　東董送屋
2. 冬　宋沃　　冬腫宋沃(2+3)
3. 鍾腫用燭
4. 江講絳覺　　江講絳覺
5. 支紙寘　　　支紙寘(5+6+7)
6. 脂旨至
7. 之止志
8. 微尾未　　　微尾未
9. 魚語御　　　魚語御
10. 虞麌遇　　　虞麌遇(10+11)
11. 模姥暮
12. 齊薺霽　　　齊薺霽(12+13)
13. 祭
14. 泰　　　　　泰
15. 佳蟹卦　　　佳蟹卦(15+16+17)
16. 皆駭怪
17. 夬
18. 灰賄隊　　　灰賄隊(18+19+20)
19. 咍海代
20. 廢
21. 眞軫震質　　眞軫震質(21+22+23)
22. 諄準稕術
23. 臻櫛
24. 文吻問物　　文吻問物(24+25)
25. 欣隱焮迄
26. 元阮願月　　元阮願月(26+27+28)
27. 魂混慁沒
28. 痕很恨
29. 寒旱翰曷　　寒旱翰曷(29+30)
30. 桓緩換末

31. 刪潸諫鎋　　　刪潸諫黠(31+32)
32. 山産襇黠
33. 先銑霰屑　　　先銑霰屑(33+34)
34. 仙獮線薛
35. 蕭篠嘯　　　　蕭篠嘯(35+36)
36. 宵小笑
37. 肴巧效　　　　肴巧效
38. 豪皓號　　　　豪皓號
39. 歌哿箇　　　　歌哿箇(39+40)
40. 戈果過
41. 麻馬禡　　　　麻馬禡
42. 陽養漾藥　　　陽養漾藥(42+43)
43. 唐蕩宕鐸
44. 庚梗映陌　　　庚梗映陌(44+45+46)
45. 耕耿諍麥
46. 清靜勁昔
47. 青迥徑錫　　　青迥徑錫(47+48,49上去)
48. 蒸拯證職　　　蒸職(48平入+49平入)
49. 登等嶝德
50. 尤有宥　　　　尤有宥(50+51+52)
51. 侯厚候
52. 幽黝幼
53. 侵寢沁緝　　　侵寢沁緝
54. 覃感勘合　　　覃感勘合(54+55)
55. 談敢闞盍
56. 鹽琰艷葉　　　鹽琰艷葉(56+57+58)
57. 添忝木忝帖
58. 嚴儼釅業
59. 咸豏陷洽　　　咸豏陷洽(59+60+61)
60. 銜檻鑑狎
61. 凡范梵乏

10-2. 중국인의 폭넓은 諧音 운용

중국어는 음절의 수가 많지 않아 同音字가 많다. 중국인 사이에는 同音字로 인해 발생하는 많은 습속들이 있다. 발음에서 비롯되는 유쾌하지 않은 느낌을 지우기 위해 다른 어휘를 쓴다거나, 같은 발음의 좋은 뜻을 가진 어휘를 이용해 유쾌하지 않은 상황을 모면하고자 한다거나 아예 그러한 발음이 생길 행위를 피해버리든가 한다.

홍콩에서 집을 구하고자 하면, 살고자 하는 동네 어귀에 붙는 쪽지들을 유심히 살필 필요가 있다. 그런데 빈방이 있음을 알리는 쪽지들을 보면 하나같이 '吉屋出租'라고 쓰여 있다. 직접 가서 확인해보면 그다지 깨끗한 집이 아닌데도 그렇다. 사실 이는 同音字에서 생기는 불길함을 떨쳐내기 위한 방법이다. 집을 내놓는 목적대로라면 '空屋出租'라고 해야 마땅하나, 廣東話에서 '空'은 '凶'과 발음이 같아져서 마치 凶家를 내놓는 것처럼 되어버리는 것이다. 누군들 凶家에 들어가 살고 싶겠는가?

연인 사이에 배를 나누어 먹기를 피하는 것도 이런 同音字에서 유발되는 원치 않는 상황의 발생을 방지하고 싶은 마음에서 비롯한 것이다. '배를 자르는' 행위는 중국어로 '分梨'가 되어 '헤어지다'는 뜻의 '分離'와 같은 발음이 된다. 서로 애틋하게 아끼는 사이라면 누군들 헤어지고 싶겠는가? 그러니 그러한 상황이 연상되는 '배를 깎는' 행위조차 禁忌視하는 것이다.

중국에서 陳씨 성을 가진 사람은 배를 탈 때 입단속을 할 필요가 있다. 만약 배에 탈 때 승무원이 姓을 물어본다거나 하면, 종이에 써서 보이거나, '耳'와 '東' 두 글자로 破字하여 발음하든가, 입 밖으로 소리내어 발음하지 않고 신분증을 보여주는 것이 가장 바람직한 방법이 될지도 모른다. 그것은 '陳'이 '가라앉다'는 뜻을 가진 '沉'과 발음이 같기 때문으로, 배를 부리는 사람은 'chén'이라는 발음을 들으면 배의 승선을 저지할 수도 있기 때문이다. 마찬가지 이유로 배 안에서는 밥을 담는 행위를 '盛飯'이라고 하지 않고 '添飯'이라고 한다. 이는 '盛'의 발음 'chéng'조차도 '沉'의 동작을 연상시키기 때문이다.

주방 일을 자주 하는 아녀자가 접시 등을 깨는 일은 평상시에 흔히 일어날 수 있는 일이다. 하지만 만일 부녀자가 새해 벽두부터 그릇을 깬다거나 한다면 상황은 달라져 대부분이 불길하게 여길 것이다. 이때 중국인들은 同音字를 이용해 스스로 자위하곤 한다. '깨지다'에 해당하는 중국어는 '碎'로 '새해'를 나타내는 '歲'와 발음이 같다. 중국인은 이 '歲'를 이용해 '歲歲平安'이라는 말로 스스로 위안한다. '歲歲平安'이란 '해마다 편안하다'의 뜻이니 그릇을 깨트리는 불길한 행위가 단숨에 길한 징조로 바뀌게 되는 셈이다.

중국에는 年畵라는 새해에 가정에 붙여두는 일종의 복을 비는 그림이 있다. 이런 그림에 자주 등장하는 것이 물고기이다. 이는 '물고기 魚'가 '남을 餘'와 발음이 같기 때문이다. 만일 年畵에 물고기가 연꽃 밑에서 노니는 장면이 그려져 있다면, 그 그림이 뜻하는 바는 '年年有餘'가 된다. 연꽃의 蓮은 '年'을 상징하고 물고기는 '餘'를 대체했으니, '해마다 남음이 있음' 즉 '해마다 저축하여 재산을 늘리다'는 뜻을 갖게 되어 아주 길한 바람이 되는 것이다. 물고기는 바로 이러한 이유 때문에 새해 밥상에 빠져서는 안 될 음식이기도 하다.

중국에는 새해에 먹는 '年糕'라는 떡이 있다. 우리의 떡국 떡과 비슷한 것이지만, 우리의 떡국 떡이 길쭉한 원통형인데 비해, 중국의 '年糕'는 어린아이 손바닥 크기만 한 넓적한 모양이 보통이다. 중국인이 이 年糕를 먹는 이유는 '糕'와 '高'가 발음이 같기 때문으로, 年糕를 먹음으로써 사회적 지위가 상승하고 생활수준 또한 상승하길 바라기 때문이다. 중국의 남방에서는 죽순요리를 즐기는데, 여기에도 유사한 뜻이 내포되어 있다. 죽순은 성장이 빠른 식물로 그것을 먹는 사람도 죽순이 자라는 모양처럼 '步步高升', 즉 한발 한발 쉼 없이 승진하길 바라기 때문이다.

중국인들은 새해에 대문에 '福' 字를 내거는 습속이 있는데, 이때 '福' 字를 거꾸로 내거는 경우가 많다. 이는 諧音을 이용한 방식으로, '거꾸로 거는' 행위, 즉 '倒'는 그 발음이 'dào'로, '도착하다'는 뜻을 가진 '到'와 발음이 같다. 즉 거꾸로 달린 '福' 字를 보면서 'dào'라는 발음을 통해 '도착하다'는 '到'를 연상하게 되고, 곧바로 또 '복이 왔다'는 뜻을 연상할 수 있으니 이 얼마나 기분 좋은 말이겠는가?

이솝우화에도 나오듯이 박쥐는 서양인에게 미움을 받는 대상이다. 하지만 중국에서는 매일 저녁마다 베고 자는 베개에도 수놓고, 아끼며 소장하는 고가의 도자기에도 그 문양이 들어있을 정도로 사랑을 받고 있는데, 이는 순전히 그 발음이 '福' 字와 같기 때문이다. 박쥐와 함께 베개에 수놓는 것 중에 사슴도 있다. 사슴을 나타내는 '鹿' 또한 官員들의 祿奉을 지칭하는 '祿'과 발음이 같기 때문이다. 모든 중국인의 영원한 3대 로망이라 할 福, 祿, 壽 중 2가지를 상징하는 것이니 어찌 예쁘지 않을 수 있겠는가? 실제로 인터넷의 한 블로그에서 본 천진지역의 한 옛 전통가옥의 문에는 다섯 마리의 박쥐가 나무에 새겨진 채로 액자에 보관되어 걸려있는 사진을 보았는데, 이는 곧 '五福臨門' 즉 '다섯 가지 복이 집안에 들어옴'을 형상화한 것이었다.

중국인은 대를 잇는 것을 아주 중요한 미덕으로 여긴다. 이는 남아선호사상이 줄어들지 않는 근본적인 이유이기도 하다. 이와 관련한 중국인들의 습속이 있다. 옛날 중국인은 남녀가 결혼식을 올릴 때, 신부가 집안으로 들어서려고 하면 미리 준비해 둔 두 개의 포대를 신부의 발밑에 차례대로 교체하며 놓음으로써 신부가 그것을 밟고 안으로 들게 한다. 이 또한 중국인의 諧音觀에서 비롯되어진 것이다. '포대'는 중국어로 '袋'라 하며, '대를 잇다'의 '代'와 발음이 같다. 거기다 더하여 '교체하며 놓는' 행위는 중국어로 '傳遞'가 되어 '포대를 교체하며 놓는 행위'(傳袋)는 '대를 잇다'는 '傳代'를 연상하게 되는 것이다. 과거 중국인의 결혼 大義가 대를 잇는 것에 있는 만큼 이 행위가 얼마나 중요한 의미가 있는지는 알고도 남음이 있겠다.

 결혼한 신랑과 신부는 신방을 차리게 되는데, 이 신랑과 신부가 함께 잘 침대에는 대추와 밤을 뿌려놓게 된다. 왜 대추와 밤일까? 대추는 중국어로 '棗'로 '早'와 同音字이고, 밤은 '栗子'로 '栗'은 '立'과 同音字이다. 대추와 밤을 함께 놓으면 곧 棗栗子로 '早立子'가 되어 '어서 아들을 보라'는 부모의 바람이 담겨있는 것이다. 이 또한 대를 잇게 하고 싶은 부모의 마음이 실외에 이어 실내에서도 다시 한 차례 발현되어진 결과이다. 하지만 閩南지방에서는 대추 대신 땅콩을 침실에 놓는다. 왜일까? 閩南語에서는 '棗'와 '早'가 발음이 달라서 '花生'을 넣어 '生', 즉 '출산'을 강조하기 때문이다.

 옛날 과거에 뜻을 둔 친구들 사이에서는 서로 선물을 주고받을 때 박쥐나 꽃사슴이 그려진 물건을 선물로 선택하는 경우가 많았다. 그것은 박쥐와 꽃사슴을 나타내는 '蝠'과 '鹿'이 '福'이나 '祿'과 같거나 유사한 발음이었기 때문이다. 자 그런 여기서 퀴즈를 내보는 것은 어떨까? 명나라 말기에 청나라의 침입으로 나라의 명운이 풍전등화의 처지에 놓여있을 때, 당시 江西省의 巡撫란 직책에 있던 郭都賢이란 자에게, 북경에 있던 그의 친구가 청나라 병사들이 곧 그를 체포하러 갈 것이라는 소문을 듣고, 그

소식을 친구에게 알리고 싶었으나, 서신을 이용하면 청나라 병사에게 도중에 발각될까 두려워, 선물상자 안에 대추, 배, 생강, 수박등을 넣어 친구에게 보냈다. 그러자 그것을 받은 郭都賢은 나방과 매미를 상자에 넣어 친구에게 선물로 보내며 자신은 그곳을 피신했다. 이 두 친구 사이에 있었던 無言의 대화는 도대체 무엇이었을까? 해답은 두 사람이 보낸 상자 속의 물건들의 同音字나 동의어를 생각하면 나온다. 즉 郭都賢의 친구가 알리고자 했던 말은 대추(棗), 배(梨), 생강(薑), 수박(西瓜)등의 동음자들을 결합한 '早離江西'(어서 강서성을 떠나시오)란 4字를 나타낸 것이며, 거기에 대한 郭都賢의 답은 '나방'(蛾)의 聲符인 '我'에 '매미'(蟬)의 동의어 '知了'를 결합한 '我知了'(알았네)란 3字를 나타낸 대화인 셈이다.

10-3. 색깔어휘와 중국문화

중국인이 가장 좋아하는 색깔은 무엇일까? 아마도 붉은색이 아닐까 싶다. 중국인 신부들은 결혼식을 끝낸 후 하객들에게 인사하는 자리에 빨간색 그것도 선홍색의 드레스를 입고 나타나길 좋아한다. 사실 그 빛깔이 신부의 미모를 아주 돋보이게 하는 색이 아님에도 말이다. 그런가 하면 청첩장이나 연하장도 붉은색 바탕의 종이를 택하는 경우가 흔하다. 그뿐인가? 새해에 대문에 붙이는 '福' 字의 바탕색이며, 대문 앞에 내거는 燈 또한 붉은색이다. 새해에 어른이 아이들에게 세뱃돈을 줄 때 붉은 종이에 싸서 주는 '紅包'도 있다. 이런 점 등으로 미루어볼 때 중국인이 가장 좋아하는 색깔은 분명 붉은색이다. 그러니 '인기가 있다'라고 할 때 쓰이는 '走紅'이란 어휘도 '紅' 字가 들어가지 않겠는가?

'紅'은 원래 분홍색을 가리키던 字이고, 선홍색은 '赤' 字로 나타냈었다. 그러다 唐나라 때 이후 '紅'이 선홍색을 지칭하게 되었고, 마침내는 紅色 계통을 대표하는 字가 되었다.

'紅'은 '흥성함'을 상징하기도 하여, 좋은 운을 '紅運'이라고 하고, 일을 시작하자마자 잘 되는 것을 '開門紅'이라고 하고, 큰 성과를 올리는 것을 '滿堂紅'이라고 한다. '紅'은 또 충성스러움을 나타내기도 하여, 솔직하고 의리가 있는 사람을 '紅臉漢子'라고도 하는데 이는『三國志』에 나오는 '충성과 의리의 대명사' 關羽의 얼굴이 붉은 데서 유래한 말이 아닐까 싶다.

러시아의 10월 혁명이 붉은색을 그 상징으로 삼은 후, 공산주의가 중국에 전해지며 공산혁명의 상징색인 붉은색도 함께 받아들여져 현재는 중국의 국기가 된 '五星紅旗'도 선홍색으로 되어 있는데, 어쩌면 공산주의가 중국인들로부터 쉽게 호응을 얻게 된 것도 그들이 원래 좋아하던 색을 상징으로 삼았기 때문은 아닐까 생각된다.

중국어의 5가지 대표색상 靑赤黃白黑은 각각 東南中西北의 5가지 방위를 대표한다. 이중 黃色은 중앙을 대표하는지라 예로부터 황제들이 좋아하던 색이었다. 隋나라 때부터 황제가 노란색의 옷을 입기 시작하였고, 唐나라에 들어서는 황제는 노란색의 옷을 입도록 규정하고 서민들은 입지 못하게 하여, 황색 도포는 황제의 상징이 되었다. 그 후로 황색은 淸代 말기까지 황제의 상징이었다. 明代와 淸代의 황제가 묵었던 자금성을 보면 기와가 황색으로 되어있어 그곳이 황제가 기거했던 곳임을 웅변하고 있다. 현재에 와서는 포르노물을 지칭하는 데 黃色이 쓰이고 있는데, 이는 19세기에 서양에서 쓰이기 시작하여 중국에도 전해졌기 때문이며, 이러한 저급문화를 쓸어버려야 할 것으로 여겨 '掃黃'이라는 어휘까지 생겨났다. 경외의 대상이던 것이 지탄의 대상이 된 것이다.

靑色은 綠色과 더불어 微賤함을 상징하는 색이었다. 당나라 때는 하급 관리에 속하는 6품과 7품 관리에게는 綠色 옷을, 8품과 9품 관리에게는 靑色 옷을 입도록 규정하였다. 당나라 때의 시인 白居易는 하급관리를 지냈는데, 그의 시에서 그는 늙은 나이에도 綠色 옷을 입고 굽실거려야 했음을 묘사하고 있다. 그 후 元, 明, 淸代에는 배우나 음악인 심지어는 기녀 등 賤職에 종사하는 사람들은 綠色과 靑色의 옷을 입어야만 했다. 明淸代에는 매춘을 한 사람을 '綠頭巾'이나 '綠帽子'라 하여 멸시하였다.

중국에서 백색 옷은 전통적으로 서민들이 입는 옷이었으며, 높은 지위의 사람들은 상을 당했을 때나 입는 옷이었다. 즉 白色은 불길한 색상이었던 셈이다. 하지만 현대 들어서는 서양의 방식을 따라 흰 웨딩드레스를 입는 등 함으로써 과거의 凶色의 이미지를 어느 정도 벗어난 느낌이다. 白은 '아무것도 없다'는 뜻도 있다. 그래서 생겨난 것이 '아무것도 넣지 않고 끓인 물'을 나타내는 '白開水'라든가, '맨밥'을 뜻하는 '白飯', '괜히 마음을 졸이다'는 '白費心力' 등의 어휘이다. 비록 겉모양은 검은색이지만 냄새가 없는 무연탄을 '白煤'라고 하는 것도 이 '아무것도 없다'는 의미에서 비롯된 것이다. 백색은 또한 '반동'을 의미하기도 하여, 테러를 '白色恐怖'라고도 한다.

과거 중국인은 黑色 옷을 많이 입었다고 한다. 그러므로 옷으로 봤을 때는 꺼림의 대상은 아니었다. 하지만 과거에 범죄자의 얼굴에 문신을 하고 그 위에 검은 먹물을 바른 데서 비롯해 치욕을 상징하게 되었다. 반동집단을 '黑幇'이라 하고, 간악한 마음을 '黑心'이라 하며, 불법적인 장물을 '黑貨', 호적이 없는 사람을 '黑人', 호적이 없는 가구를 '黑戶'라고 하고, 운전면허증 없이 운행하는 차량을 '黑車'라고 하는 등에서 보듯이 검은색은 중국인에게 좋은 의미를 상징하지는 않는다.

10-4. 숫자와 중국문화

7은 한국인에게 행운을 상징하는 숫자이며, 4는 꺼리는 숫자이다. 그렇다면 중국인은 어떻게 생각할까? 중국인도 마찬가지로 4는 꺼리지만, 7은 좋아하는 숫자가 아니다. 중국인이 좋아하는 숫자는 대체로 諧音과 관련이 있다. 중국인이 가장 좋아하는 숫자는 6과 8이다. 6은 '流'와 발음이 비슷해 '물 흘러가듯 순조로움'을 상징한다. 그래서 중국인은 전화번호나 차량 번호에 6이 들어가면 좋아한다. 8은 '돈을 벌다'는 뜻인 '發財'의 '發'과 발음이 비슷하여 환영받는 숫자이다.

9는 단 자리 숫자 중 가장 큰 수인지라 '아주 많음'의 상징으로 여겨져 환영받는 숫자이다. 또한 '久'와도 발음이 같아 만일 8과 함께 붙어 있으면 '오래도록 돈을 벌다'는 뜻이 되어 아주 길한 숫자가 된다. 9는 極限을 나타내기도 한다. 만일 백발이 성성한 할머니에게 나이를 물었더니 99세라고 했다면, 실제로는 100세가 넘은 노인일 수도 있다. 왜냐하면, 자신이 극한을 넘긴 나이를 살고 있다고 여기고 싶지 않기도 하고, 한편으로는 'jiǔjiǔ'라고 함으로써 구체적인 나이를 회피하면서 그저 '오래 살았다(久久)'는 뜻만을 나타내고 싶기 때문일 것이다.

10은 '十全十美'라는 말도 있듯이 부족함이 없는 원만함을 상징한다. 10과 발음이 비슷한 숫자가 4이지만, 중국인이 느끼는 느낌은 가히 천당과 지옥의 관계나 다름없다. 이는 4의 발음이 'sì'로, '死'의 발음 'sǐ'를 연상시키기 때문으로, 만일 식당에 가서 공깃밥을 네 그릇을 주문했는데, 종업원이 주방에 내고 "四碗飯!"이라고 외치지 않고, "米飯, 兩碗, 兩碗!"이라고 외쳐도 전혀 이상해할 필요는 없다. 그 종업원은 단지 자신의 입으로 불길한 숫자를 내뱉고 싶지 않기 때문일 터이니 말이다. 臺北에서는 4번 버스를 볼 수가 없다. 만약 4번 버스가 있다면 '死條一路'라는 成語가 연상되어 버스회사는 적자를 면하기 어려울 것이다. 廣東話에서는 '十'은 '반드시'라는 뜻을 가진 '實'과 발음이 같아서 환영을 받는다. 물건의 가격이 '18원'이라면 '實發' 즉 '반드시 돈을 번다'의 뜻이 되어 그 물건은 소비자들의 환영을 받는 것이다.

숫자 2는 보통화에서 '二心'처럼 한 곳에 집중하지 않음을 나타내고 있어 그다지 환영받는 숫자가 아니지만, 지역을 바꾸어 홍콩에서 쓰인다면 더할 수 없이 길한 숫자가 된다. 홍콩에서 2는 '쉽다'는 뜻의 '易'와 발음이 비슷하다. 그래서 2와 8이 함께 오면 '쉽게 돈을 벌다'는 뜻이 된다.

'二百五'가 무엇이냐고 물으면 한국인은 '205'라고 이해할 것이다. 하지만 중국어에서는 '250'을 나타낸다. 그렇지만 설사 '250'이라고 답한다 하더라도 완전한 정답은 아니다. '二百五'는 '바보' 또는 '덜떨어진 사람'이란 뜻이 있기 때문이다. '二百五'가 왜 '덜떨어진 사람'을 가리키게 되었을까? 청나라 말기에 은으로 된 화폐를 한 꾸러미(封)로 담으면 500개가 들어갔다고 한다. 그렇다면 250개를 담으면? 당연히 半封이 된다. 중국어에서 '封'은 미치광이라는 뜻의 '瘋'과 발음이 같다. 그러므로 '半封'은 곧 '半瘋'이 되어 '반미치광이', 즉 '덜떨어진 사람'이 되어 누군가를 바보스럽다고 놀릴 때 쓰는 말이 된 것이다.

중국인이 즐겨 쓰는 말 중에 '不管三七二十一'란 것이 있다. 이것은 중국인이 쓰는 구구단 '九九歌'에서 온 것으로, '三七二十一'은 '정해진 규칙'인 셈이다. 그런데 그것을 '상관치 않고' 즉 '不管'하고 감행하는 일이니, '어떠한 모험이라도 감수하겠노라'는 의지기 담겨있는 표현이다.

중국인은 짝수를 좋아한다. 만일 젊은 남녀가 며칠 동안 이어지는 연휴 동안에 결혼식을 올리기로 했다면, 그들이 제일 먼저 고려할 것이 짝수 날짜이며 거기에 더하여 화요일이나 토요일처럼 짝수 요일이면 더할 수 없이 좋은 길일이라 여길 것이다. 왜냐하면, 화요일과 토요일은 중국어로 각각 '星期二'과 '星期六'로 짝수가 들어가기 때문이다. 만일 결혼날짜를 6월 6일로 잡았는데 그날이 토요일 즉 '星期六'라면, 더없는 吉日이 되는 것이다. 중국인들은 宴會에 나오는 음식의 가짓수도 짝수로 내오는 게 보통이다. 물론 지인에게 선물할 때도 보통 짝수로 선물한다. 이때는 4를 굳이 금기시하지는 않는다. 수량을 나타낼 때는 예외이기 때문이다. 또한 만찬회에서 나오는 음식의 가지 수도 짝수로 내오는 것이 원칙이다.

漢字로 숫자를 기록하는 것에는 두 가지 방식이 있다. 일반적인 방식은 누구나가 알고 있는 '一,二,三,四,五,六,七,八,九,十'을 이용하는 것이고, 중국인들은 이를 '小寫'라고 지칭한다. 이 '小寫'는 필획이 너무나 간편한지라, 수정이나 위조가 용이한 단점을 가지고 있다. 만일 이런 '小寫字'를 이용해 공문서나 계약서를 작성하였다가 잘못되어질 경우 돌이킬 수 없는 후회막급한 일이 벌어질 수도 있다. 이러한 미비점을 보완하고자 생겨난 것이 '大寫字'이다. 이는 전하는 말에 의하면 唐나라 때의 則天武后가 만들었다고 하며, 明나라 태조 朱元璋의 명령으로 널리 보급되어진 후, 淸代를 거쳐 현재까지 널리 쓰이는 書體이다. '1,2,3,4,5,6,7,8,9,10'에 해당하는 '大寫字'는 '壹,貳,參,肆,伍,陸,柒,捌,玖,拾' 등이다. 이 '大寫字'는 의미가 상통하는 것을 이용한 것과 同音假借한 것으로 나눌 수 있는데, 의미가 상통한 것들은 '壹,貳,參,伍'로, '壹'은 '오로지' 또는 '일치하다'는 뜻이 있고, '貳'는 '하나에 집중하지 않다' 또는 '일치하지 않다'의 뜻이 있으며, '參'은 '셋'이란 뜻이 있는 字이며, '伍'는 古代 군대나 호적의 편제단위로, '사병 5인'이나 '주민 다섯 집'을 '伍'라고 했다. 나머지 여섯 字는 同音을 假借한 것들로, '肆'는 원래의 뜻이 '방자하다', '陸'은 '육지', '柒'은 '옻나무'를, '捌'은 농기구의 이름이며, '玖'은 玉처럼 생겼으나 옥이 아닌 옅은 검은 빛이 나는 돌이며, '拾'은 '줍다'는 뜻을 나타내는 字로, 이 여섯 字는 해당 小寫字와 아무런 의미상의 연결점이 없이 단지 同音字인 이유로 借用한 것일 뿐이다.

　大寫字의 필요성을 일깨워주는 일화가 있다. 康熙帝(1654~1723)는 清나라의 전성기를 구가하게 한 장본인으로, 62년이라는 在位기간으로 보나 통치업적으로 보나, 중국대륙 전체 역사를 통틀어 손꼽을만한 聖君 중의 한 명이다. 그는 자식들도 많이 두어서, 20명의 아들과 8명의 딸을 두었는데, 죽기 전에 태감에게 문자를 남겨 왕위계승에 대한 유언을 남겼다고 한다. 그 유언인즉슨 "傳位十四子"였다. 그런데 이 유언장을 넷째 아들인 雍正이 가로채 "傳位于四子"로 고쳐 자신이 왕위에 올랐다고 한다. 만일 康熙帝가 유언장을 大寫字로 썼더라면 이런 결과를 초래하지는 않았을 것이다. 이러한 불미스러운 결과를 방지하고자 지금도 중국인들은 계약서 등 중요한 서류에는 大寫字를 적극 활용하는 경향이 있다.

　이외에 '百'과 '千'은 '佰'과 '仟'으로 대신했으며, 그 외에 廿,卅,卌등이 있으며, 廿은 숫자 20을 나타내며 'niàn'으로 읽고, 卅는 숫자 30을 나타내며 'sā'로 읽으며, 卌는 숫자 40을 나타내며 'xì'로 읽는다.

　중국어에는 숫자 2를 나타내는 書寫방식이 '二'와 '兩' 둘이 있음은 널리 알려진 사실이다. 대체적으로 양사가 뒤에 올 때는 兩만 가능하며, 유일한 예외는 그 양사가 兩일 때로 그때는 '二兩'으로 쓴다. 일반 숫자는 모두 '二'을 쓰며, 百단위와 千단위 및 單단위에는 '二'를 쓴다, 222일 경우 '二百二十二'이 되는 것이다. 千,萬,億 앞에서는 둘 나 쓸 수 있다. 단 千이 萬이나 億 뒤에 올 때는 '二'을 쓰는 경향이어서 32000일 경우 '三萬二千'이 되는 것이다. 그렇다면 '兩'은 어떻게 해서 쓰이기 시작한 것일까? 옛날 '兩'은 짝을 이룬 물건을 셀 때 쓰였었다. 즉 '雙'의 前身인 것이다. 고대의 마차는 옛날 6,70년대 시골에서 흔히 볼 수 있었던 소달구지 마냥 모두 二輪이었다. 그래서 '兩'으로 마차의 수를 세게 되었고, 여기서 생겨난 것이 '輛'이며 '車輛'이란 어휘도 생겨남. 그런 후 더 발전하여 짝을 이루는 사물을 '兩'을 써서 나타내게 됨. 兩性, 兩翼, 兩端, 兩极, 兩可, 兩旁, 兩全其美, 兩敗俱傷, 模棱兩可, 勢不兩立등의 표현은 고정되어진 것들로 '二'로 바꿀 수 없는 것들이다.

10-5. 문학 및 문화에서 비롯된 표현

唐 나라 때 賈島라는 詩人이 있었는데, 한번은 당시의 수도 長安으로 科擧를 보러 갔다. 그는 시내에서 나귀를 타고 가면서 새로 만들 詩 한 수를 떠올렸는데, 그중 한 詩語의 선택을 놓고 고심에 고심을 거듭하며 두 단어의 동작을 반복해보던 때였다. 그의 이런 넋이 빠진 모습을 보고, 마침 그곳을 지나던 당대 최고의 문장가이자 시인이던 韓愈가 그에게 무슨 일로 그리 고심하느냐고 물었다. 그러자 그는 자신이 지으려는 詩句 "鳥宿池中樹, 僧敲月下門"이란 시구를 들려주며, 이중 자신이 '敲'의 자리에 '推'를 넣어야할지 '敲'를 그대로 쓸지를 놓고 고민하는 중이라고 털어놓았다. 그러자 韓愈는 詩의 분위기를 깨지 않기 위해서는 '推'가 좋겠노라고 助言을 했다는 일화가 『苕溪漁隱叢話』에 기록되어 전해져 내려온다. 여기에서 유래되어 후대사람들은 문장을 작성할 때 표현하고자하는 어휘를 고르는 과정을 '推敲'라고 하게 되었다 한다. 賈島의 詩句는 사실 일반중국인에게도 익숙한 면이 있다. 특히 어른을 모시고 한의원에 들러 처방전을 들고 한약방에 들러 약재를 수령해 본 사람이라면 더욱 그럴 가능성이 높다. 역사가 좀 있는 중국의 한약방들에는 보통 두 개의

扁額이 걸려있고, 그 편액에는 "此山中"과 "雲深處"란 글귀가 쓰여 있는 경우가 많다. 이는 다름 아닌 賈島의 시 "松下問童子, 言師采藥去. 只在 此山中, 雲深不知處."중의 제3구와 제4구에서 따온 것이다. 한 문학작품이 후대에 전해져 특정 직업을 대표하는 말이 된 것이다.

우리말의 '눈먼 돈'에 해당하는 중국어는 '唐僧肉'이다. 부패척결의 대상으로 낙인찍혀 하루아침에 형장의 이슬로 사라지는 중국 유명인사의 이름이 심심치 않게 뉴스를 장식하는 것을 보면, 이 어휘는 중국에서 상당히 회자되는 어휘일 듯싶다. 그런데 이 단어는 『西遊記』에서 비롯된 어휘로, 여행도중 온갖 잡귀들이 "당나라 스님의 고기를 먹으면 장수"한다며 현장법사에게 달려들었던 데에서 유래한 표현이다.

문화예술계에서 비롯되어 기업주를 지칭하는 낱말로 변한 어휘도 있다. 누구나 익숙한 '老板'이 바로 그것이다. '老板'이 맨 처음 등장한 것은 순식간에 여러 가면 얼굴로 변하는 '變臉'으로 유명한 바로 그 '京劇'에서 비롯한 어휘이다. 원래 경극은 安徽省의 연극단이 북경으로 진출하여 발전한 것으로, 淸나라 咸豐(1851~1861)시기의 安徽 경극의 巨頭였던 程長庚을 '老板'이라고 불렀다고 한다. 여기서 '板'字는 '널빤지'의 뜻이 아니라 '木版인쇄술'의 '版'과 서로 바꾸어 쓰던 通假字로, 즉 '인쇄'와 관련된 어휘이다. 바꾸어 말하면 '판본'이라고 할 수 있다. '老師'나 '老虎'라는 어휘에서 알 수 있듯이, '老'는 존경이나 경외심의 대상을 지칭할 때 쓰이는 접두어로, '老板'은 '존경스러운 믿을만한 라이선스' 정도의 뜻이라 할 수 있다. 지금도 한 영화가 성공하려면 주연을 누구로 캐스팅하느냐가 중요한 변수로 작용하듯이, 당시에도 어떤 연기자가 나오느냐에 따라 상업적인 성공 여부를 결정할 수 있었던 것이다. 즉 程長庚은 흥행을 장담할 수 있는 보증수표였던 셈이다. 경극단 내에서의 독보적인 위치는 그를 경극단의 경영자도 겸하게 만들었으며, 이 때부터 '老板'이 '경영자' 내지는 '기업주'의 뜻을 가지게 된 것이다.

문학작품 속의 인물이 일반명사화한 예도 있다. 明代의 소설『西廂記』에는 소설 속 여주인공 崔鶯鶯의 侍女가 자신의 아가씨와 남주인공 張生의 결합을 위해 架橋 역할을 잘 해내는 과정이 묘사되어있는데, 소설 중 이 역할을 담당한 侍女의 이름이 紅娘이었다. 그 후 민간에서는 남녀사이를 잘 이어주는 중매쟁이를 紅娘이라고 부르게 되었고, 그로부터 하나의 보통명사로 정착되어 오늘날에도 여전히 쓰이고 있는 것이다. 이 '紅娘'과 동의어로 쓰이는 어휘 중에 '月老'라고 줄여서 부르기도 하는 '月下老人'이 있다. 이 인물은 唐나라 때의 志怪소설『續幽怪錄』에 나오는 전설적인 인물로, 젊은이 韋固라는 자가 밤에 길을 가다 한 노인이 달빛 아래 배낭에 기대어 앉은 채 책 한 권을 넘기고 있는 것을 보고 무슨 책이냐고 묻자, 세상 모든 사람들의 婚姻名簿이며, 자신의 배낭 속에 든 것은 붉은 색 끈 꾸러미들이며, 이 끈들은 남녀의 발을 묶는데 쓰이며, 설사 원수지간이라 하더라도 이 붉은 끈으로 묶이게 되면 婚姻의 緣을 벗어날 수 없다고 말한다. 그 후 이 '月下老人'은 중국인들에게 중매쟁이의 대명사로 자리 잡아, 明나라 때의 傳奇소설과 그 뒤의『紅樓夢』에도 등장하여 "若是月下老人不用紅線拴的, 再不能到一處."처럼 그의 도움 없이는 婚姻을 할 수 없는 것으로 묘사되고 있다.

사실 아직도 자주 쓰이는 成語 중에도 중국의 문학작품에서 유래한 것들이 많다. '돈을 물 쓰듯이 하다'는 표현인 '大手大脚'와 'A를 가리키며 그 옆에 있는 B를 돌려서 욕함'을 나타내는 '指桑罵槐', '잘못을 저지르면 다른 사람을 끌어들이지 말고 스스로 해결하라'는 뜻의 '一人做事一人當', '실패를 교훈으로 삼아야 함'을 나타낸 '不經一事, 不長一智', '자신도 모르게'란 뜻의 '不由自主', '서로 참견하지 않고 자신의 일만 신경 씀'을 나타내는 '井水不犯河水', '조상을 명예롭게 함'을 나타내는 '光宗耀祖', '본분을 지켜 올바르게 행동함'을 이르는 '安分守己' 등은 『紅樓夢』에, '단번에 깨닫게 됨'을 나타내는 '恍然大悟', '被動의 대상이 主動이 됨'을 나타내는 '反客爲主' 등은 『三國演義』에, '배움에 있어 제대로 이해하지 않고 넘어감'에 쓰이는 '囫圇吞棗'는 『西遊記』에, '근거 없이 함부로 떠벌이는 말'을 나타내는 '胡言亂語', '대단히 만족스러움'을 나타내는 '心滿意足', '승패는 병가지상사'에 해당하는 '勝敗乃兵家常事'는 『水滸傳』에, '시작은 있으되 끝이 없거나 미미함'을 나타내는 '龍頭蛇尾', '얕고 미숙한 의견을 내어 성숙된 고견을 이끌어냄'을 비유하여 謙虛之辭로 많이 쓰이는 '抛磚引玉', '엎친 데 덮친 격'을 나타낸 '雪上加霜', 우리말의 '아무개'에 해당하는 '張三李四' 등은 『景德傳燈錄』에 보인다.

　시인이나 문학가의 작품에서 비롯된 것도 많아, 70세를 가리키는 '古稀之年'은 唐代의 대시인 杜甫의 작품에, '고생 끝에 낙이 옴'을 말한 '苦盡甘來', '앞뒤 주장이 불일치하거나 의지가 굳지 않음'을 나타내는 '二心三意', '수준이 떨어지는 사람이 뒤떨어지지 않기 위해 근면함으로 대처함'을 이르며, 자신의 부족함을 드러내는 謙虛之辭로 쓰이는 '笨鳥先飛'는 元代의 극작가 關漢卿의 작품에 등장한다. 하지만 중국인들이 가장 즐겨 인용하는 작가의 말은 아마도 宋나라 때의 문장가이자 시인인 蘇軾일 것이다. '뛰어난 將帥 밑에 허약한 병사 없다'는 '强將手下無弱兵', '지극한 충심'을 나타내는 '一片丹心', '남이 하니까 따라한다는 주관이 없음'을 나타내는 '人云亦云', '쉽지 않은 일을 해낸지라 귀중하게 여길 만 함'을 나타낸 '難能可貴', '일을 실행에 옮기기 전에 이미 철저한 계획이 있음'을 나타낸 '胸有成竹' 등은 그의 작품 속에 등장하는 표현들로, 현재의 많은 중국인들 사이에서도 널리 膾炙되는 표현들이다.

'巾幗不讓鬚眉'라는 표현이 있다. 그 뜻인즉슨 '여자들이 남자에게 지려하지 않다'이다. '巾幗'란 옛날 여성들이 머리에 쓰던 頭巾으로 오늘날로 치면 스카프와 유사한 물건인 셈이다. 그러므로 '巾幗'를 여성으로 치환하는 데는 무리가 없다. 그렇다면 '鬚眉'는 왜 남자를 지칭하는 것일까? 여기엔 옛 중국인들의 풍속이 숨어있다. '수염(鬚)'이란 남자만의 특징이라고 할 수 있지만, '눈썹(眉)'이야 남녀구분 없이 모두 가지고 있는 것이 아니던가? 실제로는 그렇지 않았다. 선천적으로야 어떤 여성이든 다 눈썹을 가지고 태어났지만, 옛날 중국의 여인들은 화장할 때 눈썹을 전부 밀어버리고 그 위치에 검푸른 색의 물감으로 새로이 눈썹을 그렸는데, 이렇게 그린 눈썹을 '眉黛' 내지는 '黛螺'라 불렀다. 이렇게 되자 여인들의 눈썹은 다시 그려진 것으로 변했고, 남자의 눈썹은 원래모양 그대로를 유지하게 되었던 것이다. 그러한지라 선천적으로 가지고 태어난 '眉'는 '髥鬚'와 더불어 남자만의 특징이 된 것이다. 즉 남자만이 가질 수 있는 鬚와 眉가 결합하여 남자를 의미하게 된 것이다.

'桃李盈門'이란 표현이 있다. '제자가 문하에 가득하다'라는 뜻이다. 왜 桃李를 제자라고 할까? '桃李'는 복숭아와 오얏나무를 가리키는 字인데 왜 제자와 엮어지는 것이지? 의문이 아닐 수 없다. 이는 기실 옛사람들이 나무를 심는 것을 인재를 양성하는데 비유하였기 때문에 생긴 표현이다. 유명한 근대중국의 소설가이자 교육자인 魯迅도 그 號가 '樹人' 즉 풀이하자면 '인재를 배양하다'인 것에서 알 수 있듯이 당시 세계에 뒤떨어져있던 중국인들을 깨우치고 싶었던 사람이다. 이른바 '十年樹木, 百年樹人'으로 膾炙되어지는 문구도 있다. 그렇다면 사람을 나무를 가꾸듯 길러낸다면 어떤 나무와 같은 사람을 길러내야 할까? 갖가지 나무 중 꽃도 아름답고 열매도 맛있는 것이 '桃(복숭아)'와 '李(자두)'이다. 이처럼 세상에 이로움을 주는 인재를 뜻하기에 적합한 나무가 '桃'와 '李'이기에 '桃李'로 인재를 대신한 것이 틀림없다. 교육에 종사하는 사람을 칭찬할 때 쓰는 '桃李滿天下'는 '가르친 제자가 많음'을 나타내는 표현이다.

중국인들이 자주 쓰는 어휘 중에 '결점'이나 '문제점'을 나타내는 '毛病'이란 것이 있다. 이는 옛날 사람들이 말을 큰 재산으로 여길 정도로 귀하게 여긴데서 생겨난 말이다. 원래 이 '毛病'이란, 말의 털 모양을 지칭하는 표현 중 하나였는데, 말이란 동물의 값을 매기는데 중요하게 작용하던 것이 그 털의 무늬였다. 그 털이 고르게 나있으면 좋은 말이고, 털이 고르지 않으면 값이 덜나갔던 것이다. 그중에서도 말을 평가하는 사람들은 털의 소용돌이와 같은 무늬의 중심이 어디에 있느냐로 좋은 말의 기준으로 삼았는데, 그 위치가 좋지 않은 곳에 있는 것을 '毛病'이라고 했던 것이다. 이것은 바꿔 말하면 말에게 있어서는 큰 결점이었던 것이다. 이를 후대의 사람들이 인간의 여러 방면에 끌어다 쓰면서 '결점'이란 뜻을 대신하게 된 것이다.

중국어에 웬만큼 흥미를 갖게 되면 중국어에는 '椅子', '桌子', '籃子', '箱子'들처럼 접미사 '子'를 이용한 명사가 많음을 깨닫게 되며, 여기서 유추하여 '이름'을 뜻하는 'mingzi'라는 발음을 들으면, 후에 일부러 그것을 외우지 않는 한 여기에 해당하는 漢字를 '名子'로 오해하는 경우가 많으리라. 실제로 어떤 학생은 중국어를 접한 지 꽤 지났는데도 이렇게 잘못 인식하는 경우가 있다. 하지만 'mingzi'에 해낭하는 漢字는 '名字'임을 알고 있는 학생들이 더 많다. 그렇다면 왜 똑같은 명사인데 '이름'을 뜻하는 'mingzi'의 'zi'만 '子'가 아니라 '字'일까? 사실 옛날 중국인들은 이름을 둘씩 가지고 있는 경우가 많았다. 그 하나는 '名'으로 태어나자마자 집안어른이 지어주시는 것이고, 다른 하나는 成人이 되면 갖게 되는 이름으로 가까운 知人들 사이에 통용되는 '字'라는 것이 있었다. 우리가 잘 아는 孔子도 태어날 때부터 갖게 된 '丘'와 어른이 되어 갖게 된 '仲尼'라는 두 개의 이름을 가지고 있다. 즉 '名'과 '字' 두 개의 이름을 가지고 있었던 것이다. 그렇기 때문에 '名'과 '字'를 합친 '名字'가 '이름'인 것은 당연한 일이다.

  중국인들의 이름자로 남녀를 구분한다거나하는 어떤 특징을 잡아낼 수 있을까? 물론이다. 처음 중국인들은 이름을 지을 때 별다른 규칙 같은 것이 없었다. 태어났는데 머리가 언덕같이 생긴 짱구여서 '丘'라고 한다던가, 아이를 낳았을 때 찾아온 손님이 잉어를 잡아왔다면 '鯉'라고 짓는 식이다. 물론 갑골문에 나타나는 殷나라 때의 왕의 이름은 天干을 써서 '大乙', '帝辛'과 같이 나타냈다.[32] 그러다 漢代에는 儒學이념의 신분상승으로 儒家의 가치관을 나타내는 '仁,義,禮,智,信' 등의 글자를 취하는 경우가 많았다. 唐代부터는 족보가 유행을 해 行列에 따라 쓰이는 글자가 정해져, 이름자를 보면 그 사람이 자신의 윗대인지 아닌지를 가려낼 수 있게 되었다. 宋代에 이르러서는 陰陽五行說을 이용해 命名하기를 좋아해 '土生金', '金生水', '水生木', '木生火', '火生土' 등의 '五行相生說'을 따라, 할아버지가 '載'字를 썼으면, 아버지는 '鎬'字를 쓰고, 나는 '漢'字를, 아들은 '相'字를, 손자는 '炳'字를 쓰는 식으로 이름자를 취했던 것이다. 이러한 命名法은 우리나라에서도 유효하다. 현재의 중국인들은 이런 것으로부터 많이 벗어나, 남자들은 용맹스럽기니 듬직한 사물을 이름자에 넣고, 여자들은 아름다운 용모를 연상시키는 이름자를 좋아하는 경

---

[32] 天干은 '甲,乙,丙,丁,戊,己,庚,辛,壬,癸' 등 10字로 이루어졌다.

향이다. 이를테면 남자는 '龍, 虎, 松, 柏, 山, 海' 등을, 여자는 '鳳, 燕, 梅, 蘭, 雲, 霞' 등을 이름자로 쓰기를 좋아한다. 현재 중국인들 사이에선 외자 이름 짓기가 유행이며, 가장 환영받는 이름자는 '英'으로, 王英이란 이름을 가진 사람이 북경에만 1,200명이나 된다고 한다.

중국인들이 입에 자주 올리는 말 중에 '張王李趙遍地流'라는 것이 있다. 풀어쓰자면, 전국에 張씨,王씨,李씨,趙씨가 흩어져 있다는 뜻으로, 사실 여기에서 '流'는 '劉'의 동음자로 '劉'씨도 여기에 포함되는 大姓이라는 뜻이다. 즉 이 다섯 姓氏가 중국을 대표하는 성씨인 것이다. 이 5대 성씨 외에도 지방에 따라 大姓을 차지하는 성씨들이 있어 그들을 알아보는 것도 흥미로운 일일 것이다. 아래는 각 지방의 5대 성씨들이다.

北京: 王, 張, 劉, 李, 楊
上海: 王, 張, 李, 劉, 陳
廣東: 李, 陳, 余, 梁, 吳
福建: 陳, 林, 呂, 黃, 葉
四川: 李, 張, 王, 劉, 楊
遼寧: 王, 李, 張, 劉, 孫
陝西: 王, 張, 李, 劉, 陳

위에 제시한 각 지방의 5대 성씨를 봤을 때, 앞에서 제시한 '張王李趙遍地流'중 '趙'씨가 빠져있는 것을 보면, 이 표현은 수정이 필요해 보인다. 宋나라 때 쓰인 『百家姓』이란 책에는 당시 중국의 성씨를 484개로 보았는데, 현재 중국에 있는 성씨는 6000개에 육박한다고 한다.

제11장
◇
중국어의 어법 소개

중국어를 어법적인 측면에서 한국어와 비교하면 가장 큰 차이가 語順이다. 한국어는 "나는 밥을 먹는다."처럼 '주어+목적어+서술어'의 형태이지만, 중국어는 "我吃飯"처럼 '주어+서술어+목적어'의 형태이다. 또 하나 큰 차이점은 한국어는 어순이 바뀌어도 문장의 의미에 변화가 일어나지 않는 경우가 많으나, 중국어는 어순이 고정되어 있어, 어순이 바뀌면 의미가 바뀌어버린다. 한국어에서는 "아버지가 방에 들어가신다."라고 하든, "방에 들어가신다, 아버지가"라 하든, "들어가신다, 아버지가 방에"라 하든, 심지어 "들어가신다 방에 아버지가"라 하더라도 한국인은 모두 똑같은 의미로 이해한다. 하지만 중국어는 "爸爸走進房間"이라 해야만 알아듣지, "房間走進爸爸", "走進爸爸房間", "走進房間爸爸"라 한다면 어떤 중국인이든 고개를 갸우뚱하며 난감해할 것이다. 위의 세 가지 非文 중 그래도 의미상 받아들여질 수 있는 것은 첫 번째의 예로, 이 경우는 "房間(裏)走進(來)爸爸"처럼 방위사 '里'와 방향동사 '來'가 추가되어야만 문장으로 여겨질 수가 있다.

11-1. 중국어 구조를 이해하기 위한 기본개념

중국어의 단위는 작게는 字로부터 시작해 詞와 句로 확대되는 구조이다. 하지만 원래 이렇게 나누었던 것은 아니어서, 춘추전국시대에는 '言'이나 '語'로 이러한 개념들을 대신했다. 『論語·公冶長篇』에 보이는 "始吾於人也, 聽其言而信其行, 今吾於人也, 聽其言而觀其行"(난 처음엔 사람을 대함에 있어 그의 말에 따라 그의 행동을 믿었으나, 오늘날에 있어서는 그의 말을 그대로 믿지 않고 행동을 지켜보게 되었느니라)에서 '言'은 '말'의 뜻이며, 『論語·爲政篇』에 나오는 "詩三百, 一言以蔽之, 曰, 思無邪"에 나오는 '一言以蔽之'는 '한마디로 개괄해 말하면'의 뜻으로, 여기의 '言'은 '句'에 해당하는 개념이다. 후대에 생긴 표현인 '三言兩語'(『水滸傳』)이나 '一言爲定'(『京本通俗小說』)에서의 '言'도 '句'의 뜻이다. 『論語·衛靈公篇』에는 子貢이 孔子에게 "有一言而可以終身行之者乎?"라 질문을 한다. 이에 대한 孔子의 대답은 "其恕乎! 己所不欲, 勿施於人."로 공자의 대답으로 볼 때 子貢이 언급한 '一言'은 '一字'임이 분명하다. 즉 子貢의 질문은 "한 글자로 평생토록 행할만한 것이 있습니까?"이며, 孔子의 대답은 "그것은 恕이니라. 자신이 하고 싶지 않은 일은 남에게도 하지 말지어다."인 것이다. 五言詩나 七言詩에서의 '言' 또한 '字'이다. 여기에서 보듯이 과거에는 '字'와 '句'의 개념이 분리되지 않았다. 이 두 개념이 분리되어진 것은 南朝시대 齊나라의 劉勰이 쓴 문학이론서 『文心雕龍』에서 부터이다. 그는 여기에서 "夫人之立言, 因字而生句, 積句而成章."(무릇 사람의 말이란, 글자에서 비롯하여 구절이 생겨나고, 구절이 모여 문장을 이룬다)라 하여, 언어단위로서의 '字'와 '句'를 구분하고 있다. 물론 그 이전에도 '『說文解字』'란 책 이름에서 볼 수 있듯이 '字'가 쓰이지 않은 것은 아니다. 하지만 여기서의 '字'는 文字로서의

'字'이지 언어로써의 '字'는 아니다. 언어로써의 '字'는 '문자+음절+어소'인 형태이다. 이것이 중국어에 있어서의 가장 보편적인 상황이다. 하지만 자세히 따지면 세 가지 예외적인 상황이 존재한다. 첫 번째 경우는 어소가 하나의 음절로 표시되지 않고, 한 개의 漢字로 나타낼 수 없는 것으로 '蟋蟀'이나 '巧克力'와 같은 連綿字나 외래어가 그것이다. 두 번째 경우는 한 음절이 두 개의 어소를 포함하며 두 개의 漢字로 이루어진 것으로 '花兒'같은 兒化韻字들이 여기에 속한다. 세 번째 경우는 한 음절이며 한 漢字로 이루어졌는데 語素는 두 개인 것으로 '倆'(어소=二+個), '仨'(어소=三+個) 등이 그것이다. 네 번째의 경우는 하나의 한자로 이루어졌는데 음절과 어소는 두 개씩인 것으로 '浬'(海里), '哩'(英里) 등이 그것이다.

여기서 중국어의 어법적인 특징을 세 가지로 나누어 살펴보자.

첫째, 순서가 바뀌면 의미도 바뀐다.
  資本主義國家 (국가) / 國家資本主義 (경제제도)
  一會儿再說(다시 대화) / 再說一會儿(충분치 않다)
  一場雨總得下三天(3일 연속) / 三天總得下一場雨(3일에 한번)
  你今天晚上能來嗎?('올 수 있는지'가 중점) /
  你能今天晚上來嗎?('낮이 아니라 지금'에 중점)
  電費(전기세)≠費電(전기를 많이 먹는다)

둘째, 끊어 읽기에 따라 의미가 달라진다.

재미있는 일화가 하나 있다. 친구 집에 놀러온 손님이 비가 오니까 집에 가기가 싫어져 종이 위에 "下雨天留客"라고 썼다. 의미인즉슨 "비가 오는 까닭은 하늘이 손을 묶게 함인 듯하네." 그러자 주인이 그 밑에 이어서 써내려갔다. "天留人不留." 의미인즉슨 "하늘은 머무르게 하고자할지 몰라도, 주인은 머무르게 하려하지 않네."로 주인의 뜻은 거절을 뜻한 것이었다. 그러자 손님이 글귀 옆에 네 개의 구두점을 찍었고, 그 결과 위의 10字는 4문장으로 바뀌게 되어졌다. 즉 "下雨天. 留客天. 留人不? 留." 그 뜻인즉슨 "비오는 날은 손님을 머물게 하는 날이네. 묵을 것인가? 묵겠네."가 되어버린 것이다. '他和你的老師'도 단숨에 읽으면 1인을 나타내며, 和 다음에 끊어 읽으면 2인을 가리키게 된다.

끊어 읽기에 따라 의미가 달라지는 전형적인 문장이 있다. "咬死了獵人的狗"가 그것으로, "咬死了獵人的//狗"처럼 끊어 읽으면 "사냥꾼을 물어 죽인 개"의 뜻이 되며, "咬死了//獵人的狗"처럼 끊어 읽으면 "사냥꾼의 개를 물어 죽였다"의 뜻이 된다. 이처럼 끊어 읽기는 중국어에 있어 무척 중요한 요소이다.

셋째, 관계가 다르면 의미가 달라진다.

"他這个人誰都認得"란 표현은 두 가지로 해석이 가능하다. 하나는 '그는 아는 사람이 많다'이고, 다른 하나는 '그를 아는 사람이 많다'이다. "誰知道?請擧手。"와 "你說他會不會同意? / 誰知道!" 이 두 인용부호 안에 공통으로 나오는 '誰知道'는 서로 다른 뜻이다. 앞의 것은 '아는 사람 없느냐'의 뜻이고, 뒤의 것은 '내가 어떻게 알아, 몰라.'의 뜻이다. "爸爸要開刀"라는 표현도 '爸爸'가 의사인지 아닌지에 따라 그 의미는 180도 달라진다. 이러한 의미의 차이가 생기는 것은 어법적인 의미가 존재함을 말해 주기에 충분한 것이다.

11-2. 實詞와 虛詞

중국어를 구성하는 어휘는 실제 의미를 나타내는 實詞와 어법적 기능을 담당하는 虛詞로 나뉜다. 實詞에는 名詞, 方位詞, 動詞, 形容詞, 數詞, 量詞, 代詞 등이 있으며, 虛詞에는 副詞, 前置詞, 接續詞, 助詞, 感歎詞 등이 있다. 實詞는 단독으로 쓰여 문장을 구성할 수 있으나, 虛詞는 단독으로 쓰여선 문장이 될 수가 없다. 각 품사를 개별적으로 보았을 때는 實詞가 중요하게 여겨질 수 있으나, 문장 속에서의 역할을 본다면 허사가 훨씬 더 중요한 의미를 지닌다. 중국어에 쓰이는 전체 음절 중 虛詞 '的, 地, 得'가 대다수를 차지하는 'de'가 가장 많이 쓰인다는 사실은 虛詞의 중요성을 강조하는데 부족함이 없는 사례이다.

11-2-1. 實詞

名詞는 사람이나 사물의 이름을 나타낸다. 어떤 명사는 子(椅子, 影子, 帽子, 筷子, 位子), 兒(花兒, 盆兒, 鳥兒, 蓋兒, 畵兒), 頭(木頭, 石頭, 舌頭, 骨頭), 者(學者, 讀者, 記者, 作者, 編者), 性(彈性, 火性, 特性, 共性, 品性), 員(服務員, 裁判員, 公務員, 售貨員, 演員) 등의 명사형 어미와 결합하여 이루어지며, 사람을 나타내는 명사는 '們'을 이용해 복수를 나타낼 수 있다(學生們).

名詞는 '兩條狗'처럼 '수사+양사'의 수식을 받거나, '這張床'처럼 '지시사+양사'의 수식을 받으며, 부사의 수식은 받을 수 없다.

주어와 목적어 그리고 한정어로 쓰일 수 있어, '玫瑰有刺.', '她拿了一朵玫瑰.', '玫瑰的刺會讓你見血.'와 같은 문장을 이룰 수 있다.

그런가 하면 '院子里開了很多花'나 '我們下午參加比賽'에서의 院

子나 下午처럼 처소 혹은 시간을 나타내는 명사는 상황어(부사어)로도 쓰일 수 있다.

　방위사는 명사의 일종으로 방향이나 위치를 나타낸다. 東, 西, 南, 北, 上, 下, 左, 右, 前, 後, 內, 外, 里, 旁, 中, 間 등이 있으며, '向前看'이나 '往後轉'처럼 전치사 뒤에 쓰여 전치사구조를 이룬다. 방위사는 단독으로 단어를 구성할 수 없다. 주된 역할은 명사 뒤에 쓰여 처소나 시간을 나타내는 명사를 구성하며, 이렇게 이루어진 명사는 '墻上挂着月曆'에서처럼 상황어로만 쓰이는데, 이때의 방위사는 助詞에 가까운 성격을 띤다. '學校前邊'이나 '月底以前'처럼 방위사 앞뒤로 '以''之''邊''頭''面' 등과 결합하여 명사의 뒤에 쓰이기도 하고, '以前我從來不抽烟, 以後也不要抽烟了'에서처럼 단독으로 쓰여 상황어(부사어)로 쓰이기도 한다.

　動詞는 동작, 행위, 변화를 나타내는 단어이다. 동사는 행위자 이외의 사물을 대상으로 삼지 않는 來, 走, 坐 등의 자동사와 행위자 이외의 사물을 대상으로 하는 打, 愛, 吃 등의 타동사로 나뉜다. '你快來!'에서처럼 동사의 주된 역할은 서술어가 되는 것이며, '來的目的'처럼 的을 동반해 한정어가 되기도 한다. 그런가 하면 '他的來使我們很高興'과 같이 명사처럼 쓰일 때도 있다. '早上我吃了麵包, 現在也正吃着麵包, 可我十歲以前從來沒吃過麵包'에서처럼 동사는 過, 了, 着등을 동반해 時態의 변화를 나타낼 수 있다. 판단을 내리는데 쓰이는 '是'도 동사로 취급되어지고 있다.

　形容詞는 사물의 상태나 성질을 나타내며, '我們累了半天'이나 '他的房間從來沒乾淨過'에서처럼 형용사도 동사처럼 過, 了, 着등을 동반해 時態의 변화를 나타낼 수 있다. 형용사의 주된 역할은 한정어(好孩子不哭!), 술어(時間過得眞快!), 상황어 즉 부사어(快走)로 쓰이는 것이다.

動詞와 形容詞는 두 가지 공통점을 가지고 있다. 첫째, '剛走'와 '很慢'처럼 부사어의 수식을 받을 수 있다. 둘째, '不看'과 '不淸楚'처럼 부정사 '不'의 수식을 받는다.

動詞와 形容詞는 중첩형식을 통해 그 의미나 정도를 강조할 수 있다. 동사와 형용사가 2음절어일 경우 일반적으로 동사는 ABAB식을, 형용사는 AABB식으로 나타낸다.

동사　　　　　형용사
講解講解　　　平平常常
鑒別鑒別　　　馬馬虎虎
推荐推荐　　　奇奇怪怪

하지만 정반대의 경우도 있다. 즉 동사는 AABB식으로 중첩하고, 형용사는 ABAB식으로 중첩하는 것으로, 이때의 동사는 쌍음절어가 아니며 강조의 뜻이 아니라 동작을 반복한다는 뜻이며, 형용사의 경우 앞뒤 두 어소가 같은 비중을 가진 聯合式이 아니라 한 쪽이 다른 한 쪽을 수식하는 偏正式일 때이다.

동사　　　　　형용사
說說笑笑　　　雪白雪白
出出進進　　　漆黑漆黑
跳跳蹦蹦　　　筆直筆直
挑挑揀揀　　　通紅通紅
吹吹拍拍　　　冰凉冰凉

중국어에는 두 가지 품사를 겸하는 단어들이 있다. 이들을 알아두는 것도 중국어의 이해에 적지 않은 도움을 줄 것이다.

○ 명사와 동사를 겸하는 것
  障碍 保證 左右 證明 組織 運動 議論 陰謀 發明
  笑話 疑心 習慣 象徵 說明 領導 傾向 反應 飜譯
  反映 關係 計劃 記錄 經驗 打扮 根據 代表 報告

○ 명사와 형용사를 겸하는 것
  自然 關鍵 機械 典型 風趣 衛生 根本 科學 經濟
  極端 空白 困難 英雄

○ 동사와 형용사를 겸하는 것
  豊富 穩定 坦白 寶貴 暖和 深入 純潔 反復 方便
  高興 嚴肅 開闊 麻煩 模糊 健全 繁榮 突出 溫暖
  相對 活躍

○ 명사와 동사와 형용사를 겸하는 것
  保險 革命 活動 冰

數詞는 수를 나타내는 단어로, 보통 量詞와 함께 쓰여 사물의 수량을 나타낸다. '第一名'이나 '第二天'처럼 數詞 앞에 '第'를 붙여 차례를 나타내며, '我們班三分之一的同學是姓金的'나 '看樣子, 他九成是中國人' 혹은 '今年的産量比去年增加了兩倍'에서처럼 '分', '成', '倍' 등과 함께 쓰여 분수나 배수를 나타낸다. '十來個人'이나 '三年左右'처럼 '來', '左右' 등과 함께 쓰여 개략의 수를 나타내기도 한다.

量詞는 사물이나 동작의 수량 단위를 나타내는 단어로, 個, 隻, 條, 張 등 사물의 수량을 세는 물량사와 次, 趟, 回, 頓 등 동작의 수량을 세는 동량사로 나뉜다. 里, 斤, 吨 등 도량형을 나타내는 단어도 물량사에 속한다. '玩了一天', '住了兩年', '切了一刀', '咬了一口'처럼 시간을 나타내거나 도구를 나타내는 명사가 자주 동량사로 차용되기도 한다. 量詞는 '個個都喜歡上他'처럼 중첩하여 '每'의 뜻을 나타낼 수도 있다. 양사는 중국어를 특징짓는 중요한 품사인 만큼 어떠한 것들이 있는지 좀 더 자세히 살펴보자.

용도 구분	예
個(가장 많이 쓰임)	人, 問題, 星期, 蘋果(이외에 아주 많음)
件(일, 사물)	衣服, 事
張(평면으로 된 것)	床, 紙, 地圖, 桌子
架(받침대가 있는 물건)	機器, 鋼琴, 飛機
塊(덩어리로 된 물건)	香皂, 手表, 桌布
本(책의 형태를 띤 물건)	書, 詞典, 雜誌
條(기다란 물건)	河, 路, 魚, 黃瓜, 領帶, 褲子, 衚衕
把(손잡이가 있는 물건)	椅子, 刀, 扇子, 茶壺
座(크고 고정되어진 것)	山, 橋, 水庫, 高樓
輛(탈 것)	自行車, 汽車
棵(식물)	樹, 白菜, 草
隻(짝을 이루는 것 중 하나)	襪子, 耳朵, 手, 鞋
隻(동물, 배, 기구)	兔子, 鷄, 老虎, 小船, 箱子
根(가늘고 긴 물건)	烟, 筷子, 頭髮
支(딱딱하고 긴 무생물)	筆, 槍, 鋼筆
支(군대 또는 악곡)	軍隊, 隊伍, 歌曲
家(가정 및 영리성 기업)	公司, 飯店, 家庭
所(비영리 기관)	學校, 醫院, 房子
雙(쌍을 이루는 것)	眼睛, 手, 鞋
對(짝을 이루는 것)	情人, 夫妻, 翅膀
副(벌로 된 것, 얼굴 표정)	對聯, 眼鏡, 笑臉
套(세트로 이루어 진 것)	家具, 長篇小說, 西服

代詞는 명사, 동사, 형용사, 수량사를 대신하는 단어로, 인칭대사(我, 你, 他們, 它), 의문대사(哪, 甚麽, 誰, 多麽), 지시대사(這, 那, 每, 各) 등 세 가지로 나눌 수 있다. 代詞의 특징은 어떠한 품사의 수식도 받지 않는다는 점이다. 代詞의 역할은 그 대신하는 품사와 일치한다.

중국어의 3인칭 대사 '他'는 재미있는 탄생과정을 거친 어휘이다. 원래 이 '他'는 성별구분 없이 쓰였었다. 그런데 5.4운동 즈음해서 문학가이자 언어학자인 劉半農이 외국문학작품을 번역하면서, 他,她,牠를 이용해 영어의 he,she,it을 나타내자고 주장하였다. 이 때의 그의 주장은 이 셋을 지금처럼 ta로 읽자는 것이 아니었다. 他는 물론 원래부터 ta로 발음을 하던 것이었지만, 她와 牠는 옛 문자로 읽으면 她는 '伊'와 동음자로 yi에 해당하는 발음이었고, 牠는 '拖'와 동음자로 tuo에 해당하는 발음이었다. 그의 주장은 원래의 발음으로 읽자는 것이었다. 하지만 그의 이러한 구상은 다른 사람들의 동조를 이끌어내지 못했다. 그 후 또 누군가가 她를 伊로, 牠를 它로 대체하자는 주장을 하였다. 그의 주장이 나름 그럴듯한 이유가 있었던 것이, 伊는 '사람'을 지칭하는 뜻으로 上海話에서 아주 흔히 쓰이는 말이었으며, 『詩經』에도 '이 사람'의 뜻으로 '伊人'이란 표현이 등장했기 때문이다. 그래서 한때 5.4운동 시기의 문학작품 속에는 '伊'가 '그녀'의 뜻으로 쓰였었으나 오래가지 못하고 폐기되어졌다. '它'는 완전히 '牠'를 대체하였으나, 발음은 글자의 원래 발음을 따르지 않고 ta를 발음으로 취했다. 결국 영어의 he,she,it에 상응하는 중국어는 각각 他,她,它를 그 외모로 취하되, 발음은 他의 발음을 따라 ta로 읽기로 합의하기에 이르렀다.

11-2-2. 虛詞

虛詞는 단독으로 문장을 구성할 수 없는 것이 특징이다. 虛詞는 실질적 의미가 없으며, 어법 관계를 나타내는 데에만 관여한다. 여러 가지 虛詞 중 副詞만이 유일하게 상황어로 쓰일 수 있다.

副詞는 정도, 범위, 부정, 빈도 등의 관계를 나타내며, 대표적인 것으로는 很, 更, 再, 又, 也, 都, 越, 非常, 常常, 不 등을 들 수 있다. 부사는 주로 상황어로 쓰여 동사나 형용사 앞에 놓이나, '好極了'에서의 '極'나 '累得很'에서의 '很'처럼 보어로 쓰이는 것도 있다. 부사는 '越~越~', '再~也~', '一~就~'와 같이 부사끼리 짝을 이루거나, '連~都~', '如果~ 就~'처럼 전치사나 접속사와 짝을 이루어 관용구를 이루기도 한다.

전치사는 명사나 대명사의 앞에 쓰여 전치사구를 만들어 처소, 방향, 시간, 방식, 대상 등의 관계를 나타내는 역할을 한다. 자주 쓰이는 전치사로는 從, 在, 以, 按, 往, 向, 被, 把, 連, 對於, 順着 등을 들 수 있다. 전치사는 동사에서 변한 것이나, 시태변화를 할 수 없다는 점에서 동사와 크게 다르다. 자주 쓰이는 전치사를 예문을 통해 살펴보자.

○ 장소나 방향을 나타내는 것
  在 他在圖書館看書.(~에서)
      그는 도서관에서 책을 본다.
  到 下個月我們到中國去旅行.(~로)
      다음달 우리는 중국으로 여행을 간다.
  離 你家離車站近嗎?(~에서)
      당신네 집은 역에서 가깝습니까?
  從 他從仁川回來了.(~로부터)
      그는 인천에서 돌아왔다.
  從 火車從這裏經過.(~을 거쳐)

기차는 이곳을 지나간다.
向 他的兒子每天向他要錢.(~를 향해)
그의 아들은 매일 그에게 돈을 달라고 한다.
往 到前面的紅綠燈往右拐.(~쪽으로)
앞에 있는 신호등에서 우측으로 꺾어주세요.

○ 시간을 나타내는 것
在 新聞在九點播放.(~에)
뉴스는 9시에 방송이 된다.
到 那條高速公路到月底可以竣工.(~까지는)
그 고속도로는 월말까지는 준공이 가능하다.
離 離出發還有半個小時.(~하기까지)
출발하려면 반시간이 남았다.
從 下個學期從九月一號開始.(~부터)
다음 학기는 9월 1일 시작된다.
當 當我下車的時候, 我發現我的皮包不見了.(~할 때)
나는 차에서 내릴 때, 지갑이 없어진 것을 발견했다.

○ 대상을 나타내는 것
給 媽媽給我做菜.(~에게)
엄마는 나에게 요리를 해주신다.
跟 我一定要跟他結婚.(~와)
나는 반드시 그와 결혼할거야.
和 我和經理已經商量好了.(~와)
나는 사장님과 이미 상의를 마쳤다.
對 他對我很好.(~에게, ~에 대해)
그는 나에게 잘 대해준다.
替 我替你買來了這本書.(~대신, ~를 위해)
내가 당신을 위해 이 책을 사왔소.
爲 他爲大韓民國作出了重大貢獻.(~를 위해)

그는 대한민국을 위해 중대한 공헌을 했다.
對於 我對於這兒的情況不太熟悉.(~에 대해, ~에 있어)
나는 이곳의 상황에 대해 그다지 잘 모른다.
關於 關於糾正舊習, 我們還可以繼續討論.(~에 대해, ~에 관해)
구습을 고치는 문제에 대해, 우리는 계속 토론할 여지가 있다.

○ 기타
據 據天氣豫報說, 明天下雪.(~에 의하면)
일기예보에 의하면, 내일은 눈이 내린다고 한다.
由 今天的會議由校長主持.(~이, ~가)
오늘 회의는 총장님이 주관한다.
按 按高矮個子排隊.(~의 순서 또는 원칙에 따라)
키 순서대로 줄을 서다.

접속사는 단어와 단어 혹은 구와 구를 연결해주는 역할을 한다. 和, 或者, 幷且, 不但~而且~, 然後 등은 연합관계를 나타내고, 如果, 雖然, 所以 등은 偏正관계를 나타낸다. 偏正관계를 나타내는 접속사는 다른 접속사나 부사와 호응하는 버릇이 있다. 접속사는 복잡한 문장을 만드는 역할을 한다.

虛詞 중 實詞와 가장 거리가 먼 것이 助詞이다. 助詞는 어떠한 경우에도 독립할 수 없으며, 항상 다른 단어나 구의 뒤에 따라붙어 어법적인 조력자의 기능만을 담당한다. 助詞는 구조조사, 시태조사, 어기조사로 나눌 수 있으며 모두 경성으로 읽힌다. 구조조사에는 '的', '地', '得' 등이 있으며, 모두 'de'로 읽힌다.

'的'는 낱말이나 구 혹은 절 뒤에 위치하여 그 앞에 오는 성분을 명사처럼 쓰이게 한다. '我有兩個孩子, 大的初中一年級, 小的小學五年級.'와 '他說的是韓國話'에서 '大的'과 '小的'은 '孩子'를 생략한 것으로 명사처럼 쓰였고, '說的'에서는 '話'가 생략되어 명사처럼 쓰인 것이다. '的'은 또한 명사 뒤에 와 '~의'라는 소유관계를 나타낸다. '她的男朋友'가 바로 이런 표현이다. '的'은 낱말이나 구 혹은 절 뒤에 와 그 앞에 오는 성분을 한정어가 되게 한다. '大家所提的意見'이 바로 그런 예이다.

'的'는 그 오는 위치에 따라 뜻이 달라진다. '中國的古代文學研究'라 하면, 그 연구자는 고대인일 수도 있고 현대인일 수도 있는 중국인으로, 그의 연구대상은 중국과 외국을 아우르는 고대문학이다. '中國古代的文學研究'라 하면, 그 연구자는 현대인이 아닌 고대 중국인으로, 그의 연구대상은 중국과 외국을 포함한 고대문학이다. '中國古代文學的研究'라 하면, 연구자를 알 수 없으나 그 연구대상은 중국의 고대문학으로 한정한다는 뜻이다.

'地'는 일반적으로 형용사 또는 그에 상응하는 구와 절의 뒤에 와 그 형용사를 副詞化하는 역할을 수행한다. '我還淸淸楚楚地記得.' 또는 '他無可乃何地白笑了一次.'가 그 예이다.

'得'는 동사나 형용사와 보어 사이에 와 그 뒤에 오는 성분이 앞에 오는 동사나 형용사의 보어임을 나타낸다. '他高興得掉了眼淚.'이나 '他跑得滿身都是汗.' 그리고 '他解釋得淸淸楚楚.' 등이 바로 이러한 예이다.

시태조사로는 '着', '了', '過', '來着' 등이 있으며, 동사나 형용사의 시태변화를 나타낸다. 어기조사는 '呢', '嗎', '吧' 등이 그 대표로 의문이나 감탄의 어기를 나타낸다.

중국어에서 빼놓을 수 없는 중요한 것으로 결과보어가 있다. 결과보어에는 동사나 형용사가 쓰이며, 동사의 뒤에 쓰여 동작의 의미를 구체적으로 나타내는 역할을 한다. 자주 쓰이는 결과보어를 들어 본다.

결과보어	앞에 오는 동사
到	說, 運, 找, 遇, 碰, 搬, 送, 聞, 看, 來
見	看, 遇, 聽, 遇, 碰
在	放, 掛, 貼, 寫, 坐, 住, 站
給	賣, 送, 還, 寄, 交, 借, 留, 租
成	換, 改, 翻譯, 變, 造
開	打, 翻, 走
完	讀, 喝, 看, 賣, 念, 聽
錯	答, 念, 算, 說, 分析, 寫
對	答, 念, 算, 說, 分析, 寫
好	學, 做, 坐, 安排, 收拾, 準備
着	睡, 找, 買, 捉, 釣
懂	看, 聽
住	記, 接, 抓, 把握
走	搬, 帶, 飛, 逃, 借, 溜
大	放, 張
光	賣, 用, 走, 喝, 花, 吃
慣	看, 說, 聽, 穿, 吃
淸楚	看, 問, 念, 寫, 說
乾淨	洗, 擦, 打掃

11-3. 주어와 술어의 여러 가지 결합

한 문장을 주어와 술어로 크게 나누었을 때, 술어가 동사를 포함하고 있는 문장을 동사술어문이라 한다.

我們一起吃飯吧!
우리 함께 식사합시다.

我不要吃飯.
나는 밥 안 먹을래.
他們不都是韓國人.
그들이 다 한국인인 것은 아니다.

형용사가 술어를 이루고 있는 문장을 형용사술어문이라 한다.

這種鉛筆又便宜又好看.
이런 연필은 싸고도 예뻐.
這本詞典不很好.
이 사전은 그다지 좋지 않다.
你的房間大不大?
당신의 방은 큽니까?

명사가 술어를 이루는 문장을 명사술어문이라 한다. 명사술어문을 부정문으로 만들 때에는 부정부사 뒤에 판단사 '是'가 반드시 복구되어야 한다.

明天聖誕節.
내일은 크리스마스다.
現在几點?
지금 몇 시입니까?
今天不是聖誕節.
오늘은 크리스마스가 아니다.

술어부분이 다시 주어와 술어로 구성되어지는 것을 주술술어문이라 한다.

我現在肚子疼.
나는 지금 배가 아프다.
我們以後誰也別管誰.
우리는 앞으로 서로 간섭하지 않는 거다.
我哥哥個子很高.
우리 형은 키가 크다.

앞 문장의 목적어가 뒤에 오는 문장의 주어 역할을 하는 것을 겸어문이라 한다.

我叫你起來.
내가 너더러 일어나라고 했다.
有個農村叫張家莊.
장가장이라 불리는 농촌이 있다.
虛心使人進步, 驕傲使人落後.
욕심을 비우면 진보하고, 교만하면 뒤떨어지게 된다.

동사가 연달아서 등장하는 문장을 연동문이라 하며, 이때 앞에 오는 동사의 동작이 먼저 일어나며, 뒤에 오는 동사의 동작이 나중에 일어난다.

我們一起吃了晚飯去看電影.
우리는 함께 저녁을 먹고 영화를 보러 가자.
他開門出去.
그는 문을 열고 밖으로 나갔다.
他做好習題交給老師.
그는 연습문제를 다 풀어서 선생님께 제출했다.

중국어에는 주어가 없이 성립하는 문장들이 있다. 이들을 無主語文이라 하며, 자연현상을 나타내거나, 표어나 격언 등에 쓰이며, 소망이나 존현을 나타낼 때에도 쓰인다.

開飯了. (식사시간 되었어요.)
下雪了. (눈이 온다.)
出太陽了. (햇빛이 난다.)
請勿入內. (안에 들어가지 마시오.)
活到老, 學到老. (배움은 늙어 죽을 때까지 끝나지 않는다.)
祝您一路平安! (여행 내내 편안하세요!)

문장에 쓰인 단어는 똑같으나 단어의 위치에 따라 문장의 뜻이 달라지기도 한다. '客來了'는 기다리던 손님이 왔다는 뜻이며, '來客了'라 하면 달갑지 않은 손님이 왔다는 뜻이다. '火生起來了!'하면 오지체험처럼 아무런 도구도 없이 원시의 방식으로 불을 피워냈을 때 기쁨을 나타내는 소리이며, '起火了!'하면 원치 않는 화재가 발생하여 다급하게 내뱉는 소리인 것이다. 그런가 하면 어떤 문장은 나타내는 뜻이 한가지로 명확히 고정되지 않을 수도 있다. '我找不着地方寫'라 하면, '地方'은 '쓸 곳'을 나타내어 '쓰기를 할 장소가 없어 어디에 써야 될지 모르겠다'의 뜻이 되기도 하고, '장소는 있으나 이미 꽉 차 있어서 더 이상 쓸 곳이 없다'는 뜻이 될 수도 있다.

11-4. 중국어의 복문

하나의 문장이 앞과 뒤 두 개의 單文으로 나뉘어 있는 것을 複文이라고 한다. 複文은 앞 뒤 단문 간의 의미상의 관계에 따라 병렬, 선후, 점층,

선택, 조건, 가정, 목적, 전환, 인과 등의 관계로 나눌 수 있다. 한 문장을 복문이 되게 하는 역할은 주로 접속사가 담당한다.

11-4-1. 병렬관계

병렬관계에 주로 쓰이는 접속사로는 和, 跟, 同, 與, 而, 又~又~, 既~又~, 一邊(一面)~一邊(一面) 등이 있다.

> 吃飯的時候, 我和我媽媽經常一邊吃飯, 一邊談話.
> 식사할 때, 나와 어머니는 늘 식사하면서 대화를 한다.
> 這牌子的皮鞋又便宜又耐用.
> 이 표 구두는 값도 싸고 튼튼하기도 하다.
> 李敎授一面擦汗, 一面反駁.
> 이교수는 땀을 훔치며, 반박을 했다.

11-4-2. 선후관계

일이 발생한 순서를 나타낼 때 쓰이며, '先~然後'나 '先~再~'가 'A한 후 B하다'의 뜻으로 자주 쓰이며, 'A하자마자 B하다'의 뜻의 '一~就~'도 여기에 포함할 수 있다.

> 我們先吃飯, 然後再看電影吧.
> 우리 식사하고 나서, 영화를 봅시다.
> 他們一回國, 就結婚了.
> 그들은 귀국하자마자 결혼을 했다.

11-4-3. 점층관계

앞에 오는 일보다 더욱 심각한 일이 벌어짐을 나타낼 때 쓰이며, 'A할 뿐만 아니라 B하다'의 뜻으로 쓰이는 '不但(不僅)~而且(並且/也/還)', 'A 외에도 또 B하다'의 뜻으로 쓰이는 '除了~以外, 還(都)~', 'A조차도 ~한데 하물며 B야 뭐~'의 뜻으로 쓰이는 '也(都)~何況~' 등이 있다.

這學期他不但得了好成績, 而且還拿到了獎學金.
이번 학기 그는 좋은 성적을 얻었을 뿐만 아니라, 장학금까지 탔다.
除了我以外, 還有他也答對了.
나 외에도 그가 정답을 말했다.
秋天也這麽冷, 何況是冬天呢?
가을인데도 이렇게 추우니, 겨울이야 어떻겠어?

11-4-4. 선택관계

두 개 혹은 몇 가지 중 하나를 선택할 때 쓰이며, 'A가 아니고 B이다'의 '不是~而是~', 'A가 아니면 B이다'의 '不是~就是~', 'A 혹은 B이다'의 '或者~或者~', '차라리 A를 하지 B는 하지 않겠다'의 '寧可~也不~', 'A 하더라도 B하겠다'의 '寧可~也要~' 등을 대표로 들 수 있다.

她不是醫生, 而是護士.
그녀는 의사가 아니라, 간호사이다.
他不是音樂老師, 就是美術老師.
그는 음악선생님이 아니면, 미술선생님이다.
或者你去, 或者我去都可以.
당신이 가든, 내가 가든 아무런 상관이 없소
寧可在家休息, 也不去看展覽會.
집에서 차라리 쉬는 게 낫지, 전람회는 안가겠다.
我寧可餓一天, 也要買這件衣服.
하루를 굶어서라도, 이 옷을 사겠다.

11-4-5. 조건관계

조건에 따른 결과를 나타내며, 'A하기만 하면 B한다'의 '只要~就~', 'A해야만 B할 수 있다'의 '只有~才~', '오직 A해야만 B한다'의 '除非~才~', '오직 A해야만 한다, 그렇지 않으면 B한다'의 '除非~否則(要不/不然)~', 'A에 상관없이 B하다'의 '不管(不論/無論)~都(也/還)~' 등이 대표적이다.

只要吃這種藥, 我們就能長壽.
이 약만 먹으면, 우리는 장수할 수 있다.
只有這樣說明, 他才能了解.
이렇게 설명해야만, 그가 이해를 한다.
除非我媽媽同意, 我才會嫁給你.
우리 엄마가 동의를 해야만, 내가 당신에게 시집갈 수 있어요.
除非你減肥, 否則沒人要和你結婚.
다이어트하지 않으면, 아무도 너와 결혼하지 않는다.
不管你信不信, 他曾經還做過運動員.
믿든 말든, 그는 운동선수 출신이야.

11-4-6. 가정관계

가정과 결과를 나타내며, '만일 A한다면 B이다'의 '如果(要是)~就~', '비록 A라 하더라도 B이다'의 '卽使~也~' 등이 있다.

如果你不來, 我就會不高興.
당신이 안온다면, 나는 기쁘지 않을 것이오.
今天如果不是你帶路, 可能我會走錯了.
오늘 당신이 길을 안내하지 않았더라면, 나는 길을 잘못 들었을 것이오.

要是你不願意去旅行, 就算了.
당신이 여행가기 싫다면, 없던 일로 합시다.
卽使學習成績不理想, 也可以找到理想的對象.
성적이 좋지 않아도, 이상적인 배우자를 찾을 수 있다.

11-4-7. 목적관계

목적을 달성하려는 행동이나 방법을 나타내며, '~하기 위하여'의 '爲了~', '~하지 않도록'의 '免得', '~하도록'의 '以便' 등이 있다.

爲了美好的未來, 我們共同努力吧.
아름다운 미래를 위해, 우리 함께 노력합시다.
別再說話, 免得浪費體力.
체력을 낭비하지 않도록 더 이상 말을 하지 마시오.
別再說話, 以便補充體力.
체력을 보충할 수 있도록 더 이상 말을 하지 마시오.

11-4-8. 전환관계

앞의 내용과 뒤의 내용이 일치하지 않거나 상반됨을 나타내며, '비록 ~이지만'의 뜻으로 '雖然(盡管)~但是(可是/不過/却)'가 있다.

他雖然是富家子弟, 却穿的衣服很普通.
그는 비록 부잣집 자식이지만, 입는 옷은 티가 나지 않는다.
盡管你說得沒錯, 但是我不能同意你的說法.
당신 말이 맞긴 하지만, 나는 당신의 말에 동의할 수 없소.

11-4-9. 인과관계

원인과 결과를 나타내며, '因爲~所以~', '由於~所以(因此)~', '旣然~就~' 등이 있다.

> 因爲他得了滿分, 所以很高興.
> 그는 백점을 받아서, 기뻐한다.
> 由於我在上海住過多年, 所以我懂得一些上海話.
> 나는 상해에서 여러 해를 살았던 까닭에 상해 말을 좀 알아들을 줄 안다.
> 旣然你不願意嫁給我, 我們就分手吧.
> 당신이 나에게 시집오길 원치 않으니, 우리 헤어집시다.

11-5. 고대중국어와 현대중국어의 구법상의 차이

문자를 제외한 언어의 3요소라 할 수 있는 語音, 어휘, 어법 중 가장 변화가 적은 것을 들라면 아마도 어법일 것이다. 특히 어법의 요소 중 주어가 앞에 오고 술어가 뒤에 오며 목적어는 동사 뒤에 오는 중국어의 어순은 고대의 중국어나 현재의 중국어나 별 차이가 없다. 『荀子』에 나온 구절로 예를 들어보자.

> 學不可以已.(『荀子·勸學』)
> 天行有常.(『荀子·天論』)

위의 두 구절을 현대중국어로 옮기면 다음과 같다.

> 學習不能停頓.(배우기를 멈출 수는 없다.)

自然界的運行有一定的規律.(자연계의 운행은 일정한 규칙이 있다.)

『荀子』의 원문과 현대중국어의 번역문을 비교해보면 알 수 있듯이, '學不可以已.'는 '주어(學)+술어(已)'의 구조로, '天行有常.'는 '주어(行)+동사(有)+목적어(常)'의 구조로 이루어져 있어 현대중국어와 그 어순이 일치한다.

하지만, 대명사를 대동한 부정문이나 의문대명사를 목적어로 하는 문장에서는 목적어를 동사 앞으로 끌어내는 경우가 많은데, 이러한 점이 현대중국어와 다른 가장 큰 고대중국어의 특징이라 하겠다.

我無爾詐, 爾無我虞.(『左傳·宣公十五年』)
古者天下散亂, 莫之能一.(『史記·秦始皇本紀』)

위의 두 구절을 현대중국어로 옮기면 아래와 같다.

我不欺騙你, 你也不欺騙我.
(내가 그대를 속이지 않을 것이니, 그대 또한 나를 속이지 마시오.)
古時候天下混亂, 沒有人能統一它.
(옛날 천하가 혼란하였으나, 아무도 그것(천하)을 통일시키지 못했다.)

위의 두 예에서 보듯이, 부정사 '無'와 '莫'이 대명사 목적어 '爾'나 '我'와 '之'를 대동할 때, 목적어가 동사 '詐', '虞'와 '一'의 앞에 옴을 알 수 있다.

그런가 하면 의문대명사가 목적어로 오는 경우 또한 마찬가지이다.

吾誰欺?欺天乎?(『論語·子罕』)
微斯人, 吾誰與歸?(『岳陽樓記』)

위의 두 구절을 현대중국어로 옮기면 아래와 같다.

我欺騙誰?欺騙天嗎?
(내가 누구를 속이겠는가? 하늘을 속이겠는가?)
如果不是這種人, 我跟誰站在一起?
(이런 사람이 아니라면, 내가 누구의 편에 서야 한단 말인가?)

위의 두 예에서도 의문대명사 '誰'가 옴에 따라 각 문장의 동사 '欺'와 '歸'가 목적어의 뒤에 위치함을 알 수 있다.

어휘부분에서 古今漢語 사이의 차이를 내보이는데 쓰였던 예문을 다시 가져와 어법부분의 古今漢語의 차이를 알아보도록 하자.

鄒忌修八尺有餘, 而形貌昳麗. 朝服衣冠, 窺鏡, 謂其妻曰: "我孰與城北徐公美?" 其妻曰: "君美甚, 徐公何能及君也?" 城北徐公, 齊國之美麗者也. 忌不自信………旦日, 客從外來, 與坐談, 問之: "吾與徐公孰美?" 客曰: "徐公不若君之美也."

이를 현대중국어로 옮긴 문장도 다시 보인다.

鄒忌身高一米八五左右, 長得很帥。他穿好朝服, 照鏡子之后, 問妻子: "我和城北的徐公誰長得好看?" 他的妻子說: "您長得很帥, 徐公怎能比得上您?" 因爲城北的徐公是位聞名于全國的美男子, 所以我不敢相信………第二天, 一位客人來訪, 跟我坐在一

起聊天，我順便問他: "我和城北的徐公誰長得更好看?" 客人回答
說: "要是把徐公跟您比起來，他還差得遠呢!"

"我孰與城北徐公美?"는 의문문의 어순이 현재와는 다른 중국어의 특징이며, 그 밑의 "吾與徐公孰美?"는 현재의 중국어와 같은 어순이다. "君美甚"은 "您漂亮得很"이며, 여기서 '得'은 반드시 써줘야 하는 글자이다. "忌不自信"도 옛날의 표현법으로, 현재의 표현법으로 고친다면, "鄒忌不相信自己(比徐公美)"가 되며, '自己'를 동사 앞에 놓을 수 없다. 동사 앞에 놓으면 '自己動手'처럼 '몸소'의 뜻이 된다. 예문에서의 '自信'과 같은 구조로 이루어진 것으로는 '自救, 自治, 自殺' 등을 들 수 있는데, 이것들은 고대의 구법구조가 현대어에 남아있는 합성어들이다. "客從外來"는 현대어로 "有一位客人從外邊來"이며, '客人' 앞에 수량사 '一位'가 와야 하며, 앞에는 '有'字가 있어야만 한다. 그렇지 않으면 품사의 순서를 바꾸어 '從外邊來了一位客人'이라 해야 한다. "與坐談" 또한 고대의 어법이 드러나는 부분으로, 현재는 '與'에 해당하는 '和'만 쓰고, 그 대상이 누구인지를 밝히지 않은 채로 쓸 수 없으며, "坐談"도 '坐下來說話'라 해야만 한다. "不若君之美"의 '之'도 불필요한 것이다.

제12장
중국어 어휘 面面觀

12-1. 詞滙의 種種

　詞滙에 대해 말하자면, 먼저 '詞'가 무엇인지를 알 필요가 있다. '詞'를 우리말로 바꾼다면 '단어' 내지는 '낱말'이 가장 근접한 뜻이 아닐까 싶다. '詞(단어)'는 독립적으로 사용할 수 있는 최소의 언어단위이다. 바꾸어 말하면, '단어'는 언어라는 건축물에 쓰이는 '벽돌'이라고 할까? 사람들은 건물을 지을 때 벽돌을 찍어서 그 벽돌들을 이용해 건물의 형태를 갖추게 하는데, 언어란 이 단어라는 벽돌들을 일정한 언어적 틀, 즉 어법에 맞추어 쌓아올린 건물인 셈인 것이다. 詞滙란 詞들을 집합적으로 일컬을 때 쓰는 말이다. 즉 詞가 개별적인 단어를 일컬을 때 쓰이는 어휘라면, 詞滙는 이 詞들을 통틀어서 일컬을 때 쓰이는 어휘이다.

　위에서 우리는 단어는 '독립적으로 사용할 수 있는 최소의 언어단위'라고 정의를 했다. 즉 '단어'가 되려면 '독립적인 운용'이 가능하며, '쪼갤 수 없는 최소의 단위'여야 한다. '黑板'과 '黑布'가 있다. 이 둘은 과연 '단어'일까? 만약 우리가 "이게 뭐요?"라고 물었을 때, "黑板"이라고 대답할 수도 있고, "黑布"라고도 대답할 수 있다. 그러므로 둘 다 '독립적인 운용' 측면에서는 조건에 합당한 것이다. 그렇다면 '최소의 단위'라는 측면에서는 어떨까? '黑板'은 '칠판'과 '검은색 송판'이란 두 가지 뜻으로 해석할 수 있다. 반면에 '黑布'는 '검은 천'이란 뜻밖에 없다. '칠판'이란 뜻의 '黑板'은 단어이지만, '검은색 송판'이란 뜻으로 쓰였을 때의 '黑板'은 '黑布'와 더불어 단어가 아닌 것이다. 중국어에서는 이들을 단어보다는 큰 개념의 '詞組'로 분류한다. '白菜'도 '黑板'처럼 '白'과 '菜'로 이루어졌지만, 합쳐지면 전혀 다른 의미를 갖는 단어가 된다. '詞組' 중 '狐假虎威'나 '塞翁失馬'와 같이 고정된 의미로 쓰이는 成語들은 '詞', 즉 단어로 본다. 詞組란 두 개 혹은 그 이상의 實詞로 이루어졌으나 완전한 문장이 성립되지 않는 것을 일컫는 언어단위이다. 예를 들면 '漂亮的小姐', '天亮', '帮他整理', '打着哈欠說', '說不清楚' 등등이 그것이다.

현대중국어 어휘 속에는 두 개의 단어(漢字)로 이루어진 복합어가 대다수를 차지하는데, 그중의 많은 수는 한 字씩 분리시켜도 한 단어가 되어, 그들의 구성방식은 詞組의 구성방식과 비슷해 혼동하기 쉬우므로 주의 깊게 구분할 필요가 있다. 복합어 속의 語素가 나타내는 의미는 함께 어우러져 이루어진 것으로, 단순한 더하기가 아니나, 詞組가 나타내는 개념은 더욱 복잡하다. '紅花'를 예로 들면, 그 씨앗이 관절에 좋다는 바로 그 '일년생 초본식물'을 일컫는 말이라면, 이것은 詞이고, '붉은 색 꽃'이라는 뜻이라면 詞組인 것이다. 또 '江湖'를 예로 들어보면, '사방각지'의 뜻이라면 詞, '강과 호수'의 뜻이라면 詞組인 것이다. 마찬가지로 '打場'(곡식을 타작하다)은 詞, '打場地'하면 詞組이다. '打虎'도 詞組이다.

실제의 대화 중 輕聲으로 읽는지 여부에 따라 詞와 詞組의 구분이 지어지기도 한다. '招惹是非'(구설수를 부르다)에서 '是非'는 '구설수'란 뜻의

詞로 'shifei'로 '非'를 輕聲으로 읽으나, '分淸是非'에서의 '是非'는 '옳음과 그름'을 나타내는 詞組로, 이때 '非'는 4聲으로 읽는다.

　詞와 詞組를 구분하는 가장 중요한 부분은 그 구성요소간의 緊密度로, 詞는 긴밀도가 높아 둘 사이에 다른 요소가 끼어들 수 없으나, 詞組는 그다지 긴밀하지 않아 둘을 쪼개어 해석할 때도 있고, 둘 사이에 다른 성분이 침투될 수도 있다. 예를 들면 '물건'을 뜻하는 詞 '東西'는 나누어서 이해하거나 그 어떤 성분이 둘 사이에 끼어들 수 없다. 그러나 詞組인 '東西'는 방향을 나타내는 것으로 '東和西'로 표현이 가능하다. '두통'의 뜻인 '頭痛'은 결합이 긴밀하나, 詞組인 '頭痛'은 '頭很痛'이라 표현할 수 있다.

　詞組는 축약형을 쓸 수도 있어 '北京大學'은 '北大'로, '聯合國安全理事會'는 '安理會'로, '全國人民代表大會'는 '全人大'로 줄여 쓰기도 한다. 이외에 자주 볼 수 있는 축약형으로 '南北朝'(南朝+北朝), '敎職員'(敎員+職員), '進出口'(進口+出口), '新舊唐書'(新唐書+舊唐書)등도 보인다. '稅關'을 뜻하는 중국어가 그 위치가 공항에 있더라도 '海關'이라고 하는 데서도 알 수 있듯이, 이 어휘가 처음 생겨난 곳은 항구였다. 중국의 대외무역은 맨 처음 바다와 접한 항구에서 비롯되었기 때문이다. 수입과 수출을 나타내는 중국어가 '進口'와 '出口'인 것도 (물품을 싣고) 항구로 들어오는 '進港口'와 (물품을 싣고) 항구를 나가는 '出港口'에서 '港'字가 생략되면서 생겨난 어휘이다.

　중국어에는 종종 둘을 분리시켜, 그 사이에 다른 단어를 삽입시켜 詞組로 만들 수 있는 詞들이 있는데, 이들을 '離合詞'라고 한다. 예를 들면 '發言'을 '發了兩次言'으로, '打架'를 '打過一次架'로, '理髮'를 '理完了髮'로, '吃飯'을 '吃飽了飯'으로 표현하기도 하는 것이다. 위의 예들은 모두 支配式 複合詞였으나 補充式 複合詞도 '抓緊'을 '抓得很緊'으로, '認淸'을 '認得淸 / 認不淸'으로 표현가능하다.

　단어는 의미와 발음의 결합체이다. 중국어를 할 줄 아는 사람이라면 누구나 'niǎo'라는 발음을 들으면 날개가 달려 날 수 있는 '새'를 떠올린다. 하지만 이 '새'를 영어에서는 'bird'라고 한다. 이것은 발음과 개념과는 필연적인 관계가 없다는 것을 웅변한다. 일찍이 戰國時代 때의 荀子는 이 이치를 깨우치고 있었다. 그는 『正名篇』에서 "사물의 명칭이 그 사물에 합당한 것이냐 하는 것은 존재하지 않는다. 어떠한 사물에 이름을 지어주어, 그것이 많은 사람에게 인정을 받아, 습관적으로 쓰이게 되면, 사물의 이름에 적합한 것이 되고, 그렇지 않으면, 사물의 이름에 적합하지 않은 것이라 할 수 있다(名無固宜, 約之以命, 約定俗成謂之宜, 異於約謂之不宜)"라고 하여 사물에 대한 命名이 필연의 결과가 아님을 밝힌 바 있다. 이러한 단어의 '約定俗成'性을 잘 나타내주는 일화가 있다. 우리가 북경의 대표요리라고 여기는 '北京烤鴨'의 '烤' 字가 그것으로, 이 字는 원래 역대 字典 및 韻書는 물론 淸代 초기에 만들어진 그때까지로 치면 역대급 사전인 『康熙字典』에조차도 수록되어 있지 않던 漢字로, 淸代末期의 유명한 서예가 齊白石이 한 오리요리전문점의 扁額을 쓰면서 그 역사가 시작된 漢字라고 한다. 이 漢字는 그 후 서서히 사회구성원의 공인을 받게 되어, 이제는 '고기를 불로 달구어 익힘'의 뜻으로 전국적으로 통용되는 漢字가 되었다.

　어휘형성의 임의성 즉 約定俗成性을 잘 보여주는 예들이 중국어에는 많이 있다. '赤手空拳'과 '白手起家'는 하나는 '赤手'로 다른 하나는 '白手'로 동일한 '빈손'이란 뜻을 나타냈는데, 이 둘은 어휘를 서로 바꾸어 쓰면 어휘성립이 되지 않는다. '火車'와 '輪船'도 애초에는 '火輪車'와

'火輪船'이었다가 아마도 雙音節어를 선호하는 중국인들의 기호에 의해 발전되어진 형태일터인데, 왜 둘 다 똑같은 語素를 취하지 않고 하나는 '火'를 다른 하나는 '輪'을 취한 것일까? 여기엔 아무런 이유도 없는 것이다.

의미가 서로 같은 字를 연결해 複合詞를 구성할 때, 구성하는 앞뒤 字의 순서에 따라 의미가 달라지기도 한다. 예를 들면 '和平'은 전쟁이나 싸움이 없는 상태를 나타내며, '平和'는 '극렬하지 않음'을 나타낸다. '生産'은 '아이를 낳다'는 뜻 외에 '農工業'이란 어휘와 함께 쓰이며, '産生'은 '생겨나다'란 뜻 외에 일반사물을 가리키는 어휘와 함께 쓰인다. '考査'는 '일정한 요구에 따라 검사함'을 나타내며, '査考'는 '사실을 철저히 규명하다'의 뜻으로 쓰인다. 그런가 하면 '下鄕'과 '擔負'는 동사로, '鄕下'와 '負擔'은 명사로 쓰여 품사를 달리하기도 한다. 이런 유형의 어휘로 '火柴'과 '柴火', '金黃'과 '黃金', '人工'과 '工人' 등의 경우도 있다.

어떤 표현은 긍정형과 부정형의 의미가 같은 경우도 있다. 즉 '야단법석이다'란 뜻의 '好熱鬧'나 '好不熱鬧', '간신히'란 뜻의 '好容易'나 '好不容易', '거의 잊을 뻔했지만 그래도 생각이 났음'을 나타낼 때 쓰이는 '差点儿忘了'나 '差点儿沒忘了'같은 표현들이 그러하다.

어떤 표현은 話者가 누구냐에 따라 의미가 달라질 수 있다. 예를 들면 '我去上課'나 '我去看病'같은 경우로, 화자가 누구냐에 따라 수업을 하러 가는 것인지 수업을 받으러가는 것인지, 혹은 진료를 하러가는 것인지 진료를 받으러가는 것인지가 결정되는 것이다. 그런가 하면 대상이 누군가에 따라 쓰이는 어휘가 달라지기도 한다. '보살피다'라는 뜻에는 여러 단어가 쓰이지만, 그 대상이 부모님이면 '贍養'을, 부부사이면 '扶養'을, 자식이면 '撫養'을, 대상이 동물이면 '養活'을 쓰는 것이다.

우리가 중국어를 단음절어라고 말하는 것처럼, 예부터 중국어는 一字一詞가 대세였다. 하지만 예외, 즉 二字一詞도 있었으니, 이른바 連綿字 또는 聯綿字라 하는 것으로, 두 글자가 함께 어울려 있을 때에만 고정된 의미를 나타내며, 따로 분리되면 그 의미를 상실하게 되는 것으로, 마치 솜이 뭉쳐있을 때에만 솜의 주요 기능인 보온작용을 하고, 분리되면 보온작용을 하지 못하듯, 둘이 함께 있을 때에만 온전한 의미를 전달할 수 있는 漢字의 조합을 일컫는다. 이 連綿字는 雙聲이나 疊韻으로 이루어진 것과 그렇지 않은 것의 둘로 나눌 수 있다. 물론 이들은 과거부터 쓰이기 시작한 것들인지라, 상당수가 현재에도 이 법칙에 해당하지만, 어음변화의 영향으로 철저히 법칙에 충실하지 못한 것들도 있다.

○ 雙聲으로 이루어진 連綿字
  彷彿(fǎngfú, 마치~같다)   參差(cēncī, 들쭉날쭉하다)
  恍惚(huǎnghū, 뚜렷하지 않다)   鴛鴦(yuānyāng, 원앙새)
  蜘蛛(zhīzhū, 거미)   鞦韆(qiūqiān, 그네)
  惆悵(chóuchàng, 실망스러워하다)   忐忑(tǎntè, 안절부절하다)
  玲瓏(línglóng, 정교하며 예쁘다)   淋漓(línlí, 흠뻑 젖다)
  吩咐(fēnfù, 당부 명령하다)   坎坷(kǎnkě, 울퉁불퉁하다)

○ 疊韻으로 이루어진 連綿字
  窈窕(yǎotiǎo, 참하니 예쁘다)   荒唐(huāngtáng, 황당하다)
  混沌(hùndùn, 뒤엉켜 구분 안됨)   葫蘆(húlu, 조롱박)
  朦朧(ménglóng, 누이 덜 떠진 상태) 芍藥(sháoyào, 작약)
  逍遙(xiāoyáo, 극히 자유롭다)   橄欖(gǎnlǎn, 올리브)
  叮嚀(dīngníng, 신신당부하다)   霹靂(pīlì, 벼락)
  螳螂(tángláng, 사마귀)   糊涂(hútu, 멍청하다)
  燦爛(cànlàn, 눈부시게 뚜렷하다)   喇叭(lǎba, 나팔)

○ 기타 연면자
芙蓉(fúróng, 연꽃)　　　　鸚鵡(yīngwǔ, 앵무새)
葡萄(pútáo, 포도)　　　　　狼藉(lángjí, 엉망진창이다)
跋扈(báhù, 제멋대로 날뛰다)　窟窿(kūlong, 구멍, 굴)
蝴蝶(húdié, 나비)　　　　　囫圇(húlún, 송두리째)

중국어의 수많은 어휘는 다양한 어휘구성방식으로 만들어졌다. 가장 흔한 방식은 두 개의 語素가 결합하여 이루어지는 것으로, 이런 형식으로 이루어진 것을 複合詞라고 한다. 이 복합사의 구성방식은 聯合式,偏正式,補充式,陳述式,支配式으로 나눌 수 있다.

聯合式은 두 개의 漢字가 함께 어울려 이루어진 것으로 두 漢字는 의미적으로 완전히 평등하여 서로가 서로를 설명할 수 있다. '頭腦, 牙齒, 皮膚, 根本, 功勞, 窗戶, 眞實, 泥土, 朋友(이상 명사) / 答應, 依靠, 離別, 帮助, 解放(이상 동사) / 快樂, 美麗, 富裕, 艱難, 奇怪, 广大(이상 형용사) / 果眞, 總共, 將要, 恐怕, 反正(이상 부사) / 按照, 因爲, 自從(이상 전치사)' 등이 그 예이다. 聯合式 複合詞 중에는 두 가지 특수한 형태가 있다. 하나는 의미가 추상화하는 것으로, 두 漢字가 결합한 후의 의미가 원래의 뜻과 관계는 있지만 더욱 추상화한 개념을 나타내는 것으로 '領袖'처럼 절대 '領子(옷깃)+袖口(소매)'의 뜻이 아니다. 의미가 추상화된 聯合式 複合詞는 두 가지 유형이 있으니, '語言, 負担, 鼓吹, 歲月, 心血, 琢磨'처럼 同義語로 구성된 것과 '是非, 東西, 早晚, 春秋, 出入, 開關, 長短, 動靜, 矛盾, 多少'처럼 反義語로 구성된 것이 있다. 이들 중 어떤 단어는 '出入'마냥 '出入洞口(출입구)'처럼 본 뜻으로 쓰이기도 하나 그런 경우는 많지 않으며, 실제로는 '他說的和實際情況有出入'에서와 같이 추상적인 의미가 훨씬 더 많이 쓰인다.

聯合式의 또 다른 특수한 형태는 두 語素 중 의미가 한쪽으로 치우친 것으로, 두 개의 漢字 중 하나에만 의미가 남아있고, 다른 한 字의 의미는 소실되거나 거드는 작용만 한다. 여기에 해당하는 複合詞로는 '國家, 人物, 質量, 忘記, 睡覺, 死活, 得失, 恩怨, 頭巾' 등을 들 수 있다.

偏正式은 앞에 오는 字가 뒤에 오는 字를 수식하거나 제한하는 역할을 한다. 이런 유형의 複合詞로는 '黑板, 微笑, 秋收, 衣柜, 皮鞋, 鐵路, 臥鋪, 鹿茸, 公鷄, 牙科, 方桌, 白糖, 男孩, 火車, 雪白, 密碼, 熱愛, 丰收, 工業' 등을 들 수 있다.

補充式 複合詞는 두 字 사이에 보충 설명하는 관계가 있는 것으로, 대체로 뒤에 오는 字가 앞 字를 보충 설명한다. 이 형식은 대체로 동사에 많이 보이며 앞 字가 동작을 나타내고, 뒷 字가 동작의 결과나 방향 혹은 정도 등을 나타낸다. 이런 유형으로는 '改善, 證明, 說明, 打倒, 糾正, 征服, 突出, 收入, 縮小, 擴大, 減輕, 放松, 抓緊, 提高, 降低, 增强' 등을 들 수 있으며, '車輛, 紙張, 案件, 牲口, 銀兩, 事項' 등처럼 '명사+양사' 형의 어휘도 補充式으로 볼 수 있다.

陳述式 複合詞는 두 字 사이에 진술과 被陳述의 관계가 있는 것으로, 앞 字는 진술 대상이고 뒷 字는 진술하는 부분이다. '心得, 筆誤, 心疼, 地震, 鋒利, 面熟, 肉麻, 人爲, 便秘, 冬至, 符合, 心酸' 등이 그 좋은 예이다.

支配式 複合詞는 지배와 피지배의 관계가 있으며, 앞 字는 동작이나 행위를 나타내며, 뒷 字는 동작이나 행위가 지배하는 대상을 나타낸다. 이 형식은 명사, 형용사, 부사도 있으나 동사가 대다수이다. '注意, 放學, 出席, 革命, 開幕, 畢業, 負責, 留心, 借口, 得罪, 司机, 管家, 點心, 化石, 出色, 得意, 動人, 順手, 仍舊, 到底' 등이 그 좋은 예이다. 이러한

유형을 動賓式이라 달리 부르기도 한다.

그런가 하면 阿姨, 第一, 初三, 老婆처럼 접두어와 결합하거나 畫兒, 桌子, 石頭, 學者, 演員, 科學家, 耐性, 綠化, 神氣, 深度, 淸晰度처럼 접미어와 결합하여 각각 명사나 동사 혹은 형용사로 만들기도 한다.

중국어 어휘 중 과거로부터 현재까지 많은 사람이 같은 의미로 써오고 있고, 특별히 설명이 필요치 않은 어휘를 기본어휘라고 한다. 花, 手, 朋友, 書, 上午, 說, 高, 我 등 그 수는 수없이 많다. 이 기본어휘의 특징은 새로운 어휘를 만들 때에도 동원된다는 점이다. '手'를 예로 들어보면, 分手, 握手, 能手, 助手, 着手, 手機, 手勢, 手背, 手巾, 手術, 手套, 手掌 등 수많은 어휘를 만들 수 있음을 알 수 있다.

중국어 어휘의 의미를 논할 때 本義와 基本義라는 것이 있음도 알아둬야 하겠다. 보통 本義는 '최초의 의미'를 뜻하는 반면 基本義는 '가장 흔히 쓰이는 의미'를 뜻한다. '兵'이란 字를 놓고 볼 때, 그 本義는 '兵器'가 되고, 基本義는 '兵士'인 것이다.

12-2. 중국어어휘의 古今 비교

옛날과 지금의 중국어가 어떻게 바뀌었는지 알고 싶다면, 가장 쉬운 방법이 옛날 말을 기록한 문장을 현재의 중국어로 옮겨서 비교해보는 것이다. 『論語』는 孔子가 살았던 시기의 입말을 기록하고 있는 것으로 여겨지는 고전이므로, 그중의 한 문장을 가져다 현대중국어로 옮겨 비교해보는 것도 좋을 듯하다. 누구나 한번쯤은 들었음직한 "學而時習之不亦說乎, 有朋自遠方來不亦樂乎."라는 구절을 예로 현대중국어로 옮겨보면 "學習而且時時溫習, 怎麽會不喜悅? 有個朋友從很遠的地方來, 怎麽會

不快樂?"가 되어 거의 단음절어 일색이던『論語』의 문장이 學習, 而且, 時時, 溫習, 怎麽, 喜悅, 朋友, 地方, 怎麽, 快樂 등 무려 열 곳의 단어가 쌍음절로 바뀌었음을 볼 수 있다. 이는 현대의 중국어가 과거의 중국어에 비해 쌍음절어가 대량으로 증가했음을 보여주는 좋은 예이다.

웬만한 교육수준의 중국인이라면 누구든 익숙한『戰國策』에 나오는 鄒忌란 인물에 얽힌 이야기가 있다. 이야기에는 鄒忌가 齊나라 왕에게 자신의 예를 빌어 왕에게 사람들의 말을 걸러서 듣도록 간언하는 내용이 있는데, 그중의 일부내용은 古今漢語의 차이를 알아보는데 유익할 것으로 여겨지는 것으로, 마침 중국의 언어학자 呂叔湘의 분석도 있어, 적절한 이해를 돕고자 여기로 가져와 활용하기로 한다.

> 鄒忌修八尺有餘, 而形貌昳麗. 朝服衣冠, 窺鏡, 謂其妻曰: "我孰與城北徐公美?" 其妻曰: "君美甚, 徐公何能及君也?" 城北徐公, 齊國之美麗者也. 忌不自信………旦日, 客從外來, 與坐談, 問之: "吾與徐公孰美?" 客曰: "徐公不若君之美也."

이를 현대중국어로 옮기면 아마도 이럴 것이다.

> 鄒忌身高一米八五左右, 長得很帥。 他穿好朝服, 照鏡子之后, 問妻子: "我和城北的徐公誰長得好看?" 他的妻子說: "您長得很帥, 徐公怎能比得上您?" 因爲城北的徐公是位聞名于全國的美男子, 所以我不敢相信………第二天, 一位客人來訪, 跟我坐在一起聊天, 我順便問他: "我和城北的徐公誰長得更好看?" 客人回答說: "要是把徐公跟您比起來, 他還差得遠呢!"

위쪽의 原文과 아래쪽의 번역문을 비교해보면, 둘 사이에는 큰 차이가 존재함을 발견할 수 있다. 쓰인 글자만 놓고 보면, 原文에서 현재 쓰이지 않는 글자는 昳,曰,孰,吾 네 字뿐이다. 하지만 連繫字의 뜻과 용법에서 본다면, 진정으로 古今이 일치하는 것은, 인명과 지명을 제외하면, 八,我,能,城,國,不,客,從,來,談,問 등 열 두 字뿐이다. 대다수의 글자들은 뜻이 다르거나 쓰임법이 상당히 달라져있다. 대체적으로 세 가지로 나누어 볼 수 있다.

첫 번째로, 의미는 변하지 않았으나 지금은 단독으로 쓰이지 않고 二音節語로 변했거나 成語의 일부로만 존재하는 경우이다. 어떤 것은 단어구성력이 뛰어나 다른 글자와 결합하여 새로운 많은 어휘를 형성한 것들로, 形(形狀, 形成, 形勢, 情形, 梯形, 雛形), 貌(貌似, 風貌, 礼貌, 全貌), 衣(衣服, 衣着, 便衣, 更衣, 睡衣), 鏡(鏡子, 鏡頭, 鏡台, 眼鏡, 穿衣鏡), 北(北极, 北方, 敗北), 何(何苦, 何必, 任何, 如何, 爲何), 自(自來水, 自己, 自私, 親自, 獨自), 信(信件, 信息, 信口雌黃, 回信, 相信, 音信), 日(日記, 日曆, 日常, 假日, 節日, 逐日), 外(外文, 外匯, 外交, 格外, 另外, 額外) 등이 그것이고, 어떤 것은 극소수의 어휘로만 남아있는 것으로, 麗(美麗, 壯麗), 朝(朝霞, 朝氣, 朝發夕至), 窺(窺探, 窺測), 妻(妻子, 夫妻), 甚(欺人太甚) 등이 그것이다.

두 번째로, 의미는 변하지 않았으나 사용빈도가 확 줄어든 것으로, 예를 들면 접속사로 쓰이는 '而'와 '與'는 정해진 문체에서만 보이며, 종속관계를 표시하는 '之'는 '百分之幾'나 '原因之一' 등등에서만 쓰이며, 지시대사 역할을 하는 '者'는 '作者', '讀者' 등 접미사로만 쓰인다. '美'는 사람에게는 그다지 쓰이지 않으며, 특히 남자에게 쓰이지 않는다('美男子'는 口語에는 쓰이지 않는 표현임). '有餘'는 그 뜻은 이해되어지기는 하나, 잘 쓰이지는 않아, '多'로 대체되었다.

세 번째로, 原文에 쓰인 의미가 현재에는 그대로 쓰이지 않고 다른 의미로만 쓰이는 것으로, 예를 들면, '修'는 '長'이, '服'은 '穿'이나 '戴'가, '謂'는 '對~說'가, '其'는 '他的'가('其餘,其中,其一'중의 '其'는 '那'의 뜻), '公'은 '先生'이, '及'은 '比得上'이, '君'은 '您'이, '也'는 '啊'가, '旦'은 '明'이, 대명사 '之'는 '他'가, '若'은 '比得上'이 대체하게 되었다. '尺'은 예나 지금이나 통용되는 어휘이나, 과거엔 현재 쓰이는 길이보다 작았던 것으로 보인다. 그러므로 엄격히 말하면 '尺'의 의미도 변했다 할 수 있다.

이러한 二音節化의 예를 좀 더 들어 보이면, '耳'이 '耳朵'로, '舌'가 '舌頭'로, '鼻'가 '鼻子'로, '木'가 '樹木'나 '木頭'로, '月'가 '月亮'으로, '窗'이 '窗戶'로, '目'가 '眼睛'으로, '日'가 '太陽'으로, '冠'이 '帽子'로 바뀌었음을 볼 수 있다. 이처럼 단음절어이던 중국어 어휘가 二音節語로 변신을 하게 된 이유는 무엇일까? 이를 제대로 밝혀내자면 상당량의 연구물의 누적이 필요하겠지만, 우리가 쉽게 유추할 수 있는 부분도 있다. 앞에서도 언급했었듯이 중국어는 원래 단음절어인지라 同音字가 많았다. 'jī'라는 음절을 예로 들더라도, 웬만한 사전을 들춰보기만 해도 機, 鷄, 肌, 饑, 擊, 積, 績, 迹, 基, 激등 40여 字가 수록되어있다. 만일 이 중 하나의 의미로 'jī'라는 발음을 내뱉을 경우, 듣는 사람의 입장에서는 곧바로 말하는 사람의 의미를 알아차리지 못할 수도 있다. 하지만 나타내고자하는 어휘의 특징을 부가시켜 飛機, 時機, 司機, 機構, 機器, 機會등의 二音節語로 변환시킨다면 이러한 오해는 이내 사라질 수가 있다. 아마도 이것이 중국어에 二音節語가 많아지게 된 가장 큰 이유일 것이다.

이러한 '단음절→쌍음절'이라는 時流에 역행하는 사례도 있다. 이런 사례들은 대체로 지방 단위로 진행이 되는 것으로, 대표적인 것을 들어보면, 북경에서는 '不用'을 '甮'으로 표기하면서 'béng'으로 발음하고, 蘇州에서는 '不曾'을 '朆'으로 표기하면서 'fēn'으로 발음하고, 廣州에서는 '沒有'를 '冇'로 표기하면서 'mǎo'로 발음하고, 河南省에서는 '什么'를 '啥'로 표기하면서 'shà'로 발음하는 것이 그것이다.

그런가 하면 원래의 단어가 명칭이 바뀐 예도 상당수이다. 옛날 '얼굴'을 나타내던 '面'은 '臉'으로, '다리'를 나타내던 '足'은 '脚'으로, '마시다'는 '飮'에서 '喝'로, '먹다'는 '食'에서 '喫'으로, '눕다'는 '臥'에서 '躺'으로, '걷다'는 '行'에서 '走'로, '달리다'는 '走'에서 '跑'로, '입다'는 '服'과 '衣'에서 '穿'으로, '잘못'은 '過'에서 '錯'으로, '두려워하다'는 '畏'에서 '怕'로, '훔치다'는 '竊'에서 '偸'로, '패하다'는 '敗'에서 '輸'로, '이기다'는 '勝'에서 '贏'으로, '머리'는 '首'에서 '頭'로, '살다'의 '居'는 '住'로, '좋다'는 '善'에서 '好'로, '나쁘다'는 '惡'에서 '壞'로, '달다'는 '甘'에서 '甛'으로, '맵다'는 '辛'에서 '辣'로, '편지'는 '書'에서 '信'으로 각각 바뀌었다.

위에서 언급한 '面'은 원래의 기능을 '臉'에게 양보했지만, 완전히 사라진 것이 아니다. '表面', '面孔', '面貌', '面目', '面子', '面色', '面熟', '當面'처럼 쌍음절어로 여전히 왕성한 생명력을 유지하고 있다. '嗜好'의 '嗜', '放肆'의 '肆', '企圖'와 '企望'의 '企', '圖謀'와 '地圖'의 '圖', '足球'와 '足迹'의 '足' 등도 이와 같은 예로, 단음절어로는 더 이상 쓰이지 않지만 쌍음절어의 구성원으로 여전히 생존하고 있다.

어떤 낱말은 예나 지금이나 같은 모습을 하고 있으나, 그 지칭하는 의미는 변화한 것이 있다. 대표적인 것으로 '金'은 맨 처음 '구리'를 나타내다, 후엔 '金屬'을 가리키게 되었고, 마지막엔 '황금'을 나타내게 되었다. 이러한 의미는 차례로 '金文', '五金行', '金銀寶石' 등의 어휘에 남아있지만, 단지 우리가 친숙한 것은 맨 마지막의 '금은보석'일 뿐이다. 이와 비슷한 경우로 '翰'도 있다. 이 字는 원래 '길고 단단한 깃털'을 지칭했으나, 후에 '붓'을 대신하면서 나중에는 그것으로 쓰인 필적을 나타내는 '書翰'이란 어휘로 발전한 것이다. 물론 이러한 과정을 통해 새로운 어휘가 생겨남을 알 수 있다. 生活相의 변화로 명칭은 옛것을 그대로 쓰나 실질적 내용은 바뀐 것도 있다. '鐘'과 '肥皂'가 대표적인 예로, '鐘'은 우리의 전통타악기 '編鐘'의 명칭으로도 남아있듯이 본래는 악기의 일종이었다. 그러다 나중에는 '북'과 더불어 아침저녁으로 시간을 알리는데 쓰여 마치 지금의 시계와 같은 역할을 하게 되었다. 훗날 서양의 시계가 중국에 들어왔는데, 그 역할이 일정한 시간에 소리를 내는 것이 중국 기존의 '鐘'과 같은지라, 마침내는 이 신식 시계를 일컫는 명칭으로 쓰이게 된 것이다. '肥皂'는 본래 나무의 일종으로, 옛날 사람들은 그것의 과육을 찧거나 하여 둥그런 모양으로 만든 다음 그것으로 몸을 닦거나 의복을 빠는 데에 활용했다. 현대인이 쓰고 있는 비누는 油脂를 이용해 만든 것으로 '肥皂나무'와는 아무런 상관이 없지만, 그 이름은 그대로 이어받아 쓰고 있다. 북방에서 비누를 지칭하는 '胰子' 또한 돼지의 췌장 즉 '胰臟'으로 만들어져서 붙여진 이름인데, 이 또한 이름은 남고 실질은 변한 예이다.

　　生活相의 변화는 전에 없던 명칭을 만들어내기도 한다. 지금의 중국인들은 의자생활에 길들여져 있지만, 옛날에는 돗자리와 같은 것을 깔고 그 위에 앉는 생활을 하였다. 나중에 몸을 의지하는 기구가 생겨나면서 '椅'와 '凳'이란 글자가 생겨났다. '椅'는 처음에는 '倚'라는 字로 쓰이다가 후에 생겨난 한자이다. '凳'도 처음에는 '橙'을 빌려 쓰다가 대체되어진 字이다. 돗자리 좌식 생활에서 쓰이던 물건으로 '几'와 우리의 전통식 밥

상과 비슷한 '案'이 있었다. 그러다 의자생활을 하게 되며 이 물건들의 높이를 높게 조절하게 되었는데, 이 새로워진 기물에 이름 붙여진 것이 '卓' 내지는 '桌'인 것이다. 시야가 해방되었으니 '卓見'이나 '卓越'같은 어휘가 생겨났을 듯하다.

그런가 하면 한 단어가 나타내는 의미의 범위에 변화가 생긴 것도 많다. 여기에는 크게 擴大, 縮小, 轉移의 세 가지의 유형이 있다. 擴大의 경우로는 '볼'을 나타내다 '전체 얼굴'을 가리키게 된 '臉', '새의 부리'를 나타내다 '전체 동물의 입'은 물론 '烟嘴儿'이나 '茶壺嘴儿'처럼 '기물의 입모양을 한 부위'를 가리키게 된 '嘴', '농작물'에만 쓰이다 일이나 학습 등의 방면으로 확대된 '收獲', '마른 곡식'을 지칭하다 '모든 곡식'을 지칭하게 된 '粮', '메아리'를 나타내다 '모든 소리'를 지칭하게 된 '響', '소리 내어 울음'만을 나타내다 '소리 내어 우는 것과 소리 내지 않고 우는 것을 모두 포함'하는 '哭', '揚子江'을 지칭하던 것이 '일반 강'을 가리키게 된 '江', 신체의 일부인 '배'를 나타내다 '몸'을 가리키게 된 '身', '야채'만을 지칭하던 것이 '육류를 포함한 모든 요리'를 지칭하게 된 '菜', '爵位'를 나타내다 '일반 남성'을 지칭하게 된 '男', '제왕의 아내'를 나타내다 '일반인의 아내'를 지칭하게 된 '婦' 등을 예로 들 수 있다.

縮小의 경우로는 '각종 냄새'를 나타내다 '나쁜 냄새'만을 나타내게 된 '臭', '남녀 자식'을 나타내다 '아들'에만 국한하게 된 '子', 先秦시대 때 '일반적인 가옥'을 나타내다가 후에 '왕의 거처'를 나타내게 된 '宮', '뜨거운 물'을 나다내 음식으로시의 '국(물)'을 지칭하게 된 '湯', '남자의 통칭'으로 쓰이다 '남편'을 가리키게 된 '丈夫', '조류나 짐승의 총칭'으로 쓰이다 '조류'만을 지칭하게 된 '禽', '모든 고기'를 나타내다 '돼지고기'만을 지칭하게 된 '肉', '사람과 짐승의 살찜'을 나타내다 '짐승의 살찜'만을 나타내게 된 '肥', '마시다'와 '먹다'의 두 기능을 하다가 '먹다'에만 쓰이게 된 '吃', 옛날 남자아이를 낳으면 '弄璋'으로 비유하고 딸아이를 낳으면 '弄瓦'라 한 표현에서도 알 수 있듯이, '흙으로 빚은 물건'을 나타내다 '기와'를 지칭하게 된 '瓦', '나이 든 노인'을 나타내다 '아내의 아버지'를 가리키게 된 '丈人' 등을 예로 들 수 있다.

轉移의 경우로는 '執兵'에서처럼 '무기'를 나타내다 '短兵相接'(육박전)에서 보듯 '사병'을 가리키게 된 '兵', '심다'의 뜻에서 '나무'를 지칭하게 된 '樹', '소송'을 나타내다 '감옥'의 뜻으로 변한 '獄', '눈물'을 나타내다 '콧물'을 지칭하게 된 '涕', '편지 전하는 사람'을 나타내다 '편지'를 나타내게 된 '信', 秦漢시기 '조그마한 官職名'으로 쓰이다 晉隋唐시대에 이르러 '茶, 造塔, 酒, 醫' 등과 어울려 '기능공'을 나타내다 五四이후 '학위 소지자'를 지칭하게 된 '博士', '저울의 추'를 나타내다 '권력이나 권리'를 가리키게 된 '權', '제사용으로 쓰이는 소나 양'을 나타내다 '대의를 위해 개인의 생명이나 이익을 버림'을 나타내게 된 '犧牲', '말을 잘 듣지 않고 괴팍함'에서 '어린아이가 말을 잘 들음'을 나타내게 된 '乖', '소리를 들음'을 나타내다 '냄새를 맡음'을 가리키게 된 '聞', '성장과 소멸'을 나타내다 '뉴스 또는 소식'을 가리키게 된 '消息' 등이 여기에 해당한다. 이러한 語義의 轉移는 모든 언어에서 나타나는 것으로, 그 일례를 영어에서 가져와 보자. 노예를 쓰던 시절 master와 mistress는 각각 '주인님'과 '주인마님'을 뜻하던 같은 선상의 레벨을 나타낸 어휘였다. 하지만 노예제도가 없어진 현재의 뜻은 전혀 다른 뜻으로 전개되어, master는 '어느 한 방면의 기능인'을 뜻하게 되었고, mistress는 情婦를 뜻하게 되었다. nice 또한 원래는 '무식하다'는 뜻이었다가 18세기 들어 '무식하게 하찮은 일에 대해 허점을 골라내는 작업을 하다'의 뜻으로 쓰이다 '정확 내지는 세밀함'을 나타내다

마침내는 '좋다'의 뜻으로 轉移되어진 예이다.

현대중국어가 옛 중국어와 두드러지게 다른 점으로 接詞를 이용한 어휘가 대량으로 생겨났다는 점이다. 접사는 접두사와 접미사로 나누어진다.

○ 접두사
老: 老師, 老婆, 老板, 老虎, 老鼠, 老百姓, 老伴
阿: 阿姨, 阿爸, 阿哥, 阿飛
可: 可愛, 可怜, 可惜, 可笑, 可靠
非: 非常, 非凡, 非法, 非導体, 非金屬, 非賣品
無: 無所謂, 無條件, 無形中, 無奈何, 無論, 無聊

○ 접미사
子: 妻子, 椅子, 騙子, 瓶子, 胖子, 冤子
儿: 花儿, 事儿, 活儿, 盆儿
手: 助手, 凶手, 帮手, 對手, 歌手, 高手, 扒手, 能手
頭: 石頭, 木頭, 盡頭, 口頭, 開頭, 苗頭, 盼頭, 里頭
性: 个性, 可能性, 積极性, 彈性, 慢性, 耐性, 共性
員: 演員, 人員, 裁判員, 隊員, 成員, 服務員, 售貨員
者: 記者, 作者, 編者, 筆者, 先行者, 第三者
家: 專家, 行家, 科學家, 藝術家, 大家, 畵家
士: 碩士, 女士, 護士, 大力士, 傳敎士, 助産士
化: 美化, 現代化, 僵化, 綠化, 同化, 异化, 儿化
品: 食品, 産品, 半成品, 舶來品, 補品, 副産品
度: 長度, 幅度, 高度, 寬度, 難度, 溫度, 深度

12-3. 多義語와 同音語

위의 절에서 언급한 詞義의 확대가 일어난 어휘들은 다의어가 되기 쉽다. 다의어란 같은 외모를 하며, 그 발생 근원은 같되 의미가 나뉘어져 서로 상관된 어휘가 된 것을 지칭한다. 그러므로 다의어가 되면 똑같은 글자로 여러 가지 의미나 기능을 갖게 된다. '肥'를 예로 들어보자. '肥'는 '一塊肥肉'에서는 '脂肪이 많은'의 뜻이고, '這塊地眞肥'에서는 '비옥하다'의 뜻으로, '這件衣服太肥了'에서는 '헐거울 정도로 크다'의 뜻으로, '草灰可以肥田'에서는 '비옥하게 하다'는 뜻이 있다. '白'을 또 예로 들어보면, '眞相大白'에서는 '명백하게 드러나다'의 뜻으로, '白開水'에서는 '아무것도 넣지 않은'의 뜻으로, '白費力氣'나 '白跑一趟'에서는 '효과가 없다'는 뜻으로, '有免票白坐車'나 '白吃一碗米飯'에서는 '공짜'의 뜻이 있다. '問題' 또한 적어도 여섯 가지의 뜻이 있다. '這次考試一共有五個問題.'에서는 '시험문제'의 뜻으로, '沒問題了, 我有的就是錢.'에서는 '의심의 여지가 없다'는 뜻으로, '那也說不定, 問題在于我能不能趕車.'에서는 '중요한 포인트'란 뜻이, '你學醫學有沒有問題?'에서는 '곤란함'을, '工作中存在許多問題'에서는 '약점'을, '時間有問題'에서는 '부적당함'을 나타낼 수 있다. '看病'도 전혀 다른 두 가지 뜻이 될 수 있다. 내가 만일 내과의사이면서 '我要看病去了.'라고 한다면, 일반적인 해석법은 '왕진을 가다'는 뜻이 될 것이다. 하지만 내가 참을 수 없는 심한 알레르기성 피부염을 앓고 있다면, 이 말은 정반대로 피부과 병원에 '진료를 받으러 가다'의 뜻이 될 수도 있다. '淺'도 '見識淺陋'에서는 '깊지 않다'는 뜻으로, '顔色淺'에서는 '옅다'는 뜻을 갖는 多義語이다.

발음이 같으면서 의미가 다른 단어를 '同音語'라고 한다. 동음어에는 '公式/攻勢', '繪畵/會話', '著名/注明', '樹木/書目'처럼 발음이 같으면서 쓰이는 글자가 다른 것이 있는가하면, '寫信'과 '信不信由你'에서의 '信'처럼 발음이 같고 쓰이는 글자조차 같은 경우도 있다. '後天'도 '모레'의 뜻과 '후천적'이라는 두 가지의 해석이 가능하며, '大家'도 '모두'의 뜻과 '(한 분야의)대가'의 뜻이 있다. 이런 경우 또한 발음만 다른 별개의 어휘로, 同音語인 것이다. 같은 글자를 사용하더라도 의미의 연관성이 있으면 다의어로 보지만, 의미의 연관성이 없을 때는 마치 쌍둥이처럼 생김새가 같은 서로 다른 개체로 봐 同音語로 여길 뿐이다. 同音語의 대표적인 예는 '別'을 들 수 있다. 詞典에 보면, '別(bié)'는 4개의 標題字로 등장하는데, 이는 곧 발음과 외모는 같되 서로 다른 글자라는 뜻이다. 그 4개의 의미를 보면 '告別'와 같이 '분리되어지다'의 뜻을 나타내는 것이 있고, '辨別'이나 '差別'처럼 '구분하다'는 뜻을 나타내는 것이 있고, '胸前別着一朵玫瑰'처럼 '달다(부착하다)'의 뜻을 나타내는 것이 있는가하면, '你別走了。'처럼 '~하지 마라'는 뜻을 나타내어, 이 네 개의 표제자의 의미 사이에는 연관성이 느껴지지 않는다. 또 다른 同音語의 대표적인 예는 '花'에서 찾을 수 있다. '鮮花'나 '梅花'에서의 '花'는 꽃을 나타내지만, '花錢'에서의 '花'는 '소비하다'의 뜻으로 의미상 둘 사이에는 아무런 연결점이 없다. '一粒米'와 '四百米接力賽'에서의 '米', '站立'와 '車站'에서의 '站'도 앞의 것은 본토의 것이고 뒤의 것은 영어 및 몽고어로부터의 차용에서 생겨난 同音語일 뿐이다.

 同音語의 생성은 언어 환경의 변화와도 관계가 깊다. 중국어는 음절수가 많지 않은 언어로, 414개의 음절로만 구성되어 있다. 여기에 4聲을 추가한다 하더라도 1,300여 개에 달할 뿐이다. 중국어의 음절이 이렇게 적은 것은 과거에 비해 入聲韻尾의 소실이나 鼻音韻尾의 단순화 및 濁音淸化 등으로 말미암아 어음구조가 간단해졌기 때문이기도 하다. 그래서 '河'와 '合'이나 '輕'과 '淸'처럼 과거에는 서로 다른 발음으로 읽히던 漢字가 同音字가 됨으로써 그 결과 과거에는 異音語였던 '河流'와 '合流'나 '淸

閑(한가롭다)'과 '輕閑(부담이 없다)'이 同音語가 되어버린 것과 같은 경우가 증가한 때문이다.

중국어에는 이런 同音현상으로 말미암은 혼동을 줄이고자 어휘 속의 글자가 바뀐 예도 있다. '期中考試'와 '期終考試'가 그것으로, 중국인은 혼동을 피하려고 '期終考試'를 '期末考試'로 바꿔서 사용하게 되었다. 이처럼 글자를 바꾸어 혼동을 방지하는 것으로는, '全不'와의 혼동을 피하기 위해 '全部'를 '全都'로, '出版'과의 혼동을 피하기 위해 '初版'을 '第一版'으로 고쳐 쓰는 예가 있다. 그런가 하면 '土方(토목공사에서 파내는 흙)'과 '土方兒(민간요법에 의한 처방)', '地方(중앙의 상대 개념)'과 '地方兒(장소)'처럼 원래의 어휘에 '兒'음을 추가하여 同音語를 구분하기도 한다.

'這是一本韻書'와 '火車運輸着大批物資'에서의 '韻書'와 '運輸'처럼 同音語라 하더라도 품사가 다를 때에는 혼동을 야기하지는 않는다. 하지만 同音語가 같은 품사일 때 혼동은 피할 수 없게 된다. '他是一個黑人'은 '黑人'이 무엇을 나타내느냐에 따라 '그는 호적에 올라있는 사람이 아니다'와 '그는 흑인종이다'의 두 가지 해석이 가능하다. 아래는 중국어에 보이는 일부 同音語이다.

枇杷 / 琵琶	公鷄/攻擊	勢力 / 視力
詩意 / 失意	門簾/門聯	加法 / 家法
禮貌 / 禮帽	手指/手紙	郵票 / 油票
事務 / 事物	主義/主意	驕气 / 嬌气
食油 / 石油	中心/忠心	船票 / 傳票
公園 / 公元	外傷/外商	反應 / 反映
公式 / 公事 / 工事 / 攻勢		

그런가 하면, 의미의 유사성에 따라 '內行, 行家, 老把式, 老手, 能手 /

父親, 爸爸, 爹, 老子, 家嚴' 등과 같은 同義語와 '黑↔白 / 大↔小'와 같은 反義語로 나눌 수 있고, 감정의 好惡를 기준으로 '漂亮, 英雄, 珍品, 犧牲'과 같은 褒義語와 '凶殘, 龐大, 賣命, 巴結' 등과 같은 貶義語로 나눌 수도 있다.

12-4. 어휘 확장의 일등공신-연상 및 의미뭉치 활용능력

하나의 기본어휘가 새로운 어휘를 만들어내는 과정에서 인간의 연상능력은 대단한 작용을 한다. '花'는 본래 식물의 생식기관이다. 어떤 식물의 생식기관이냐에 따라 '菊花', '梅花', '桃花', '櫻花', '梨花', '蘭花' 등 서로 다른 이름으로 불리게 된다. 꽃은 여러 가지 특징을 가지고 있는데, 각 특징에 연상능력이 작용하여 새로운 어휘가 생겨나게 된다. 즉, 꽃의 모양에서 연상되어 꽃과 닮은 형상을 한 '浪花', '淚花', '雪花', '禮花(경축행사의 불꽃)' 등이 생겨났고, 꽃의 색채에서 연상되어 다양한 색깔을 나타내는 '花白(머리가 희끗희끗함)', '花紋(장식용 도안이나 무늬)', '花花綠綠(알록달록하다 또는 울긋불긋하다)' 등의 어휘가 새겨났고, 다양한 색깔에서 연상되어 종류가 많음을 나타내는 '花樣(가짓수)', '花花世界(번화한 곳)', '花甲(환갑)' 등이 생겨났으며, 종류가 많다보면 시력이 혼미해질 수 있으므로 '花鏡(돋보기)', '老花眼(노안)' 등이 생겨났으며, 시력이 혼미해짐에서 연상되어 사람을 迷惑함을 나타내는 '花招(속임수)', '花言巧語(감언이설)' 등이 생겨났다. 그런가 하면 꽃의 아름다움에서 연상 발전하여 아름다운 여인을 꽃에 비유하다, 더욱 발전하여 미모로 남자를 호리는 기생을 나타내는 '花娘'이라든가 '花天酒地(주색에 빠진 방탕한 생활)'같은 말이 생겨났다.

'節'을 다시 예로 들어보자. '節'은 원래 '대나무의 마디'를 나타냈다. 나무의 마디와 동물의 뼈마디도 대나무의 그것과 유사한 면이 있는지라 '骨節', '關節', '枝節' 등의 어휘가 생겨났다. 또한 대나무의 마디는 한 단 한 단씩 이루어져 있으므로, 여기에서 연상되어 문장의 구성을 나누는 '章節'이라든가, '音節', '節拍(박자)', 節奏(리듬) 등이 생겨났다. 여기에서 더 발전하여 量詞로도 발전하였으니, 수업시간을 나타낼 때 쓰이는 '節'이 그것이다. 대나무의 마디에서 연상되어 시간의 구분에도 쓰이게 되어, '時節', '季節', '節氣', '春節', '節日' 등의 어휘가 생겨났으며, 마디의 구속하는 형상에서 비롯되어 구속의 의미가 내포되어진 '節約', '節省', '節制' 등의 동사가 생겨났다. 여기에서 한 걸음 발전하여 자신이 스스로를 구속하는 데에도 '節'이 쓰여, '貞節', '節操' 등이 생겨나게 되었다. 그런가 하면 과거 군대를 소집할 때 쓰이던 發兵符가 대나무로 만들어진 관계로 '節'은 '證憑'의 뜻을 갖게 되었다. 즉 신분의 증빙에 쓰인 것이 '符節'이었으며, 외교를 담당하던 사람들은 이 符節을 몸에 지녔으므로, '使節'이라는 어휘가 생겨나게 되었던 것이다.

연상능력은 두 단어를 결합시켜 새로운 추상적인 개념을 나타내는 어휘를 만들어내게도 한다.

山(산) + 河(강) = 山河(국가 내지는 국토)
骨(뼈) + 肉(살) = 骨肉(가장 가까운 혈육)
水(물) + 土(흙) = 水土(자연환경과 기후)
春(봄) + 秋(가을) = 春秋(나이 혹은 한 해)
東(동쪽) + 西(서쪽) = 東西(물건)

'구별'이 기준점이 되어 생겨난 어휘들도 있다. '紅茶'나 '紅糖'은 붉은

색일까? 아니다. 이 둘은 영어로는 'black tea'나 'brown sugar'라 부르는데, 오히려 영어표현이 더 사실적이다. 그러면 왜 중국어는 '黑茶'나 '棕糖'이라 하지 않았을까? 그것은 이 어휘들이 기존의 대세로 자리 잡은 '綠茶' 및 '白糖'과 구별하기 위해 좀 더 확실히 대비가 되는 색을 이름으로 취했기 때문이다. '大'와 '小'도 비슷한 경우로, 둘은 서로 반대되는 개념을 나타내지만 '大'는 '大名'이나 '大作'처럼 존경의 의미가 담겨있고, '小'는 '小看'이나 '小傢'처럼 輕視하는 의미를 담고 있다. 이와 비슷한 방법으로 생겨난 어휘들로 熱門↔冷門, 高潮↔低潮, 旺季↔淡季, 近親↔遠親등의 어휘들이 보인다.

그런가 하면, 比喩에 의해 생겨난 어휘들도 있다. 용의 머리를 연상하여 수도꼭지를 '龍頭'라 하고, 일명 '桂圓'이라고도 불리는 열대과일을 용의 눈을 닮았다하여 '龍眼'이라 하고, 밤에 해야 할 잠을 안자고 무언가를 밤새도록 한다하여 '開夜車'라 하고, 곁에서 북을 쳐줌으로 응원이나 도움을 준다하여 '打邊鼓'라 하고, 찬물을 끼얹어 분위기를 깬다하여 '潑冷水'라 한다.

12-5. 書面語 어휘와 口語 어휘

중국어에는 문장에서 쓰이는 낱말인 書面語와 입말에서 쓰이는 낱말인 口語의 구분이 있다. 書面語는 예부터 써오던 文言 어휘에서 비롯된 것으로, 입말로 나타내기 어려운 장소에서 요긴하게 쓰일 수 있다. 일반적으로 서면어휘는 구어어휘에 비해 장중하고 엄숙한 분위기를 자아내면서도, 짧은 문장으로도 깊은 뜻을 나타내는 역할을 할 수 있다. 만약 어떤 상점에서 상품의 세일을 실시한다면, 그 입구에 '不要錯過好機會啦!'라고 써놓기

보다는 '勿失良機'라고 써놓는 것이 손님들의 주의를 끌기에 더욱 유리할 것이다.

서면어가 자주 쓰이다 구어로 편입되는 예도 어렵지 않게 볼 수 있다. 分數를 나타내는 데 쓰이는 '分之'의 '之'라든가, '父親', '妻子', '矛盾', '啓發' 등도 서면어휘가 구어어휘로 변한 예라 하겠다. 만일 四字成語에 쓰이는 엄청난 양의 서면어휘를 구어어휘로 바꾼다면, '口是心非'의 '口'를 '嘴'로 바꾸어놓은 것과 같이 아주 어색하게 되어 그 기능을 다할 수 없을 것이다. 이해를 돕고자 약간의 서면어휘와 그에 상응하는 구어어휘를 예로 들어보자.

서면어휘	구어어휘	서면어휘	구어어휘
美麗	漂亮	聆聽	听
畏懼	害怕	貧窮	窮
足下	您	恐嚇	嚇唬
誕辰/壽辰	生日	母親	媽媽
逝世	死	居住	住
進餐	吃飯	路費	盤纏
恐懼	害怕	散步	溜達

어떤 서면어휘들은 다른 단음절어와 결합하여 새로운 구어어휘에 편입되는 경우도 많다. 예를 들면, 서면어휘인 '民'이 '農民', '人民', '民主', '民族' 등으로, '目'이 '目的', '目標', '目錄', '節目' 등으로, '非'가 '非常', '非法', '非賣品' 등으로, '無'가 '無效', '無罪', '無線電' 등으로 변신한 것을 볼 수 있다.

12-6. 중국어어휘의 海峽兩岸 차이

대만과 중국본토가 분리되어 각자의 체제를 유지한 것이 어언 80년 가까이 되어간다. 한 40년 정도를 철저히 다른 세계로 살아왔던지라, 두 지역 간의 언어에도 차이가 생기고 말았다. 語法이나 語音 방면에서는 큰 차이가 느껴지지 않지만, 어휘 방면에서는 듣는 순간 예상을 훨씬 벗어나는 경우가 종종 발생하기도 하여, 좀 전 까지 화기애애하던 분위기가 일순간 얼어버리기도 한다. 만약에 대만에서 유학 온 학생이 쉬는 시간에 "要充一下電"이라 말한다면, 옆에 있던 한국인 학생은 '휴대폰을 충전할 건가?'라고 여길 것이며, 대륙에서 온 학생은 '뭐야, 이 친구, 차를 가지고 있었어?' 하며 자동차 배터리를 충전하는 것으로 여길 수도 있다. 하지만 이 대만 유학생은 둘의 기대에 어긋나게 단지 두 눈을 감은 채 기지개를 켜기에 여념이 없을 수도 있다. 사실 이러한 상황이 발생한 것은 '充電'이라는 어휘가 대만에서는 '휴식하다'의 뜻으로 쓰이기 때문이다. 이처럼 다른 어휘를 쓰는 원인은 여러 가지가 있을 수 있으나, 가장 큰 이유는 대만이 예전의 중국사회에서 쓰던 太太라든가 小姐등과 같은 계급성을 띤 어휘를 그대로 쓰고 있는 반면, 대륙에서는 이들 어휘가 추구하는 체제에 어울리지 않아 도태되어진 때문일 것이다. 물론 새로 생겨난 어휘 같은 경우, 이미 계급성과는 관계없는 것들이 많아, 이러한 어휘들은 자연스럽게 대륙에서도 받아들여지는 것들이 있으니, '電腦', '認同', '太空人'등이 그 좋은 예들이다. 이처럼 대만과 대륙사이에 다르게 쓰이고 있는 어휘를 아래에 일부 소개해보도록 한다.

대만 어휘	대륙 어휘
巴士	公共汽車
保險套	避孕套
比照	對照
殘障	殘疾
吃豆腐	調戲
臭屁仙	吹牛大王
傳人	後代
刺青	紋身
負面	反面
涵蓋	包括
計程車	出租汽車
接棒人	接班人
菁英	精華
開刀房	手術室
啓明學校	盲人學校
翹課	逃課
商圈	商業界
速食麵	方便麵
透過	通過
尾班車	末班車
性事	性行爲
衣車 /針車	縫紉機
原子筆	圓珠筆

12-7. 韓中同形異義語

중국어 어휘를 보면 한국어와 같은 한자로 구성된 어휘가 보이는데 그 나타내는 뜻은 한국어와는 다른 예를 종종 발견하게 된다. 이들을 비교정

리해보는 것도 중국어 입문자에게는 어느 정도 도움이 되지 않을까 싶어 정리를 해본다.

	한국어 뜻	중국어 뜻
愛人	연인, 이성 친구	배우자
安靜	심리적인 평온한 상태	조용함, 시끄럽지 않은 상태
包括	전체를 통틀어서	포함하다
把握	충분히 이해하다	성공에 대한 자신감
裁判	사법부의 심사	체육경기의 심판
出産	아이를 낳다	(농공산물을)생산하다, 생산된 물품
出品	전람회에 물건을 전시하다	상품을 만들어내다
打算	개인적 이익을 꼼꼼히 따지다	~할 계획이다
發現	드러내다	발견하다
放心	경계심을 늦추다	안심하다
高等學校	중학에서 대학으로 가기 전의 학교	전문대학 이상의 학교
告訴	피해자가 사법기관에 범인을 고발함	사람에게 어떠한 사실을 알림
格式	신분에 걸맞는 몸가짐이나 규정	공문의 규정
規律	인위적인 규칙	사물 사이의 객관적인 상관 법칙
合算	합계	쓴 돈에 비해 얻는 것이 많음
合體	로봇끼리의 결합	옷이 몸에 맞다
合同	많은 개인이나 기관들이 연합으로	계약서
火氣	불의 뜨거운 기운	노여움, 화
急死	갑자기 죽다	조급해 죽을 지경이다
激動	사회의 분위기가 격렬함	감정의 파동이 심함
檢閱	잡지나 영화 등에 대한 심사	장군이나 고위 공직자의 군대 열병
敎鍊	옛날 학생들의 군사과목	운동코치 및 감독

階段	계단	단계
結實	성과를 거둠	몸이 튼튼함, 물건이 튼튼함
結束	하나로 묶다	끝내다
緊張	정신적인 고도의 집중상태	+공급이 수요를 못 따르는 상태
經理	재무 및 월급 관리	사장
競走	달리기 시합	육상경기 중의 경보종목
覺悟	심리적인 다짐	모호함으로부터의 깨달음
就職	직장을 얻다	(높은 지위에) 취임하다
看病	환자를 돌보다	진찰을 받다
客氣	혈기, 일시적 충동에 의한 자신감의 표출	겸손한 몸짓이나 말투
考試	고급 국가 자격시험	학교에서의 시험
便宜	편리함	값이 싸다
配合	조화로운 비율이 되게 하다	협력활동, 일치함을 유지하다
妻子	아내와 자식	아내
汽車	열차	자동차
求人	일할 사람을 구하다	다른 사람에게 도움을 청하다
水平	평형을 이루다	수준
調劑	약을 조제하다	조절하다, 약을 조제하다
下手	기술이나 수준이 떨어지다	행동을 취하다
小心	쩨쩨하다, 대범치 못하다	조심하다, 주의를 기울이다
兄弟	형제자매	남자형제
演出	(영화의)감독 혹은 기획자	출연하다
顔色	얼굴 빛, 표정	색깔
依賴	(사람에게)부탁하다	(사람, 사물에)기대다, 의지하다
一定	규정되어진	규정되어진, 반드시
一同	모여있는 모든 사람, 전체	함께
意思	어떠한 일을 하고자하는 바람	생각하는 바, 재미
應酬	상대의 불만이나 의견에 대응하다	손님을 접대하다
長大	덩치가 크다	성장하다, 몸집이 커지다

質問	물어봄	문책
小子	겸양의 1인칭 대명사	욕설
工夫	학습	여가, 한가한 시간
新聞	신문	뉴스
師傅	스승	일반남성에 대한 호칭
帮助	나쁜 일에 씀	좋은 일에 씀
老婆	할머니	아내
講究	대책을 세우다	중시하다, 정교하다
暗算	머릿속 계산	음모를 꾸미다
操心	조심하다	걱정하다
出世	사회적 성공	태어나다
先生	타인에 대한 존칭	남편
生水	샘물	끓이지 않은 물
明白	분명하다	이해하다
放學	방학	학교수업을 마치다
出入	나가고 들어옴	오차
食堂	모든 식당	기관 내의 식당
留念	주의를 기울이다	기념으로 남기다
禮拜	신에게 드리는 의식	7일을 단위로 하는 週

제13장

중국인다운 중국어 운용

13-1. 중국어 역사의 퇴적물 成語

成語는 고정된 의미로 쓰이는 점에서 일반적인 어휘와 다르지 않다. 하지만 일반적인 어휘가 쌍음절로 되어 있는 것과 비교해 成語는 4字로 구성된 것이 대부분이다. 또한 成語는 이미 만들어진 기성복과 같은 것이라서 구성하고 있는 일부 글자를 같은 뜻의 다른 漢字로 바꾸거나하면 그 원래의 의미를 상실하게 된다.

成語는 역사적인 産物인 경우가 많아, 만일 그 역사적인 배경을 모르고 단지 그 成語를 이루는 하나하나의 漢字의 뜻을 따라 뜻을 이해하고자 한다면 그 정확한 의미를 전혀 이해하지 못할 수도 있다. 예를 들면 成語 '瓜田李下'를 글자대로 해석을 시도한다면 '오이 밭과 오얏나무의 아래' 가 되어 원래 成語가 지니는 뜻을 전혀 알아차릴 수가 없다. 사실 이 成語 는 樂府詩『君子行』에서 비롯된 것으로, 그 원래의 詩句 '瓜田不納履, 李下不正冠'는 '오해를 사기 쉬운 쓸데없는 행위를 하지 말아야한다'는 뜻이다.

이처럼 대다수의 成語는 그 출처가 분명한데, 成語들은 그 출처에 따라 역사적 사실에서 비롯한 것, 고전작품 속의 寓言에서 비롯한 것, 고전문학 작품 속의 詩句에서 비롯한 것 등으로 구분할 수 있으며, 그 외 민간에서 비롯한 것 중에는 그 출처를 알아내기 어려운 것이 많다. 중국인들이 자주 쓰는 成語는 5000개 정도라고 하며, 그중에서도 사용도가 높은 것들을 골라 유형별로 나누어보면 아래와 같다.

역사적인 사실에서 비롯한 것:
　完璧歸趙: 출처는 『史記·廉頗藺相如列傳』로, 원래의 물건을 완전한 형태로 주인에게 돌려줌을 뜻함.
　負荊請罪: 출처는 『史記·廉頗藺相如列傳』로, 스스로 가시덤불을 등에 메고 상대방에게 처벌 받기를 원함.
　三顧茅廬: 출처는 諸葛亮의 『出師表』로, 劉備가 인재를 얻고자 諸葛亮을 세 번 찾아갔던 고사에서 유래.
　破釜沉舟: 출처는 『史記·項羽本紀』로, 죽기를 각오하고 싸움에 임함을 나타냄.
　四面楚歌: 출처는 『史記·項羽本紀』로, 적들의 공격에 둘러쌓여있음을 비유.
　一字千金: 출처는 『史記·呂不韋列傳』로, 문장이 훌륭함을 나타냄.
　草木皆兵: 출처는 『晉書·符堅載記』로, 극도의 공포감에 쌓여있어 주위의 조그만 움직임도 적으로 느껴짐을 비유.
　臥薪嘗膽: 출처는 『史記·越王句踐世家』로, 발분 작심하여 힘써 노력함을 비유.
　脣亡齒寒: 출처는 『春秋左氏傳』으로, 이해관계가 밀접함을 비유.
　傍若無人: 출처는 『史記·刺客列傳』으로, 태도가 오만함을 비유.

고전 속의 寓言에서 비롯한 것:
　刻舟求劍: 출처는 『呂氏春秋』로, 고집불통으로 변통을 모름 비유.

狐假虎威: 출처는 『戰國策』으로, 권력자의 힘을 빌려 다른 사람을 기만하고 압박함.
守株待兔: 출처는 『韓非子』로, 요행으로 성공을 바람을 비유.
朝三暮四: 출처는 『莊子·齊物篇』으로, 상대를 다룸이 변화무쌍함을 비유.
買櫝還珠: 출처는 『韓非子』로, 취사선택의 잘못과 본말전도 비유.
漁翁得利: 출처는 『戰國策』으로, 쌍방이 싸우는 사이 제삼자가 이득을 취함.
濫竽充數: 출처는 『韓非子』로, 실력 없는 자가 실력자인 척 함.
坐井觀天: 출처는 韓愈 『昌黎先生集』으로, 식견이 짧음을 비유.
閉門造車: 출처는 朱熹 『中庸或問』으로, 객관적 상황을 무시하고 주관에 의해 일을 함을 비유.
望洋興嘆: 출처는 『莊子·秋水』로, 일 앞에서 자신의 무능함 느낌.
揠苗助長: 출처는 『孟子·公孫丑上』으로, 급히 서둘러 일을 망침.
亡羊補牢: 출처는 『戰國策』으로, 소 잃고 외양간 고쳐도 아직 늦지 않음을 강조.
杞人憂天: 출처는 『列子·天瑞』로, 불필요한 걱정.
自相矛盾: 출처는 『韓非子』로, 언행불일치를 비유.
五十步笑百步: 출처는 『孟子』로, 잘못된 차이는 있으나 본질은 같음을 비유.

고대의 경전에서 비롯한 것:
自強不息(『易經』), 쉼 없이 앞으로 해이해짐 없이 전진함을 이름.
殺身成仁(『論語』), 대의를 위해 목숨도 버림을 말함.
不恥下問(『論語』), 아랫사람에게 모르는 것을 묻기를 부끄러워하지 않음.
當仁不讓(『論語』), 해야 할 일은 적극적으로 밀고 나감.
青出於藍(『荀子』), 제자가 스승을 뛰어넘음을 비유
不言而喩(『孟子』), 설명이 필요 없을 정도로 스스로 깨우치게 됨.
殺鷄焉用牛刀(『論語·陽貨』), 조그만 일에 큰 힘을 쏟을 필요가 없다
己所不欲, 無施於人(『論語』), 자신이 하고 싶지 않은 일을 남에게 강요하지 않는다.

고전문학의 시구에서 비롯한 것:
　山窮水盡(蒲松齡『聊齋志异』) 막다른 곳에 이름을 비유
　水落石出(歐陽修『醉翁亭記』) 물속의 돌이 물이 빠져나가며 드러남을
　　　나타낸 표현으로, 흑막이 걷히고 진상이 드러남을 비유
　萬紫千紅(朱熹『春日』) 화려한 봄날을 표현한 것으로, 사물의 다채로움
　　　과 아름다움을 표현할 때에 쓰임
　近水樓臺(兪文豹『淸夜錄』) 물에 가까운 樓臺가 먼저 달빛을 봄을 이르
　　　며, 지위나 관계가 가까워 기회를 먼저 얻음을 비유
　捲土重來(杜牧『題烏江亭』) '捲土'는 말이 달릴 때 일어나는 먼지를 일
　　　컬으며, 실패 후의 재기를 말함
　司空見慣(劉禹錫『贈李司空妓』) 자꾸 보니 아무렇지 않네
　紙上談兵(明,劉三吾) 원 소재는『史記』에, 탁상공론
　一日三秋(『詩經』) 너무나 보고 싶다

민간에서 구전되어지는 것:
　信口開河　터진 입이라고 함부로 말함
　南腔北調　사투리를 구사함
　粗心大意　대충대충 일을 함
　道聽途說　근거없는 소문
　節外生枝　의외의 사태가 벌어지다
　粗枝大葉　생각 없이 일을 벌여 여기저기 탈이 남
　水漲船高　물 들어올 때 배 젓기

　成語는 사람들의 활용과정에서 새로운 뜻이 생겨나기도 하고 의미의 轉移가 일어나기도 하면서 원래보다 더욱 강력한 의미를 전달하기도 한다. 남녀 간의 영원한 사랑의 다짐에 쓰이는 '天長地久'는 원래『老子』에 쓰였던 글귀로 '하늘과 땅은 영원히 존재한다'는 뜻이었다. 그런데 당나라 때 시인 白居易가 唐明皇과 楊貴妃의 사랑을 읊은『長恨歌』에서 七夕날 밤 두 사람이 사랑을 맹세한 후 다시는 만나지 못한 사실을 서술하

며 "天長地久有時盡, 此恨綿綿無絶期"라 표현하였는데, 여기서 유래하여 '天長地久'는 원래 아무런 감정의 색채가 없던 어휘에서 '하늘과 땅보다도 더 오래도록 유지될 남녀 간의 사랑약속'이라는 풍부한 감정색채가 移入된 어휘로 탈바꿈되어 젊은이들의 유행가에도 자주 등장하는 어휘가 되었다.

'濫竽充數'는 『韓非子』에 수록된 한 이야기에서 비롯된 것으로, 齊나라 宣王이 '竽'라는 피리연주 감상을 좋아하여 매번 연주 때마다 300명이 함께 연주하게 하였는데, 그중 연주를 할 줄 모르는 南郭이라는 자가 끼어 있어 여러 차례 연주 후 받는 상여금을 타기까지 하였다 한다. 그런데 宣王이 죽은 후 왕의 자리를 이어받은 宣王의 아들은 獨奏감상을 좋아했던지라 본래 피리를 불 줄 몰랐던 南郭은 사실이 발각될까 두려워 몰래 도주했다는 이야기이다. 이 成語는 후에 상대방에게 자신을 낮추어 말할 때 자신의 높지 않은 능력을 비유하여 쓰이게 되었다.

어떤 成語는 거기에 쓰인 漢字가 僻字라서 자주 쓰이는 漢字로 바뀌어 쓰이는 경우도 있다. '揠苗助長'(yà miáo zhù zhǎng)이 바로 그 예로, 여기에 쓰인 '揠'는 이 成語에만 쓰이는 漢字로, 많은 문자매체가 이 字를 대신해 같은 뜻의 常用字 '拔'를 쓰는 예를 자주 볼 수 있다.

두 개의 成語가 의미는 같으나 나타내는 감정이 다를 수도 있다. '千方百計'와 '挖空心思'가 그 좋은 예로, 둘 다 '온갖 방법을 생각해내다'란 뜻이나, '千方百計'는 긍정적인 면과 부정적인 면에 다 쓰이나 '挖空心思'는 부정적인 측면으로만 쓰이는 성어이다.

어떤 成語는 사람들에게 膾炙되어 쓰이고 있지만 원래의 成語의 뜻과는 무관하게 쓰이는 경우도 있다. '人盡可夫'가 그런 경우인데, 중국인들은 한때 이 成語를 '몸을 파는 妓女'로 이해를 했다. 그도 그럴만한 것이 글자 뜻대로 풀이하면 '누구나 남편이 될 수 있다'가 되어 쉽게 妓女가 떠올려지기 때문이다. 하지만 이 成語는 원래『左傳』에 기재되어진 것으로, 鄭나라 厲公이 大臣 祭仲을 몹시 증오하여, 祭仲의 사위 雍糾란 자와 비밀리에 모의하여 祭仲을 암살하려 했다. 이 일이 雍糾의 아내의 귀에 들어가게 되었고, 그러자 雍糾의 아내는 이 사실을 친정아버지에게 알리면 남편이 죽게 될 터이고, 알리지 않으면 친정아버지가 죽게 될 판이었다. 몇 날 며칠을 고민하다 그녀는 친정어머니를 찾아가 질문을 던졌다. "여자한테 있어 아버지와 남편 중 누가 더 소중한 사람인가요?" 어머니는 이 말을 듣고, 필시 연유가 있으리라 여겨 답을 했다. "人盡夫也, 父一而已, 胡可比也." 그 뜻인즉 "여자는 많은 남자 중에 남편을 선택하는 것이고 결혼 후에도 이혼할 수 있는 대상이지만, 아버지는 일생 한 명뿐으로 둘은 비교의 대상이 아니다."라는 뜻이었다. 훗날 雍糾의 아내는 이 비밀을 발설하였고, 祭仲은 치미는 화를 참지 못해 사위를 죽이고 말았다. 이 원래의 이야기로부터 알 수 있듯이, '人盡可夫'는 '남자는 모두 남편으로 선택될 수 있는 대상이다'라는 뜻으로 지금의 중국인들의 쓰임과는 거리가 먼 成語였던 것이다.

    成語는 그 구성하고 있는 漢字가 옛 뜻을 반영하고 있는 것이라, 현재의 뜻으로 재단하거나 유추하면 그 올바른 뜻을 감지하지 못할 것들이 적지 않다. '短兵相接'의 兵(무기), '日薄西山'의 薄(가까워지다), '無聲無臭'의 臭(냄새), '衆矢之的'의 的(과녁), '大聲疾呼'의 疾(급히), '不卽不離'의 卽(가까이 다가가다), '假公濟私'이 假(빌리다), '感激涕零'의 涕(눈물)와 零(떨어지다), '莫名其妙'의 莫(~라 말다)와 名(말하다), '走馬看花'의 走(달리다), '後生可畏'의 畏(경외롭다), '屢試不爽'의 爽(실수하다) 등이 그 좋은 예들이다.

어떤 成語는 쉬운 漢字로만 이루어졌으나 무슨 뜻인지 알기 쉽지 않은 것들도 있다. '一五一十'(처음부터 끝까지 곧이곧대로), '七上八下'(마음이 혼란함), '風花雪月'(美辭麗句만 늘어놓아 내용이 없는 시구), '之乎者也'(어려운 문구만을 쓰다) 등이 그 좋은 예이다.

중국인이 쓰는 成語는 모두 中國産이다? 그렇지 않다. 중국의 성어 중에는 외국에서 온 것도 있다. '火中取栗'은 '남에게 이용당해 손해를 보다'는 뜻의 成語인데, 이것은 프랑스의 寓言 '원숭이와 고양이'에서 비롯된 것으로, 고양이가 원숭이에게 속아 불 속의 밤을 꺼내다가, 밤은 얻지 못하고 털만 태웠다는 줄거리에서 온 것이다.

아래 보기에 언급한 각 방면의 최고가 될 만한 成語를 찾아보자.

보기: 有頭無尾, 脫胎換骨, 度日如年, 一步登天, 頂天立地, 無米之炊, 一落千丈

가장 긴 다리　　　　(　　　　　)
가장 짓기 어려운 밥　(　　　　　)
가장 키가 큰 거인　　(　　　　　)
가장 복잡한 수술　　(　　　　　)
가장 긴 하루　　　　(　　　　　)
가장 높은 폭포　　　(　　　　　)
가장 긴 문장　　　　(　　　　　)

13-2. 중국인의 속담 諺語

成語가 文言的 색채가 짙은 기성복이라면, 諺語는 口語 색채가 짙은 기성복이라 할 수 있다. 諺語는 우리말로 속담과 비슷한 말로, 우리의 속담처럼 사람들의 경험이 묻어난 말이 많다. 우리의 속담처럼 字數나 형식의 제한이 없어, 내용도 다양하고 형식도 자유롭다. 諺語는 대다수가 민간의 匹夫들에 의해 만들어진 것으로 풍자성을 띈 것이 많다. 송나라 때 田登이라는 한 지방수령이 있었는데, 어찌나 백성에게 가혹하게 대했던지, 사람들은 '登' 字는 물론 '登'과 발음이 같은 字도 쓸 수가 없었다. 보름날, 관아에서는 여느 때와 같이 燈을 내걸어도 좋다는 榜을 붙이려 했으나, '燈'과 '登'이 발음이 같은지라, "本州依例放火三日"이라는 榜文을 내걸었다. 이에 사람들은 田登을 놀리는 諺語를 만들었으니, 그것이 '只許州官放火, 不許百姓點燈'이라는 諺語이다. 이 말은 후에 전횡을 일삼는 통치자를 지칭하는 데 쓰이게 되었다. 또한 成語는 定型性이 강하나, 諺語는 엄격하지 않아 종종 다른 표현을 쓰기도 한다. '三個臭皮匠, 賽過諸葛亮'을 예로 들면, '三個臭皮匠, 頂個諸葛亮'이라 하기도 하고, '三個臭皮匠, 合成一個諸葛亮'이라고도 하는 것이 그 좋은 예이다. 아래에 그 예들을 들어보자.

刀子嘴, 豆腐心
(말은 모질게 하나, 마음은 여리다)
巧媳婦難爲無米之炊
(좋은 기술을 가지고 있어도, 필요한 조건이 갖추어지지 않으면 아무런 소용이 없다)
雷聲大, 雨點稀
(큰소리 쳤으나, 결과는 시원치 않다)
一把鑰匙一把鎖
(다른 방법으로 다른 모순을 해결해야 한다. 즉 모든 사건에는 각기 다른 해결책이 있다.)
交人交心, 澆花澆根
(친구는 화분에 물을 흠뻑 주어 기르듯 진실하게 사귀어야 한다)

挂羊頭, 賣狗肉
(좋은 것을 판다고 선전해놓고 나쁜 물건을 판다)
笑一笑, 少一少, 愁一愁, 白了頭
(웃을수록 기분이 좋아져 젊어지고, 근심할수록 기분이 가라앉아 늙게 된다)
人勤地出寶, 人懶地生草
(근면하면 땅이 보배를 내보이고, 게으르면 잡초를 자라게 한다)
雷打驚蟄前, 高山好種田
(경칩 전에 번개가 치면, 높은 산에 농사짓기가 좋다)
天上鉤鉤雲, 地上雨淋淋
(하늘에 뭉게구름이 피면, 땅에는 비가 촉촉하게 내린다)
月兒亮, 星兒稀, 明天是個好天氣
(달이 밝고, 별이 드물게 보이면, 내일은 분명 좋은 날씨이다)
飯後百步走, 活到九十九
(식후 백보를 걸으면, 99세까지 산다)
病來如山倒, 病去如抽絲
(병이 들 때는 산이 무너지는 듯 증상이 확연하고, 병이 나갈 때는 실오라기를 빼듯이 증상을 잘 느끼지 못한다)
冬吃蘿蔔夏吃姜, 不勞大夫開藥方
(무우와 생강을 제 철에 먹으면, 의사의 처방이 필요 없다)
早飯要飽, 晚飯要少
(아침밥은 배부르게 먹고, 저녁밥은 적게 먹어야 한다)
逢人只說三分話, 未可全抛一片心
(사람을 만나면 말을 적게 하여, 모든 걸 다 드러내지 말아야 한다)
三个臭皮匠, 賽過諸葛亮
(잔 재주꾼 셋이 모이면, 제갈량도 이길 수 있다)
只要功夫深, 鐵杵磨成針
(노력을 꾸준히 하면, 쇠뭉치도 바늘로 만들 수 있다)
有錢能使鬼推磨
(돈이 있으면 귀신도 부릴 수 있다)

學如逆水行舟, 不進則退
(배움은 배로 물을 거슬러 올라가는 것과 같아, 나아가지 않으면 후퇴하게 된다)

百聞不如一見, 百見不如一幹
(실천이 가장 중요하다)

小燕不吃落地的, 鴿子不吃喘氣的
(제비는 공중에서 먹이를 잡아먹고, 비둘기는 벌레를 먹지 않는다)

桂林山水甲天下, 陽朔山水甲桂林
(계림의 자연 풍광이 천하 제일이며, 그중에서도 제일은 양삭의 자연 풍광이다)

上有天堂, 下有蘇杭
(하늘에 천당이 있다면, 지상엔 소주와 항주가 있다)

早穿皮襖午穿紗, 抱着火盆吃西瓜
(新疆자치구지역의 일교차가 큰 날씨를 묘사)

桃三, 杏四, 梨五年, 棗樹當年就還錢
(복숭아는 3년, 자두는 4년, 배는 5년이 걸리나, 대추는 그 해에 돈이 될 수 있다)

楊樹三年不稱活, 棗樹三年不稱死
(버드나무는 3년을 살았어도 살았다고 장담하지 못하고, 대추나무는 3년을 살면 죽을 일은 없다)

智者千慮必有一失, 愚者千慮必有一得
(지혜로운 자라 하더라도 너무 많이 생각하면 잃는 바가 있고, 우매한 자라 하더라도 많이 생각하면 얻는 바가 있다)

旱瓜澇棗
(비가 적게 내리면 참외가 달고, 비가 많이 내리면 대추가 맛있다)

尺有所短, 寸有所長
(길고 짧음은 상대적이다/길고 짧은 건 대봐야 안다)

13-3. 중국인임을 인증하는 歇後語

歇後語란 한자가 나타내는 뜻처럼 말을 전반부와 후반부로 나누었을 때, 후반부를 '쉬어'주는 일종의 퀴즈게임과도 같은 흥미를 유발할 수 있는 정형화된 어휘 형태라고 할 수 있다. 우리말을 예로 든다면 A가 "춘향이의 짝꿍은?"이라 말을 건넨다면, B가 "이몽룡이지"라고 대꾸하는 식이다. 이처럼 그 형태가 독특한지라 유발되어지는 의미전달의 효과도 더욱 배가될 수 있는 형식이다. 하지만 이러한 형식은 중국의 역사나 문화 등에 대한 사전지식이 전제되어지는 것인지라, 중국의 내국인이 아니거나, 내국인이라 하더라도 그 사전지식이 부족한 사람이라면 그 의미를 가늠치 못할 수 있다는 개연성을 가지고 있다. "得病不吃藥(병에 들었는데도 약을 먹지 않는데)—你可怎麼好(어찌 좋아질 수 있겠는가)", "兩個啞巴吵嘴(벙어리 둘이 싸우면)—不知誰是誰非(누가 잘못했는지 알 수가 없다)", "抵門杠做牙簽(문빗장을 이쑤시개로 삼으니)—大材小用(큰 인재를 작은 일에 쓰는 격이다)" 등이 歇後語이다. 하지만 이러한 형식을 남발하여 대화를 이끈다면, 대화가 자칫 격이 떨어지는 국면을 초래할 수도 있다.

歇後語에 주로 쓰이는 방식은 크게 전반부의 해석에 숨어있는 뜻을 나타내는 比喩式, 전반부의 설명에서 얻은 답과의 同音字를 취하는 諧音式 등 두 가지로 나눌 수 있다. 歇後語의 전반부가 "猫哭老鼠"라면, 그 뜻은 '고양이가 쥐를 위해 슬퍼하다'는 뜻이 되어, 쥐를 잡아먹는 것을 특기로 삼는 고양이의 슬퍼함은 거짓임을 알 수 있다. 그래서 후반부에 올 정답은 "假慈悲(거짓된 자비)"가 된다. 또한 歇後語가 "泥菩薩過江"이면 숨어있는 뜻은 "自身難保"가 된다. 흙으로 빚은 부처가 강을 건넌다면, 어찌 중생을 구제하기는커녕 자신의 생명조차 유지하기가 쉽겠는가? 이러한 형태의 歇後語를 比喩式이라 할 수 있겠다.

그런가 하면, 歇後語의 전반부가 "孔夫子搬家"라면, 지식의 대명사라 할 공자님이 이사를 하니, 그 이삿짐의 대부분은 책일 것이다. 그러니 뒤에 올 대답은 "盡是書"이다. 하지만 이 歇後語가 말하고자 한 것은 '책'이 아닌 '책'과 발음이 같은 '패배(輸)'를 말하고자 했던 것이다. 歇後語가 "小葱拌豆腐"이면 접시 위에 차려진 파와 두부를 섞어 버무린 요리가 연상되기 마련이다. 요리재료 중 하나는 파란색이고, 다른 하나는 흰색이니, 이 歇後語의 후반부는 "一靑二白"가 된다. 하지만 이것 또한 이 歇後語가 요구하는 정답은 아니다. '靑'을 同音字인 '淸'으로 바꿔야만 요구하는 정답이 된다. 결국 이 歇後語가 요구한 정답은 '淸白', 즉 '오점이 없이 깨끗하다'인 것이다. 이처럼 同音字를 이용한 것이 諧音式이다.

이처럼 흥미로운 歇後語 중에는 우리가 잘 아는 이야기를 소재로 한 것도 더러 있다. 『三國志』에 나오는 이야기가 그것으로, 우리나라와 일본에서도 엄청난 독자를 확보하고 있는지라, 그 익숙한 등장인물과 행위를 접하면, 그 나타내고자 하는 뜻을 어렵지 않게 짐작할 수 있다.

歇後語에 "劉備摔孩子"란 것이 있다. '훌륭한 인격자로 여겨지고 있는 유비가 아이를 내던졌다'? 얼핏 보기엔 의아해할 일이지만, 이는 엄연히 『三國演義』, 즉 우리가 말하는 『三國志』에 나오는 줄거리의 일부이다. 유비의 군대가 조조군의 습격으로 미처 가족을 챙기지 못하고 도망했을 때, 조자룡이 위험을 무릅쓰고 포대기에 싸인 유비의 아들을 구해오자, 유비는 자신의 아들을 내동댕이치며 화를 내는 장면이 있다. 여기서 자신의 아들보다 자신의 신하를 더 귀하게 여기는 유비를 보고 신하들은 더욱더 유비에 대한 충성심을 키우게 된다. 그래서 이 歇後語가 요구하는 답은 "邀買人心(사람들의 환심을 사다)"인 것이다.

"周瑜打黃蓋"라는 歇後語도 있다. 이 또한 『三國志』와 관련된 것으로,

곤경에 처한 蜀이 吳와 연합으로 魏에 대항하는 과정에서 등장하는 이른 바 저 유명한 '骨肉之計'의 장면인 것이다. 난국을 타개하고자 나이가 지긋한 늙은 신하 黃蓋는 자진해서 곤장 맞기를 청하고, 周瑜 또한 曹操를 속이기 위해서는 취할 수 있는 최상의 방법이었던지라 곤장을 쳐서 자신의 아끼는 충신을 만신창이로 만든다. 그 후 黃蓋는 曹操에게 이를 핑계로 거짓 투항하여, 마침내는 큰 공을 세우게 된다는 내용이다. 이 줄거리에서 알 수 있듯이 黃蓋에 대한 처벌은 양쪽이 합의하여 이루어진 것이다. 그렇기 때문에 이 歇後語의 답은 "一個願打, 一個願挨(한쪽은 때리길 원하고, 한쪽은 맞길 원한다)"가 된다.

"裁縫掉了剪子"란 歇後語가 있다. 재단사의 필수품이 가위와 자(尺)인데, 그중 가위를 잃어버렸으니, 남은 건 자뿐이다. 즉 이 歇後語의 답은 "只剩尺了"이다. 하지만 諧音式을 적용한 것이라 '尺'을 同音字 '吃'로 바꾸어야만 요구하는 답이 된다. "四兩棉花--彈(談)不上"도 '너무 적은 양의 棉花라서 솜을 탈 수 없다'는 뜻으로, 동음자 '彈'과 '談'을 이용한 諧音式의 예이다.

아래에 歇後語를 좀 더 예를 들어보자.

泥牛入海 ─────────── 有去無回
(흙으로 빚은 소가 바다에 들어가니) (한번 가서는 돌아오지 않는다)
老鼠過街 ─────────── 人人喊打
(쥐가 큰길을 건너니) (사람마다 잡으라고 소리친다)
凍豆腐 ─────────── 難辦
(얼어버린 두부) (어찌해야 좋을지 모르겠다)
高射砲打蚊子 ─────────── 大材小用
(곡사포로 모기를 잡으니) (큰 인재를 작은 일에 쓰는 셈이다)
結婚遇見了送殯的 ─────────── 有哭有笑

(결혼식에서 장의사를 만나니) (울음도 있고 웃음도 있네)
兎子尾巴 ——————————— 長不了
(토끼의 꼬리는) (길게 자랄 수가 없다)
黃鼠狼下耗子 ——————— 一代不如一代
(족제비가 쥐를 낳으니) (후대로 갈수록 퇴보하네)
一根筷子吃藕 ——————— 挑眼
(짝 없는 젓가락으로 연근을 먹으니) (눈을 고르다> 트집 잡다)
老鼠落在書箱裏 —————— 咬文嚼字
(쥐가 책 박스 안으로 떨어지다) (글자를 갉아먹다> 일부러 어려운 문자를 쓰다)
劉備借荊州 ———————— 有借無還
(유비가 형주를 빌리니) (빌리기만 하고 돌려주지 않는다)
狗咬耗子 ————————— 多管閑事
(개가 쥐를 잡으니) (쓸데없는 참견을 한다)
千里送鵝毛 ———————— 禮輕人情重
(먼 곳으로부터 새털을 선물로 보내오니) (선물은 가벼우나 그 마음은 두텁구나)
十文銅錢少一文 —————— 九文(久聞)
(10문 짜리 동전에서 1문이 모자라니) (구문, 즉 '오래전부터 들어왔소!')
老太婆打哈欠 ——————— 一望無牙(涯)
(할머니가 하품을 하니) (이빨이 보이지 않네> 끝이 없네)
二十一天不出鷄 —————— 壞蛋
(부화할 날짜인 21일이 지나도 병아리가 나오지 않으니) (상한 달걀> '나쁜 놈'이란 욕)
飛機上放爆竹 ——————— 響(想)得高
(비행기 위에서 폭죽을 터뜨리니) (소리가 높게 난다> 생각의 수준이 높다> 꿈도 야무지다)
外甥打燈籠 ———————— 照舅(舊)
(생질이 초롱불을 켜 든다) (외삼촌을 비추다> 여전하다)

13-4. 중국인의 언어유희 謎語

謎語란 일종의 수수께끼로, 처음엔 민간에서 시작되어 나중에는 文人들의 文字遊戱로 발전되어 현재까지도 전승되고 있는 대중화된 문학형태로도 이해할 수 있다. 隱喩나 暗示 등을 자주 사용하며, 춘추전국시대에 비롯되어, 秦漢 시기에 일종의 창작활동으로 정착하고, 三國시기에 이르러 수수께끼 맞추기가 성행하다, 南宋시대에 이르러서는 우리의 대보름에 해당하는 元宵節의 민속놀이의 하나로 '燈謎'라는 형식으로 자리를 잡게 되었다. 文字를 아는 사람만이 참여할 수 있는 일종의 두뇌게임이라 할 수 있다.

謎語 중 가장 앞서서 나타난 형식을 '字謎'라 할 수 있다. 漢나라 때에는 앞날의 일을 예언하는 '讖諱'가 유행했는데, 그중에서 대표적인 것을 들라면, 漢나라 始祖 劉邦에 대한 讖諱를 들 수 있다. 晋나라 때의『搜神記』에는 孔子가 이미 훗날의 제왕으로 劉邦을 점쳤다는 허무맹랑한 기록이 전해지나, 이는 孔子에 관한 부분의 虛構 여부를 떠나 漢나라 때의 실상을 기록한 것이라 할 수 있는 것으로, 그 일부를 보면 "孔子跪受而讀之, 曰: '寶文出, 劉季握. 卯金刀, 在軫北. 字禾子, 天下服.'"라 하고 있다. 여기서 '卯金刀'는 劉邦의 姓 '劉'를, '禾子'는 劉邦의 字 '季' 字를 쪼개어 놓은 것이다. 여기서 쓰인 '拆字'의 방법은 字謎에 가장 흔히 쓰이는 방법이다.

漢字의 90%를 차지하는 形聲字는 義符와 聲符를 나눌 수 있는데, 이러한 구조적 특징은, '拆字'(글자를 쪼갬)의 방법으로 분리시킨다 해도 분리된 각 부위가 따로 독립된 의미를 나타낼 수 있는 기능을 가능케 한다. 즉 이러한 漢字의 특징은 字謎의 활성화에 촉매제 역할을 했다고 할 수 있다.

字謎 혹은 謎語의 重點이 遊戲性에 있는 만큼 아래에 각 수수께끼의 해답에 해당하는 謎底(수수께끼의 답)를 열거하고 거기에 해당하는 謎面(수수께끼의 문제)을 맞추어봄으로써 字謎 혹은 謎語를 이해해보는 것도 흥미롭지 않을까 싶다.

謎底: 水, 筷子, 做, 郭, 鮮, 蜘蛛, 鋸, 燕, 也, 八, 箸, 風, 蟬, 兎, 彬, 孝, 蚊, 眼鏡, 走馬燈, 日, 刨子

謎面:
　一件東西來回走, 只有牙齒沒有口.
　동서로 왕복하는 물건이 있는데, 이빨만 있고 입은 없다.
　水皺眉, 樹搖頭, 花彎腰, 雲逃走.
　물은 주름이 생기고, 나무는 머리를 흔들며, 꽃은 허리를 구부리고, 구름은 도망가게 된다.
　兩隻翅膀一個牙, 不會飛來只會爬, 生來愛管不平事, 口裏吐出千枝花.
　날개는 두 개인데 이빨은 하나며, 날 줄은 모르고 길 줄만 안다. 태생이 평탄치 못한 일에 참견하길 좋아하고, 입으로는 수많은 꽃들을 내뱉는다.
　有翅無毛, 爬得高高, 不吃粮草, 高聲大叫.
　날개는 있으되 털이 없고, 아주 높이 기어오르며, 풀은 먹지 않고, 큰 소리로 운다.
　長脚小兒郞, 吹簫入洞房, 愛吃紅花酒, 拍手見閻王.
　긴 다리를 가진 꼬마로, 퉁소를 불며 신방에 들어가며, 붉은 꽃술을 즐겨 마시다, 박수를 치면 염라대왕을 만나네.
　夫妻雙雙游江南, 一到江南住高粱, 回家不帶江南貨, 只帶兒女轉回門.
　부부가 짝을 이루어 강남으로 놀러가고, 강남에 도착하면 높은 들보에서 살다가, 집에 돌아올 때는 강남의 물건은 가져오지 않고, 자식만 데

리고 오되 빙글 한 바퀴 돌아서 문을 들어서네.
兩姐妹, 一樣長, 甛酸苦辣她先嘗.
두 자매가 같은 신장이며, 달고 시고 쓰고 매운 맛을 먼저 맛을 보네.
姐妹二人身均勻, 心如潮水一般平, 主人一刻離不得, 恐怕前途看不淸.
자매 둘이 같은 키로, 마음(중앙)은 조수처럼 평온하고, 주인이 한시라도 떨어져있게 되면, 앞이 안 보일까 두려워하네.
槍打沒洞, 刀砍沒痕, 八十歲公公咬得動.
총을 쏴도 구멍이 나지 않고, 칼로 끊어도 흔적이 없지만, 80세 노인이 이로 물어도 움직이네.
小小諸葛亮, 獨坐中軍帳, 擺起八卦陣, 要捉飛來將.
꼬마 제갈량이 중군 휘장 앞에 홀로 앉아, 팔괘의 진을 펼치고, 날아드는 장수를 잡으려하네.
爸爸說它亮, 媽媽說它巧, 哥哥說它六隻脚, 弟弟說它又來了.
아빠는 번쩍인다 하고, 엄마는 솜씨가 있다 하고, 형은 다리가 여섯이라 하고, 동생은 또 왔다고 말하네.
畵時圓, 寫時方, 冬時短, 夏時長.
그릴 땐 동그랗고, 글씨로 쓰면 네모나고, 겨울에는 짧아지고, 여름에는 길어지네.
兩個懶漢一般大, 出來時候不說話, 每逢飯他先到, 做活時候不見他.
두 게으른 사나이가 키가 같아, 나올 때는 말이 없고, 밥 먹을 때마다 먼저 도착하고, 일할 때는 보이지 않네.
這半邊看去是古文, 那半邊看去是古人, 把中心抽掉, 就變成文人.
이쪽 반을 보면 古文이고, 저쪽 반을 보면 古人이며, 가운데를 빼내면, 文人으로 변하네.
高小姐探頭相望, 李小姐半露半藏, 鄭小姐側着耳朵聽端許.
高씨성의 아가씨는 고개를 내밀어 보고, 李씨 아가씨는 반은 드러내고 반은 숨겼고, 鄭씨 아가씨는 귀를 쫑긋 세워 세심하게 경청하네.
半邊生鱗不生角, 半邊生角不生鱗, 半邊離水活不得, 半邊落水難活命.

반쪽은 비늘이 나고 뿔이 없으며, 반쪽은 뿔은 나되 비늘이 없네, 반쪽은 물을 떠나 살 수 없고, 반쪽은 물에 떨어지면 살기 힘드네.
有土能種米麥, 有水可養魚蝦, 有人不是你我, 有馬能行天下.
땅이 있으면 쌀과 보리를 심고, 물이 있으면 물고기와 새우를 기를 수 있고, 사람이 있으면 너와 내가 없고, 말이 있으면 온 천하를 주유하네.
一對燕子朝南飛, 一隻瘦來一隻肥, 一年當中有一次, 一月當中有三回.
제비 한 쌍이 남쪽으로 향하는데, 한 마리는 말랐고 한 마리는 살이 찌고, 1년에는 한 차례 있고, 한 달에는 세 번 있네.
去掉左邊是樹, 去掉右邊是樹, 去掉中間是樹, 去掉兩邊還是樹.
왼쪽을 잘라내도 나무고, 오른쪽을 잘라내도 나무며, 가운데를 잘라내도 나무며, 양쪽을 잘라내도 나무일세.
一母所生十二, 我身排行第四, 南山猛虎爲兄, 北海蛟龍爲弟.
한 어미가 자식을 열둘을 두었으니, 나는 그중 네 번째로, 남산의 맹호가 형이고, 북해의 교룡이 아우이네.
土地公拿根拐杖打兒子.
토지옹(翁)이 지팡이를 들어 아들을 때린다.

13-5. 중국언어의 금기 避諱

漢高祖 劉邦이 왕위에 오르는 과정에서 신하들이 자신의 이름자를 널리 알린 덕을 톡톡히 보았지만, 일단 왕위에 오르자 자신의 이름자인 '邦'을 쓰지 못하게 하고 대신 '國'을 쓰게 하였다. 그 결과, 한나라 때 새겨진 石經碑에는 『論語』에 나오는 "何必去父母之邦"이라는 시구를 "何必去父母之國"이라 고쳐놓고 있다. 이처럼 과거 중국에서는 왕의 이름자를 피해야만 하는 때가 있었다. 이를 어길 시에는 옥살이를 해야 할 수도 있었다.

이러한 왕의 이름자 피하기에서 비롯된 사례를 살펴보면, 秦始皇의 아버지인 莊襄王의 이름 '子楚'를 피하기 위해『史記』에서는 '楚'가 가시가 많은 灌木의 일종으로 그 생김새가 '荊'과 비슷했던지라 '楚'를 '荊'으로 바꾸어 썼으며, 唐太宗의 이름 '世民'을 피하기 위해 '觀世音菩薩'을 '觀音菩薩'로, 六部의 하나인 '民部'를 '戶部'로 고쳤다. 文字獄이 가장 극심했던 淸나라 때에는 康熙帝의 이름 '玄燁'을 피하기 위해 '玄'을 '元'으로 고쳐 썼다. 그 결과 오늘날까지도 紡織業이나 皮革業에 종사하는 사람들은 '검은 색'을 '元色'이라고 표현하며, 淸代 북경의 석탄가게에 '元煤'라고 써 붙인 것도 똑같은 이유에서 비롯한 것이다.

明나라의 11대 황제인 正德帝는 중국사극의 소재가 될 정도로 이슈거리를 많이 만들어냈던 괴짜황제로 알려져 있다. 그는 재위기간 중 자신의 姓 '朱'와 같은 발음인 '猪'가 사람들에게 죽임을 당하는 것이 싫어, 사람들로 하여금 돼지를 도살하는 것은 물론 돼지를 기르면 마침내는 그것을 잡아먹게 되는 것은 정한 이치이므로, 돼지를 기르는 것조차 금지했다 한다. 이 또한 避諱와 관련된 해프닝인 것이다.

중국의 민간에는 西王母의 약을 훔쳐서 달로 달아난 '嫦娥'에 관한 전설이 전해져오는데, 이 '嫦娥'는 원래 '姮娥'라고 하던 것으로, 이 또한 漢文帝 劉恒의 이름자를 피하기 위해서 생겨난 것이라고 한다. 그런가 하면 宋太祖 趙匡胤의 할아버지 이름 趙敬을 피하기 위해 宋代에는 '敬'과 발음이 같은 '鏡'을 '照'나 '鑑'으로 고쳐서, '鏡子'를 '照子'나 '銅鑑'으로 고쳐 부르기도 했다. 宋代에는 똑같은 이유로『韻鏡』이란 책을『韻鑑』이라 부르기도 했다.

현재 표준 중국어에서 쓰이는 '筷子'도 언어의 禁忌에서 생겨난 말이다. 원래 중국어에서 젓가락을 나타내던 말은 우리에게도 나무젓가락

‘衛生箸’로 유명한 ‘箸’이다. 하지만 어업에 종사하는 사람들이 ‘箸’가 ‘머무르다’는 뜻의 ‘住’와 발음이 같은 관계로 이 字를 쓰기를 꺼려하면서 ‘筷’라는 명칭이 생겨났다고 한다. ‘住’는 배가 멈추어서는 것으로, 이는 고장이 났을 때 벌어질 수 있는 상황이다. 그래서 ‘멈추다’의 이미지와 반대인 ‘빠르다’의 뜻을 가진 ‘快’의 발음을 빌려 거기에 사용되어진 재료를 나타내는 ‘竹’과 결합하여 ‘筷’ 字를 만들어낸 것이다. 이렇게 함으로써 어부들은 끼니 때 마다 젓가락을 집으며 접하는 혹시 배가 고장이 나지나 않을까하는 두려움을 떨쳐냈던 것이다. ‘筷子’는 처음에는 ‘筷兒’로 쓰였으며, 明代의 『菽園雜記』에 관련기록이 보이는 것으로 볼 때, 이 字의 생성연대를 明代로 추정할 수 있게 한다.

중국에서는 원래 있던 어휘를 대신해 쓰는 ‘婉言’이라는 자극적이지 않은 표현이 있는데, 이 ‘婉言’ 또한 避諱의 일종으로 볼 수 있다. 이 婉言의 느낌을 실은 어휘를 婉言詞라고도 한다. 이를테면 ‘사람이 죽으면 치르는 장사’를 일반어휘로는 ‘喪事’라 하고, 죽은 자를 넣는 널을 ‘棺材’라고 하는데, 이 둘보다 좀 더 거부감이 덜한 느낌의 ‘後事’와 ‘壽材’라는 婉言詞가 존재한다. 중국어어휘는 단음절어에서 雙音節語로 바뀌어가는 추세인데, 이 婉言도 거기에 한몫을 한 것으로 여겨진다. 예를 들면 ‘凶’, ‘禍’, ‘亡’, ‘死’ 등은 듣는 이로 하여금 달갑지 않은 어휘들인데, 만일 똑같은 뜻을 나타내더라도 그것과 상반되는 어휘를 함께 써서 나타낸다면, 훨씬 더 거부감이 덜 들고, 나아가서는 전혀 아무렇지 않을 수도 있다. 이러한 심리에서 생겨난 것이 아마도 二音節語 ‘吉凶’, ‘禍福’, ‘興亡’, ‘生死’ 등일 것이다.

‘大小便’에 해당하는 婉言詞로 ‘解手’, ‘更衣’, ‘出恭’ 등이 있는데, 이 중 ‘出恭’에 얽힌 재미있는 일화가 있다. 명나라 때 과거시험장에는 일종의 화장실이용권이 있었는데 '出恭入敬牌'라는 것이 그것이었다. 이것은 시험장에서 응시자들이 자리를 제멋대로 뜨지 못하도록 하고자하는 의도에서 나온 조치였다. 그러다 나중에는 서당에서도 이 방법을 응용하게 되었는데, 한 쪽에는 '入敬'이라 쓰고, 반대편 쪽에는 '出恭'이라 쓰인 팻말을 이용해, 수업을 들을 때는 '入敬'쪽을 내보이고, 화장실을 이용하고자 할 때에는 '出恭'쪽으로 돌리게 하여 화장실에 가야하는 상황임을 나타냈던 것이다. 여기에서 생겨난 것이 '出恭'이란 '上廁所'에 해당하는 婉言詞로, 보고자하는 일이 소변일 때는 '出小恭', 대변일 때는 '出大恭'하는 식으로 표현한다.

13-6. 이래도 저래도 한 가지인 중국어

중국어엔 긍정형과 부정형이 똑같은 의미를 가진 표현들이 있다. 예를 들면, '好容易'는 '好不容易'와 같이 '간신히'란 뜻이며, '好熱鬧' 또한 '好不熱鬧'와 같이 '분위기가 뜨겁다'는 뜻이다. '差点儿忘了'와 '差点儿沒忘了'도 둘 다 '하마터면 깜박할 뻔했다'의 뜻이다. '除非你告訴他, 他不會知道'와 '除非你告訴他, 他才會知道'도 둘 다 '당신이 알려줘서 알게 되었다'는 뜻이다.

그런가 하면, 복문 중 앞뒤 문장의 단어를 바꾸어도 똑같은 의미인 것이 있다. 즉 '在家里, 我對儿媳婦像女儿一樣, 儿媳婦對我也像親媽一樣.' 중 '女儿'과 '親媽'의 위치를 맞바꾸어 '在家里, 我對儿媳婦像親媽一樣, 儿媳婦對我也像女儿一樣.'라 해도 그 의미는 똑같이 '난 며느리를 딸처럼 대하고, 며느리는 날 친엄마처럼 대한다.'가 된다. 사실 자세히 분석해보면, 앞의 문장은 '在家里, 我對儿媳婦像(親媽對)女儿一樣, 儿

媳婦對我也像(女儿對)親媽一樣。'에서 괄호 안의 부분이 생략된 형태이고, 뒤쪽 문장은 '在家里, 我對儿媳婦像親媽(對女儿)一樣, 儿媳婦對我也像女儿(對親媽)一樣。'에서 괄호 안의 부분이 생략된 형태로, 원래는 같지 않은 문장이었음을 알 수 있다.

제14장
◇
외래어의 침투

14-1. 외래어란?

　외래어란 서로 다른 언어를 사용하는 민족끼리 교류하면서 필요에 의해 자신의 어휘 속에 없는 상대방민족의 어휘를 빌려다 쓰는 것으로, 교류의 폭이 넓고 깊다보면 피할 수 없이 생기게 되는 현상이라 하겠다. 이러한 어휘는 대개 자신의 기존의 문화에 없던 異文化가 들어올 때 생기는 것으로, 최근에 우리나라에서 성행하고 있는 노래방문화는 원래 일본에서 '가라오케'란 이름으로 시작한 것으로, 우리나라에 처음 도입되었을 때만 하더라도 '가라오케'란 이름을 그대로 빌려서 썼지만, 시간이 흐른 지금은 '노래방'이나 '노래연습실' 등의 이름으로 바뀌어서 사용되고 있다. 우리의 '김치'라든가 '막걸리'같은 전통음식도 상품으로 세계 여러 나라에 수출되고 있는데, 해당 국가에서 이들이 뿌리를 내린다면 이것들의 한국어 명칭이 그들의 사전에도 등록되어질 것이다.
　중국과 교류를 하면서 서양인의 어휘 속에 이식된 중국어 어휘로 우리에게 잘 알려진 silk, china, tea[33] 등이 있는가하면, 양귀비가 즐겨 먹었다는 lychee(荔枝)를 비롯해 weichi(圍棋), timsum(點心), kongfu(쿵후功夫), typhoon(颱風)처럼 그다지 잘 알려지지 않은 것들도 있다. 마찬가지로 중국 또한 외국의 여러 나라에서 그들의 어휘를 차용해서 썼으니, 대략 네 가지의 방식으로 외래어를 차용했음을 알 수 있다.

첫째는 외국어의 발음을 그대로 차용해서 쓴 音譯의 방식으로, 奧林匹克(올림픽), 沙發(소파), 凡士林(바셀린), 檸檬(레몬), 阿斯匹林(아스피린), 瓦特(와트), 打(다스←打怎), 吨(톤), 咖啡(커피), 維他命(비타민), 幽默(유머), 邏輯(로직), 引擎(엔진), 俱樂部(클럽), 雷達(레이다) 등이 있으며, 둘째로는 외래어의 뜻이나 개념을 취해서 意譯한 방식으로, 蜜月(허니문), 冰島(아이슬랜드), 電話(텔레폰), 水泥(시멘트), 汽車(카) 등을 들 수 있으며, 셋째로는 音譯에 意譯을 더한 방식으로, 香檳酒(샴페인), 拖拉機(트랙터), 浪漫主義(로맨티시즘), 新西蘭(뉴질랜드), 愛克斯光(X-레이), 坦克車(탱크), 霓虹燈(네온사인), 啤酒(맥주), 巴蕾舞(발레), 卡車(트럭), 卡片(카드), 冰淇淋(아이스크림), 薩門魚(연어) 등이 있으며, 넷째로는 '洋', '番', '胡', '西' 등을 이용해 만든 것들로 洋葱, 洋灰, 番茄, 番石榴, 胡桃, 胡椒, 胡蘿卜, 西紅柿, 西服 등이 있다.

외래어의 수용과정은 대체적으로 音譯→意譯으로 진행되는 경향이어서, 이를테면 '萊塞'는 '激光'으로, '麥克風'은 '話筒'으로, '梵啞鈴'은 '小提琴'으로 바뀌어버렸다. 그 외 音譯과 意譯이 공존하는 어휘를 몇 개 더 보여 본다.

사이언스　賽恩思 : 科學
가스　　　瓦斯 : 煤氣
스팀　　　水汀 : 暖氣

33　16세기 포루투갈인이 廈門에서 유럽으로 전해진 것으로 알려짐.

시멘트　　士敏土 : 洋灰 : 水泥
넘버원34　　拿摩溫 : 拿莫溫 : 那摩溫

14-2. 중국어에 나타난 특수한 차용어들

중국에는 '中南海'라는 지명이 있다. 중국에 대해 잘 알지 못하는 사람이라면 이 명칭을 보고 중국 동해의 중남부에 위치한 작은 바다의 이름인가하고 오해할 수도 있다. 하지만 이 명칭은 북경에 있는 지명으로, 중국의 최고 권력층 인사들이 거주하는 지역이며, 한때 대륙을 호령하던 毛澤東과 鄧小平도 여기에 거주했었다. 우리로 친다면 청와대와 같은 곳이라고나 할까? 그렇다면 어떤 지역이기에 내륙에 '海'라는 이름을 썼을까? 의아하지 않을 수 없다. '中南海'는 '中海'와 '南海'를 합친 이름으로, 두 지역 모두 호수를 끼고 있어 아마도 물과 관련된 '海'를 써서 나타낸 것이 아닐까하고 짐작하기가 쉽다. 하지만 바다와 호수를 명확히 구분할 줄 아는 중국인이 '中南湖'라 하지 않고 '中南海'라 부르는 것은 이해하기 어려운 일이다. 사실 이는 몽골어에서 비롯된 것으로, 일찍이 중국을 지배했던 元의 황제가 기거했던 宮이 있었던 곳이라고 한다. '海'는 몽골어로 '花園'의 뜻이라고 한다. 그러므로 '中南海'에 쓰인 '海'는 호수와 연결된 花園인 셈이다. '中南海' 위쪽으로는 '北海公園'이 있는데, '中南海'와 '北海'가 원래 한 지역이었다가 '中南海'는 중국 고위층의 거처로 쓰이고 '北海'는 일반에 공개되어 공원으로 쓰이면서 '北海公園'이란 이름이 생겨나

34　영어의 number one의 音譯으로, 우리의 작업장의 십장과 같은 뜻이며, 중국에선 대개 여자가 담당했다.

게 된 것이다. 그러므로 '北海公園'은 '정원'이란 뜻이 '海'와 '公園'에 두 번 중복되어 쓰인 예인 셈이다.

현재 중국에서 전국적으로 통용되고 있는 '站'이 있다. 이 어휘는 원나라 때의 통치자 몽고족이 당시 최고의 교통수단이던 말을 갈아탈 수 있도록 배치한 지역으로, 말이란 동물은 강인한 체력과 스피드로 당시 지방과 지방을 연결하는데 있어 없어서는 안 될 중요한 교통수단이었다. 하지만 아무리 강인하다해도 일정거리를 달린 후에는 스피드에 있어 효율성이 떨어지므로, 그 체력이 떨어질 즈음의 지역에 말을 교체할 수 있는 지점을 지정해놓았으니 그것이 驛站이었던 것이다. 이 '站'은 말을 대체한 각종 교통수단이 정류하는 곳을 지칭하게 되어 北京站, 南京站, 上海站 하는 식으로 전국 교통망을 아우르는 車站이 되었으며, '방송중계를 담당하는' '中繼站', 변전소를 나타내는 '變電站', '수력발전소'를 나타내는 '水電站', '식량'의 보급과 관리를 담당하는 '糧站', 우리의 氣象臺에 해당하는 '氣象站' 등 다방면으로 활용되어지고 있다. 그 외, 북방지역에서만 쓰고 있는 '衚衕'은 몽골족의 지배를 받던 때부터 시작해 오래도록 써온 몽골어에서 차용한 외래어이다. 몽골어에서 차용한 것 중 아직도 쓰고 있는 것으로 '蘑菇'와 '哈巴狗'도 있다. '喇叭' 또한 몽골어에서 온 것이다.

동북지역의 지명 哈爾濱은 만주어에서 비롯된 것으로 원래의 뜻은 '漁網을 말리는 곳'으로, 만주족 어민이 살던 지역임을 알 수 있다. 吉林 또한 '강을 따라 늘어선 지역'이라는 '吉林烏拉'이란 만주어에서 축약되어져 쓰이고 있는 지명이다. 그런가 하면 烏魯木齊는 '아름다운 목장'이라는 몽골어에서 비롯된 지명이다.

일본인의 장기간의 점령기간 중 생겨난 地名도 있다. 臺灣에서 臺北 다음으로 큰 도시인 高雄의 원래 이름은 '打狗'였는데, 이를 처음 들은

일본인들이 듣기엔 그 발음이 일본어의 발음 'たかぉす'와 흡사한지라, 일본어의 훈독한자 '高(たか)'와 음독한자'雄(ぉす)'를 결합하여 漢字로 표기하면서 생겨난 地名이다.

'에이즈'는 '후천성면역결핍증'의 영문명 Acquired Immune Deficiency Syndrome의 대문자 AIDS를 축약한 발음에서 비롯되었는데, 이것을 중국어로는 '愛滋病'이라 하며 때론 '愛死病'이나 '艾滋病'으로 표기하기도 한다. 흥미로운 것은 '愛死'라는 표현 같다. 주지하듯이 '에이즈'는 감염자의 대다수가 紊亂한 性 접촉에 의해 발생하는 것으로 여겨지는 만큼, '사랑을 잘못하면 죽음에 이름'을 나타내는 것으로 여겨질 수 있기 때문이다. 이러한 축약형 표현에서 비롯된 어휘가 또 있으니 '托福'가 그것이다. 미국대학들은 비영어권학생들이 미국으로 유학을 하고자할 때 'TOEFL'성적을 요구하는데, 이 '토플'은 다름 아닌 'Test of English as a Foreign Language'의 대문자만을 취한 축약어이다. 이것을 중국어로 옮긴 것이 '托福'인 것이다. 'Rader'의 中譯語 '雷達'도 'Radio Detecting and Ranging'의 축약어에서 비롯된 것이다. 地鐵, 飛播, 流感, 彩電도 각각 '地下鐵路', '飛機播種', '流行性感冒', '彩色電視機'의 중국식 축약어이다.

얼마 전, 어쩌면 중국어사전에 한국어에서 비롯된 외래어가 기록될 수도 있지 않을까하는 기대감을 갖게 하는 사건이 발생했다. 韓流가 성행하는 시기이니 그럴 수 있을지도 모르지라고 생각할 수도 있겠지만, 이 사건은 축구장에서 벌어졌다. 영국 프리미어리그에서 활약하고 있는 손흥민 선수가 그 주인공이었다. 2018년 9월 아니면 10월 중하순의 하루였지 싶다. 필자는 박지성의 활약에 열광하기도 했지만, 그의 뒤를 이어 영국 프로축구에서 시원한 골을 넣으며 크게 활약하고 있는 손흥민 선수의 경기도 가끔씩 시청하곤 한다. 당시 손흥민 선수는 인도네시아에서 열렸던

아시안게임에 참가하여 금메달을 따고 병역면제의 혜택과 함께 영국프로리그에 복귀한 지 그다지 긴 시간이 지나지 않은 시점이었다. 중계화면에 잡힌 경기장모습 중에 관중석 앞쪽의 하단에 설치된 배너들 속에서 평소와 다른 宣傳 걸개가 하나 눈에 들어왔다. 거기엔 "恭喜孫興慜歐巴喜提英超通行證! 懷挺思密達!"라고 쓰여 있었다. 처음엔 잠시 '저게 뭐지?'하며 의아해하다, 손흥민의 이름이 언급된 것을 보고 응원문구일 것이란 짐작이 들었다. 뒤이어진 충격은, 한편으론 엄청난 비용이 들 걸개를 한 개인이 부담한 것으로 보여 놀라웠고, 다른 한편으론 한국어표현을 중국어로 옮긴 점에 놀랐다. 이 중국어 문장을 한국어로 옮긴다면 이럴 것이다. "손흥민 오빠가 영국 프리미어리그 통행증을 손에 쥔 것을 축하합니다! 파이팅 합시다!" 이 문구에는 현재 한국인들이 자주 쓰는 '오빠'와 '파이팅'이란 어휘와 한국어의 서술형 종결어미를 나타낸 표현이 등장한다. 차례로 '歐巴', '懷挺', '思密達'가 그것들로, 이 어휘들은 중국어에는 없는 어휘들인 것이다. 물론 이 응원문구가 손 선수로 하여금 보게 하려 한 것이 목적이었다면, 게시자의 의도와 걸맞게 손흥민이 그 뜻을 이해했을지는 물론 여전히 의문부호일 테지만 말이다.

14-3. 아편전쟁 이전에 중국에 들어온 외래어

중국에 가장 이른 시기에 전래된 외래어는 동식물명 및 악기, 기물 등의 명칭에서 보이는데, 이들은 모두 西域지역에서 들여온 것으로 西域과 중국 사이의 활발한 교류에 의해 생겨난 것이 틀림없다. 대표적인 것으로는 葡萄, 石榴, 獅子, 酥, 玻璃, 霹雲逮등이 보인다. 葡萄는 『史記·大宛列傳』에 그 명칭이 처음 보이나, 『通志略』에 와서야 "張騫使西域, 得其種

而還, 中國始有."란 기록이 보인다.『北京大學學報-人文科學』(1957년 第1期)에 따르면, 미국국적의 독일학자 B. Lanfer(中國譯名, 勞弗爾)는 1919년에 발표한 그의 논문에서 '葡萄'란 중국어휘는 옛 페르시아어인 Batak이 당시 大宛國이 있던 지금의 우즈베키스탄 지역으로 들어온 것으로 밝혔다. 石榴는『博物志』에 "張騫使西域, 得安石國榴種以歸, 故名安石榴"라 기록하고 있어, 石榴란 식물은 원래 安石國에서 들여온 것인지라 그 나라이름을 따서 安石榴라 이름 지어졌던 것으로, 후에 줄여서 오늘날과 같은 명칭이 되었음을 알 수 있다. 獅子는『漢書西域志』에 '師子'란 이름으로 처음 보이며, 그 명칭의 외모로 볼 때, 오늘날의 '獅子'란 원래의 명칭에 意味部가 추가되어 이루어진 것임을 알 수 있다. 酥는 오늘날의 '연유' 내지는 그걸 이용한 유제품으로 보이며,『說文解字』에는 보이지 않고『玉篇』에는 보이는 것으로 보아, 그 전래가 漢代 이후일 것으로 보인다. 玻璃는『唐書·西域傳』에 처음 보이며, 동로마제국으로부터 들여온 것으로 기록되어 있으며, 唐代의 시인 韓愈와 李商隱의 詩에도 등장하는 것으로 보아 新羅와 같은 시기에 수입되어진 것으로 보인다. 靉靆逮는 宋나라 때의 趙希鵠『洞天淸錄集』에 "老不辨細書, 以此掩目則明"으로 기록되어 있어, 오늘날의 안경 내지는 돋보기로 보인다. 西域으로부터 들여온 사물들의 명칭이 漢代와 唐代에 집중된 것은 당시 두 나라의 국력의 확장과 깊은 연관이 있다. 이 시기에 같이 중국어에 차용된 외래어로는 胡麻, 胡瓜, 琵琶, 胡椒, 胡琴 등이 있다. 이 중 胡椒는 印度에서 들여온 것이다.

漢나라 때는 국력이 대외적으로 팽창했던 시기로, 서역에서의 새로운 외래어뿐만 아니라 불교의 전래로 수많은 불교용어들이 중국어의 어휘에 편입되어지게 되었다. 東漢시대 1세기경부터 印度로부터 들여온 佛敎는

唐나라 때까지 중국에 크나큰 영향을 미쳐, 北魏의 宣武帝는 직접 불경을 講說하기도 했다. 이 당시 印度와의 적극적인 교류는 佛, 菩薩, 塔, 懺悔, 刹那, 僧, 金剛, 羅漢, 如來, 因緣, 慈悲, 涅槃, 伽藍, 魔, 閻羅 등 수많은 불교어휘뿐만 아니라, 당시 印度에서 쓰이던 蘋果, 琉璃, 茉莉花 등 문화어휘도 중국어어휘에 편입되게 하였다. 이때 들어온 외래어 중 아직도 쓰고 있는 것들을 더 들어 보이면 地獄, 世界, 現在, 因果, 結果, 莊嚴, 法寶, 圓滿, 智慧, 平等, 歡喜, 煩惱, 魔鬼, 一切, 墮落 등 그 수가 아주 많다. 이중 世界, 現在, 因果, 結果등은 전혀 그것들이 불교용어에서 왔다는 사실조차 알아차릴 수 없는 지경이 되었다.

이 이전까지만 하더라도 '세계'라는 뜻은 '天下'가 대신하고 있었다. 『楞嚴經』에는 "東,西,南,北,東南,西南,東北,西北,上,下爲界, 過去,未來, 現在爲世"라 하여, '世'는 시간적 개념으로, '界'는 공간적 개념으로 인식하고 있음을 알 수 있어, 중국어에 원래 있던 '宇宙'(『淮南子』에 보임)와 같은 개념임을 알 수 있다. 佛經에서는 '三世'와 '三界'를 나누고 있어 '三世'는 과거,현재,미래를 지칭하고, '三界'는 欲界,色界,無色界를 지칭했다. 그러다 나중에는 '世'의 의미가 소실되고, '界'의 의미가 '世'의 의미까지 집어삼키게 되어, 지금과 같은 '世界'의 의미가 되었던 것이다. '因果'도 원래는 없던 어휘로, 이전의 중국어에서는 '果'는 '과일열매'의 뜻이었다. 그런데 불경을 번역하는 사람들이 '因'과 '果'를 빌려다 '原因'과 '結果'를 나타내면서 현재와 같은 뜻이 생겨난 것이다. '魔鬼'라는 어휘는 불교가 전래와 더불어 생겨난 것으로, 처음에는 '障害' 또는 '破壞'를 뜻하는 산스크리트어의 mara의 對譯語로 쓰인 '魔'에 후대에 '鬼'가 추가되어 이루어진 어휘이다. 이 외에도 '책을 읽다'의 뜻으로 쓰이고 있는 '念'도 불교용어 '念佛' 및 '念經'에서 온 것이며, '緣分'이나 '因緣'에 쓰이는

'緣'도 불교용어에서 온 것이다. 이외에도 '不可思議', '不知不覺', '本來面目', '利他', '方便' 등 우리가 전혀 눈치 못 채고 있는 어휘들도 원래는 불경에서 비롯한 것들이다.

明末清初에 이르러 서양의 선교사들이 중국의 문을 두드리면서 이전과는 사뭇 다른 교류의 장이 펼쳐지게 되었다. 明나라 때 중국대륙에 들어오기 시작한 서양선교사들이 중국에서 선교활동을 하면서 비롯된 것으로, 그들은 중국에서 생을 마치는 등 장기간 생활을 하면서 포교를 위한 출판사업도 병행하였는데, 이때 종교 관련 어휘뿐만 아니라 과학 관련 어휘도 漢字로 소개되었다. 聖經, 上帝, 耶蘇, 彌撒, 洗禮, 十字架, 幾何, 三角, 測量, 哲學 등의 어휘가 이때 소개된 것들이다.

이외에 19세기 중기(정확히는 1842년과 1852년)에 魏源이 쓴 『海國圖志』에는 火輪舟, 火輪車, 鐵轍(오늘날의 鐵軌), 轍路(鐵路의 前身), 公司, 銀館(銀行의 前身으로 당시 중국에는 銀店이란 자생은행이 있었으며, 銀館은 외국자본에 의해 생긴 것이었다), 赤道, 冷帶, 熱帶, 溫帶, 地球, 螺絲釘, 自來火, 千里鏡, 量天尺, 千斤秤등의 새로운 어휘들이 보인다. 이들 중 많은 수의 어휘들이 후대에 이름이 바뀌었으니, 冷帶는 寒帶로, 自來火는 洋火 혹은 火柴로, 千里鏡은 望遠鏡으로, 量天尺는 寒暑表로, 千斤秤은 起重機로 이름이 바뀌게 되었다.

14-4. 아편전쟁 이후에 중국에 들어온 외래어

그 뒤 또 한 차례 대량으로 외래어가 유입된 것은 아편전쟁 이후로, 이때는 여러 나라에서 새로운 어휘를 받아들이게 되었다. 아랍어에서는 '阿芙蓉(鴉片)'을, 스페인어에서는 '談巴菰'(담배)와 '雪茄'(시가)를, 이탈리아어에서는 '蘇打'(소다)를, 포루투갈어에서는 '坦克'(탱크)를, 러시아어에서는 '拖拉机'(트랙터)를, 영어에서는 '德謨克拉西'(민주주의), '納粹'(나치), '司的克'(스틱), '德律風'(텔레폰), '密司特'(미스터), '密司'(미스), '古的拜'(굿바이), '恤衫'(셔츠), '拉士卡'(라스트 카), '波'(볼), '摩登'(모던), '米突'(미터), '立特'(리터), '歇斯底里'(히스테리), '吉他'(기타), '休克'(쇼크), '盤尼西林'(페니실린), '麥克風'(마이크폰) 등을, 일본어에서는 '環境', '目的', '綜合', '相對', '絶對', '分析', '支配', '手續', '否定', '肯定', '客觀', '固體', '細胞', '直接', '金融' 등을 비롯한 많은 어휘를 차용하였다. 이 중 일본어에서 차용한 외래어는 원래 한자로 되어 있던 터라 지금까지도 그대로 사용하고 있고, 그 외의 언어에서 차용한 것들은 다수가 또 한 차례의 意譯을 거친 漢字化를 통해 아래와 같은 意譯語로 주류로 편입한 낱말들도 많다.

音譯 →	意譯
談巴菰(tobacco)	煙草
德律風(telephone)	電話
德謨克拉西(democracy)	民主主義
司的克(stick)	手杖
恤衫(shirt)	襯衫
摩登(modern)	時髦
拉士卡(last car)	末班車
盤尼西林(penicillin)	青黴素
麥克風(microphone)	擴音器
菲林(film)	膠卷
幽浮(UFO)	飛碟

이 시기에 들여온 외래어 중 그 主流를 이루는 것은 확연히 일본에서

들여온 외래어들이다. 일본에서 들어온 외래어가 큰 마찰 없이 중국어로 편입될 수 있었던 것은, 중국인들도 서양에서 들어온 수많은 개념들을 자신의 언어로 번역해야하는 과정이 필요했는데, 중국에 한발 앞서 개방을 한 일본은 이미 수많은 서양에서 들어온 개념들을 힘든 과정을 통해 적합한 번역어를 만들어낸 상태였다. 그런데 그들이 한 작업은 히라가나 가타카나로 번역해 놓은 것이 아니라, 중국인들도 쓰고 있는 漢字를 이용해 번역해 놓은 것들이라서, 중국인들이 재차 골머리를 썩이며 번역작업을 진행하지 않아도 되었으며, 자신들이 쓰고 있는 문자로 되어있는지라 거부감도 별반 없었기 때문이다. 이렇게 일본에서 들어온 번역어들은 오늘날 이들이 없으면 중국어로 대화가 되지 않을 정도로 아주 깊이 중국어에 그 뿌리를 박게 되었다.

　일본에서 중국으로 전해진 漢字로 번역된 외래어는 그 만들어진 방식에 따라 크게 두 가지로 나눌 수 있다. 첫째는 옛날부터 중국어에 있던 어휘를 이용해 새로운 개념을 담아낸 것으로, 이를테면 舊甁에 新酒를 담은 격이며, 둘째는 두 개의 漢字를 이용해 전혀 새로운 개념을 표현한 쌍음절어를 만들어낸 것으로, 新甁에 新酒를 담았다 하겠다.

　낡은 부대를 이용해 새 개념을 표현한 것으로는 '天命을 바꾸다'란 뜻으로 『易經』에 나왔던 것이 영어의 'revolution'을 대체하게 된 '革命', 원래 『孟子』에 나오며 '윗사람은 베풀고 아랫사람은 흉내를 낸다'는 뜻의 '敎'와 '아들을 착하게 만들다'는 뜻의 '育'이 합쳐져 영어의 'education'을 대역한 '敎育', 원래 『論語·先進篇』에 '文章博學'의 뜻으로 쓰였다 영어의 'literature'를 대역한 '文學', 원래 『說苑』에 '文德敎化'의 뜻으로 쓰였다 영어의 'culture'를 대역하게 된 '文化', 원래 『易經』에서 '文章이 있어 능히 밝아지다'의 뜻이었다가 영어의 'civilization'을 대체한 '文明',

원래는 '經世濟民'의 뜻이었다가 영어의 'economics'를 대체한 '經濟', 『莊子』에서 '두레박틀'을 나타냈던 '機械'가 영어의 'mechanical'이나 'machine'을, 韓愈의 詩 『與柳中丞書』에 나오는 '機會'가 영어의 'opportunity'를, 『書經』에 '그 말로부터 추론컨대'의 뜻을 나타내다 영어의 'speech'를 대체한 '演說', 『國語』에서 '뜻이 같음'을 나타내다 영어의 'comrade'를 대체한 '同志', 『莊子』에 나온 '精神'이 영어의 'spirit'을, 『孟子』에서 '전체를 갖추고 있음'을 나타내다 영어의 'concrete'를 대체한 '具體', 『東京夢華錄』에서 '제삿날 生員들의 모임'을 나타내다 영어의 'society'를 대체한 '社會', 白居易의 詩에서 '수고하다'의 뜻으로 쓰였으나 영어의 'work'를 대체한 '勞動', 『元史』에서 '주위를 빙 돌다'의 뜻에서 영어의 'environment'나 'circumstance'를 대체한 '環境', 『隋書』에 '險地에 주거하여 보위하다'는 뜻에서 영어의 'insurance'를 대체한 '保險', 杜牧의 詩에서 '기쁨'의 뜻으로 쓰였으나 영어의 'signify/mean'을 대체한 '意味' 등을 들 수 있다.

새 부대에 새 술을 담은 것으로는 哲學,科學,化學,物理學,命題,對象,目的,定義,原則,前提,意圖,背景,情報,現實,現象,綜合,進化,出版,代表,觀念,意識,槪念,條件,成分,物質,關係,反應,警察,系統,政策,企業,歷史 등등의 명사와, 肯定,不定,直接,間接,主觀,客觀,積極,消極,絶對,抽象 등 형용사와, 槪括,調整,批判,解放,改善 등의 동사가 대표적인 예들이다.

어떤 번역어들은 수차례 수정을 거쳐 이루어진 것도 있다. 영어의 'logic'이란 단어는 처음 중국인 嚴復에 의해 중국고대의 철학가집단을 대표하는 명칭인 '名家'에서 힌트를 얻어 '名學'이라 번역되었으나 대중의 환영을 받지 못했고, 그 후 일본에서 번역한 '論理學'이란 명칭을 수용했으나, 현재는 '邏輯'를 대세로 받아들이고 있다. 영어의 'difinition' 또한

嚴復에 의해 '界說'이라 번역되었으나 후에 일본어번역어 '定義'가 채택되었으며, 'soda'는 처음엔 일본어번역어 '曹達'을 썼으나 지금은 중국어번역어 '蘇打'가 대체했다.

대다수의 외래어들은 'laser'가 '萊塞'를 거쳐 '激光'으로 정착하였듯이 音譯語→意譯語로의 과정을 거친다. 하지만 音譯語에서 意譯語로 바뀌어 정착하는 과정이 순조롭지 않을 수도 있다. 지금은 '擴音器'로 정착한 외래어 'micro-phone'도 음역어 '麥克風'을 거쳐 意譯語로 바뀌는 과정에서 한때(1950년대)는 詞典마다 다른 표기를 하여 '傳聲器,傳音器,播音器,廣播器,擴聲機,擴音機,擴音器,揚聲器,强音器,增音器,微音器,聽微機,顯微聲器,顯微音器' 등 무려 14개의 명칭이 공존한 적도 있었다. 일부 어휘에 있어서는 두 개의 意譯語가 어느 정도 경쟁 상태에 놓여있는 경우도 있어, 保險套/避孕套, 傳人/後代, 涵蓋/包括, 計程車/出租汽車, 水準/水平, 速食麵/方便麵, 原子筆/圓珠筆등이 그것들이다. 그렇다면 굳이 이렇게 힘들게까지 意譯語로 바꾸고자하는 이유는 무엇일까? 그것은 漢字가 表意性이 두드러지는 문자이다 보니 눈으로 확인하면 곧바로 그 이미지가 머리에 전달되어지기 때문일 것이다. 그러나 이 意譯語가 100% 만족할만한 것은 아니어서, 일부 전문용어 같은 경우 중국어로 된 意譯語 외에 원래의 용어도 따로 암기해야하는 불편이 있다. 만일 의사가 신경통을 앓고 있는 환자에게 처방전을 써주길 'sciatica'라 했다면, 거기에 해당하는 중국어 의역어가 '坐骨神經痛'이라 할지라도 原語와 意譯語 사이의 의미상의 매치가 이루어져있지 않다면 고개를 갸우뚱할 수밖에 없다.

중국의 지명중에는 두 개의 음역어가 공존하는 경우도 있다. '에베레스트 산'을 일컫는 '珠穆朗瑪峰'과 '埃佛勒斯峰'이 그것인데 어찌하여 두 가지의 음역어가 존재하는 것일까? 에베레스트 산은 1858년 당시 에베레스트 산의 높이를 측량한 인도 測量局에 근무하던 영국인 局長의 이름을 따서 붙여진 이름이었고, 이 이름은 영국에 의해 전 세계에 알려지면서 세계적으로 인정받게 된 공식명칭인 것이다. '埃佛勒斯峰'은 이 공식명칭에 대한 음역어이다. 그렇다면 '珠穆朗瑪峰'이란 명칭은 어찌된 일인가? 이것은 淸나라 康熙 54년(1717)에 만들어진 『皇輿全覽圖』에 보이는 '朱母郎馬阿林'에서 비롯한 것으로, 여기서 '阿林'은 滿洲語로 '山'의 뜻이고 '朱母郎馬'는 티베트어로 '세 번째 女神'이란 말을 음역한 것으로, 1952년 당시 북경대의 한 교수에 의해 밝혀지면서, 이 명칭에 근거하여 좀 더 멋스럽게 고쳐진 것이 '珠穆朗瑪峰'인 것이다. 그 후 중국에서는 '珠穆朗瑪峰'을 공식명칭으로 채택하여 지금에 이르게 된 것이다. 즉 이 두 개의 이름은 시대를 달리하는 두 개의 음역어에서 비롯된 것으로, 토착민의 언어를 고려하지 않고 만들어낸 이름이 세계 공용어가 되면서 생겨난 불필요한 명칭의 중복인 셈이다.

어떤 외래어는 번역과정에서 두 개의 단어를 만들어내기도 한다. 영어 'unit'는 '單位'와 '單元'으로 번역되었는데, '單位'는 '십 단위'니 '만 단위'니 하는 숫자에의 쓰임 외에 기관이나 단체의 각 부문을 지칭하는 데도 쓰여 '生産單位', '行政單位' 등으로 쓰이기도 하며, 더 발전하여 '직장'을 지칭하기도 한다. '單元'은 일본에서는 '한 주제에 대한 학습량'을 나타내는데 쓰나, 중국에서는 위의 쓰임보다는 아파트 단지의 '한 門을 통해 진입하는 주거 집체'를 표시하는데 많이 쓰인다.

어떤 새 개념은 일본어번역과 중국어번역이 동시에 존재하는 것도 있어, 일본과 중국에서의 용어가 다른 경우도 있다.

영어	일본번역어	중국번역어
automobile	自動車	汽車
cooperative society	組合	合作社
engineer	技師	工程師
movie	映畫	電影
object	客語	賓語
postage-stamp	郵便切手	郵票
post-office	郵便局	郵政局
president	大統領	大總統
railway	鐵道	鐵路
station	停車場	車站
steamship	汽船	輪船
train	汽車	火車
watch	時計	錶
photograph	寫眞	照片

위에 예를 든 많은 어휘의 原典과 실례들은 중국인 언어학자 王力이 펴낸 『漢語史稿-下冊』(1980)의 도움을 크게 받았다. 王力은 이 책 제4장의 말미에서 "在差不多所有的哲學名詞、科學名詞和文化用語上, 全世界所表示的槪念的內涵和外延都是一致的, 這樣就避免了許多誤解和曲解, 使我們和全世界人民能達到思想交流的目的而無所阻礙."(거의 모든 철학용어와 과학용어 및 문화용어에 있어, 전 세계가 나타내고자하는 개념의 내용과 외연이 일치함으로써, 많은 오해와 곡해를 벗어날 수 있게 하여, 중국인과 전 세계인으로 하여금 사고적인 교류의 목적을 달성하게하고 막힘이 없게 만들었다)라고 평한 언급은 마치 동양의 세계화에 있어 번역가들의 공로가 지대했음을 치하하는 듯하며, 이는 어쩌면 근대화과정 중 번역작업에 가장 큰 업적을 남긴 많은 일본인들의 노고를 치하하는 것으로 느껴지기도 한다.35 동양세계의 근대화과정 중 서양어의 번

역에 가장 큰 공을 세운 것이 일본인이라고 느끼는 것은 단지 이 저자만의 느낌은 아닐 것이리라 여겨진다.

중국인의 외래어에 대한 音譯은 때로는 혼동을 가져오기도 한다. 事前 지식 없이 '艾登'과 '孟買'를 보고 곧바로 그 나타내는 바를 알아차렸다면 그의 뛰어난 언어감각을 마땅히 칭찬해야할 대상이리라. 놀랍게도 이 둘은 'Eden'과 'Bombay'의 音譯語이다. 특히 사물에 대한 音譯은 意譯을 통한 漢字化가 가능하지만, 意譯이 쉽지 않은 人名이나 地名에 대한 音譯은 일정한 기준이 없어 각각의 정보매체 혹은 개인마다 각기 다른 표기를 함으로써 혼동을 가져오기도 한다. 예를 들면 독일의 음악가 베토벤을 貝多芬이라 표기하는가 하면, 裵多汶이라 표기하기도 하고, 또 貝托芬이라 표기하기도 하여, 각기 다른 사람을 지칭하는 것은 아닌지 혼동을 일으키게 한다. 그러한 예를 여러 개 더 들어 보자.

톨스토이	列夫·托爾斯泰 : 劉夫·托爾斯泰	
체호프	契訶夫 : 契呵夫 : 契柯夫 : 契可夫	
부시	布希 : 布什	
케네디	甘乃迪 : 肯尼迪	
다빈치	達文西 : 達芬奇	
피카소	畢卡索 : 畢加索	
오스트리아	奧地利 : 奧大利	
미시건	密執安 : 密歇根	
모나리자	蒙娜麗薩 : 莫娜麗薩	

---

35 번역어를 통해 수용된 이문화가 일본의 문화전반에서 어떤 역할을 했는지를 규명하려 노력한 일본인 야나부 아키라(柳父章)의 대표작 『번역어의 성립』(2011, 마음산책)의 말미에 보이는 옮긴이의 말에 따르면, 19세기 중엽의 일본 지식인들에게는 서양의 시스템을 모방하기 위해 쏟아져 들어오는 생소한 개념과 전문용어들을 어떻게 번역하여 보급하는가가 최대의 과제였다고 한다.

햄릿	哈姆雷特 : 漢孟來脫
오케이	喔開 : 奧凱
반 고호	梵谷 : 凡高
스탈린	史達林 : 斯大林
레이건	雷根 : 里根
존슨	強生 : 約翰遜
에디슨	艾迪生 : 愛迪生
드뷔시	德布西 : 德彪西
도하	杜哈 : 多哈
카타르	卡達 : 卡塔爾

그런가 하면 철학자 헤겔을 지칭하는 黑格兒을 'Hey, girl!'로 이해한다 하더라도 전혀 어색하지 않을 것이다. 아래에 외국인의 이름을 포함한 기타 호기심을 자극하는 번역어들을 들어보도록 하자.

문학가	安徒生(안데르센) 伊索(이솝) 雨果(위고) 威廉·沙士比亞(셰익스피어) 柯南·道爾(코난 도일)
장군	麥克阿瑟(맥아더) 艾森豪威爾(아이젠하워) 拿破侖(나폴레옹)
정치가	肯尼迪(케네디) 羅斯福(루즈벨트) 林肯(링컨) 卡特(카터) 丘吉爾(처칠)
가수	披頭士(비틀스) 埃爾頓約翰(앨튼 존) 邁克爾杰克遜(마이클 잭슨) 約翰丹佛(존 덴버)
과학자	達爾文(다윈) 畢達哥拉斯(피다고라스) 帕斯卡(파스칼) 牛頓(뉴턴) 伽利略(갈릴레오) 諾貝爾(노벨)
철학자	阿基米德(아르키메데스) 尼采(니체) 亞里士多德(아리스토텔레스) 薩特(사르트르)
탐험가	阿姆斯特郎(암스트롱) 馬可波羅(마르코 폴로)
음악가	柴科夫斯基(차이코프스키) 舒曼(슈만) 莫扎特(모차르트) 帕瓦羅蒂(파바로티)
화가	米開朗基羅(미켈란젤로) 畢加索(피카소) 達·芬奇(레오나르도

	다빈치)　羅丹(로댕)
의료인	南丁格爾(나이팅게일)　施韋策(슈바이처)
체육인	喬丹(조단)　羅納爾多(호나우두)
배우	卓別林(찰리 채플린)　康妮(코니)
작품속 인물	羅米歐(로미오)　朱麗葉(줄리엣)　蒙娜麗莎(모나리자)
보통 인명	山姆(Sam)　坦德(Ted)　阿麗思(Alice)　愛略特(Eliot)　羅伯特(Robert)　依麗莎(Eliza)　帕金森(Parkinson)　魏爾弗萊德(Wilfred)　卡羅(Carol)　杰姆(Jim)
상호 및 상표	星巴克咖啡(스타벅스)　哈根達斯(하겐다스)　賽百味(서브웨이)　多樂之日(뚜레쥬르)　肯德基(KFC)　阿迪達斯(아디다스)　耐克(나이키)　易買得(이마트)
기타 및 지명	墨菲(머피)　邁達斯(마이다스)　亞當(아담)　喬姆斯基(촘스키)　馬薩諸塞(매사추세츠)　聖地亞哥(샌디에이고)　賓夕法尼亞(펜실베니아)　火奴魯魯(호놀룰루)　曼哈頓(Manhattan)　美索不達米亞(메소포타미아)　阿爾卑斯山(알프스 산)　巴布亞新几內亞(파푸아뉴기니아)　安大略湖(온타리오)　馬賽克(모자이크)　英特納雄奈爾(인터내셔널)　華爾玆(왈츠)　安琪儿(엔젤)　開麥拉(카메라)　白蘭地(브랜디)　康拜因(콤바인)　卡路里(칼로리)　克蘭姆(그람)　梵啞林(바이올린)　西明納爾(세미나)　的士(택시)　圖騰(토템)　哈嘍(헬로우)　歐姆(ohm)　氧(oxygen)　波(ball)　唐氏綜合症(Down's syndrome/다운증후군)　桑那(sauna)　迪斯科(disco)　夾克(jacket)　蹦極(bungee/번지점프)　伏特加(보드카)

主要參考書籍

橋本萬太郎(2008), 『語言地理類型學』, 世界圖書出版公司, 北京
郭錦桴(2004), 『漢語地名與多彩文化』, 上海辭書出版社, 上海
裘錫圭(1990), 『文字學概要』, 商務印書館, 北京
邱質樸(1990), 『大陸和臺灣詞語差別詞典』, 南京大學出版社, 南京
Norman Jerry(1995), Chinese(『漢語概說』), 語文出版社, 北京
魯寶元(1999), 『漢語與中國文化』, 華語教學出版社, 北京
唐作藩(1985), 『音韻學常識』, 學海出版社, 台北
唐作藩(1991), 『音韻學教程』, 北京大學出版社, 北京
董　琨(1991), 『漢字發展史話』, 商務印書館, 北京
董少文(1988), 『語音常識』, 上海教育出版社, 上海
董作賓/董敏(2017), 『甲骨文的故事』, 海南出版社, 北京
朴榮培(2010), 『英語史』, 한국문화사, 서울
白川靜/윤철규 譯(2009), 『한자의 기원』, 이다미디어, 서울
徐通鏘(2007), 『語言學是什麼』, 北京大學出版社, 北京
阿辻哲次/金彦鍾·朴在陽 譯(1994), 『漢字의 歷史』, 학민사, 서울
楊耐思(1985), 『中原音韻音系』, 中國社會科學出版社, 北京
梁東漢(1991), 『漢字的結構及其流變』, 上海教育出版社, 上海
呂叔湘(1982), 『語文常談』, 三聯書店, 香港
呂叔湘(1989), 『呂叔湘自選集』, 上海教育出版社, 上海
葉蜚聲·徐通鏘(1993), 『語言學綱要』, 書林出版有限公司, 台北
吾三省(1989), 『語文小札』, 學林出版社, 上海
吳浩坤·潘悠(1990), 『中國甲骨學史』, 貫雅文化事業有限公司, 臺北
游汝杰(2004), 『漢語方言學教程』, 上海教育出版社, 上海
劉漢城(1992), 『現代漢語』, 復旦大學出版社, 上海

王　力(1980), 『漢語史稿』, 中華書局, 北京

王　力(1993), 『漢語詞彙史』, 商務印書館, 北京

王　仿(1997), 『謎語之謎』, 上海文藝出版社, 上海

袁家驊(1983), 『漢語方言概要』, 文字改革出版社, 北京

任會斌(2013), 『甲骨文是甚麼』, 陝西人民出版社, 西安

林慶勳/竺家寧(1989), 『古音學入門』, 學生書局, 臺北

詹伯慧(1994), 『漢語方言及方言調查』, 湖北教育出版社, 武漢

張世祿(1984), 『中國音韻學史』, 上海書店, 上海

張世祿(1985), 『普通話詞滙』, 上海教育出版社, 上海

張世祿·楊劍橋(1987), 『音韻學入門』, 復旦大學出版社, 上海

張志公(1982), 『現代漢語』, 人民教育出版社, 北京

趙秉璇·竺家寧(1998), 『古漢語複聲母論文集』, 北京語言文化大學出版社, 北京

John T. Waterman 著/朴榮培 譯(1986), 『言語學史』, 學研社, 서울

周秉鈞(1981), 『古漢語綱要』, 湖南人民出版社, 長沙

陳必祥(1985), 『古今字和通假字』, 雲南教育出版社, 昆明

陳　濤(1997), 『文字學淺談』, 大象出版社, 鄭州

| 부록 1. 簡體(繁體) 대조표 |

1.碍(礙)　2.爱(愛)　3.袄(襖)　4.板(闆)　5.办(辦)
6.帮(幫)　7.宝(寶)　8.报(報)　9.罢(罷)　10.备(備)
11.笔(筆)　12.毕(畢)　13.边(邊)　14.宾(賓)　15.币(幣)
16.标(標)　17.卜(蔔)　18.补(補)　19.才(纔)　20.蚕(蠶)
21.灿(燦)　22.层(層)　23.搀(攙)　24.缠(纏)　25.忏(懺)
26.偿(償)　27.厂(廠)　28.彻(徹)　29.尘(塵)　30.衬(襯)
31.称(稱)　32.迟(遲)　33.冲(衝)　34.丑(醜)　35.础(礎)
36.处(處)　37.触(觸)　38.辞(辭)　39.聪(聰)　40.丛(叢)
41.参(參)　42.仓(倉)　43.产(產)　44.长(長)　45.尝(嘗)
46.车(車)　47.齿(齒)　48.虫(蟲)　49.从(從)　50.窜(竄)
51.达(達)　52.带(帶)　53.单(單)　54.当(當)　55.党(黨)
56.东(東)　57.动(動)　58.断(斷)　59.对(對)　60.队(隊)
61.担(擔)　62.胆(膽)　63.导(導)　64.灯(燈)　65.邓(鄧)
66.敌(敵)　67.递(遞)　68.点(點)　69.淀(澱)　70.电(電)
71.斗(鬥)　72.独(獨)　73.夺(奪)　74.堕(墮)　75.儿(兒)
76.发(發)　77.发(髮)　78.丰(豐)　79.风(風)　80.范(範)
81.飞(飛)　82.坟(墳)　83.奋(奮)　84.粪(糞)　85.凤(鳳)
86.肤(膚)　87.妇(婦)　88.复(復)　89.复(複)　90.盖(蓋)
91.干(乾)　92.干(幹)　93.赶(趕)　94.个(個)　95.沟(溝)
96.购(購)　97.谷(穀)　98.顾(顧)　99.刮(颳)　100.观(觀)
101.广(廣)　102.归(歸)　103.龟(龜)　104.国(國)　105.过(過)
106.华(華)　107.画(畫)　108.汇(匯)　109.汇(彙)　110.会(會)
111.汉(漢)　112.号(號)　113.轰(轟)　114.后(後)　115.壶(壺)
116.沪(滬)　117.护(護)　118.划(劃)　119.怀(懷)　120.坏(壞)

121.欢(歡)	122.还(還)	123.获(獲)	124.获(穫)	125.击(擊)
126.鸡(鷄)	127.积(積)	128.极(極)	129.际(際)	130.继(繼)
131.价(價)	132.艰(艱)	133.拣(揀)	134.舰(艦)	135.姜(薑)
136.浆(漿)	137.讲(講)	138.胶(膠)	139.阶(階)	140.洁(潔)
141.借(藉)	142.仅(僅)	143.惊(驚)	144.竞(競)	145.旧(舊)
146.剧(劇)	147.据(據)	148.惧(懼)	149.几(幾)	150.监(監)
151.荐(薦)	152.节(節)	153.尽(盡)	154.进(進)	155.举(舉)
156.开(開)	157.恳(懇)	158.夸(誇)	159.块(塊)	160.亏(虧)
161.腊(臘)	162.蜡(蠟)	163.兰(蘭)	164.烂(爛)	165.垒(壘)
166.类(類)	167.里(裏)	168.礼(禮)	169.隶(隸)	170.联(聯)
171.怜(憐)	172.练(練)	173.粮(糧)	174.疗(療)	175.辽(遼)
176.了(瞭)	177.猎(獵)	178.临(臨)	179.邻(鄰)	180.炉(爐)
181.陆(陸)	182.乱(亂)	183.乐(樂)	184.离(離)	185.历(歷)
186.历(曆)	187.丽(麗)	188.灵(靈)	189.刘(劉)	190.龙(龍)
191.卢(盧)	192.虏(虜)	193.录(錄)	194.虑(慮)	195.罗(羅)
196.梦(夢)	197.面(麵)	198.庙(廟)	199.灭(滅)	200.亩(畝)
201.马(馬)	202.买(買)	203.卖(賣)	204.麦(麥)	205.门(門)
206.难(難)	207.鸟(鳥)	208.宁(寧)	209.农(農)	210.脑(腦)
211.拟(擬)	212.盘(盤)	213.苹(蘋)	214.凭(憑)	215.扑(撲)
216.仆(僕)	217.朴(樸)	218.启(啓)	219.签(籤)	220.千(韆)
221.牵(牽)	222.纤(纖)	223.窃(竊)	224.寝(寢)	225.庆(慶)
226.琼(瓊)	227.权(權)	228.劝(勸)	229.确(確)	230.岂(豈)
231.气(氣)	232.迁(遷)	233.乔(喬)	234.亲(親)	235.穷(窮)
236.让(讓)	237.热(熱)	238.认(認)	239.伞(傘)	240.丧(喪)
241.扫(掃)	242.伤(傷)	243.声(聲)	244.胜(勝)	245.湿(濕)
246.实(實)	247.适(適)	248.兽(獸)	249.书(書)	250.术(術)
251.树(樹)	252.松(鬆)	253.苏(蘇)	254.虽(雖)	255.杀(殺)
256.审(審)	257.圣(聖)	258.师(師)	259.时(時)	260.寿(壽)

261.属(屬)	262.双(雙)	263.肃(肅)	264.岁(歲)	265.孙(孫)
266.条(條)	267.台(臺)	268.台(颱)	269.态(態)	270.坛(壇)
271.叹(嘆)	272.体(體)	273.铁(鐵)	274.听(聽)	275.厅(廳)
276.头(頭)	277.图(圖)	278.涂(塗)	279.团(團)	280.袜(襪)
281.网(網)	282.卫(衛)	283.稳(穩)	284.务(務)	285.万(萬)
286.为(爲)	287.乌(烏)	288.无(無)	289.牺(犧)	290.习(習)
291.系(繫)	292.戏(戲)	293.虾(蝦)	294.吓(嚇)	295.咸(鹹)
296.显(顯)	297.宪(憲)	298.县(縣)	299.响(響)	300.协(協)
301.胁(脅)	302.兴(興)	303.悬(懸)	304.选(選)	305.献(獻)
306.乡(鄉)	307.写(寫)	308.寻(尋)	309.严(嚴)	310.厌(厭)
311.业(業)	312.艺(藝)	313.阴(陰)	314.隐(隱)	315.犹(猶)
316.与(與)	317.云(雲)	318.压(壓)	319.盐(鹽)	320.阳(陽)
321.养(養)	322.样(樣)	323.钥(鑰)	324.药(藥)	325.爷(爺)
326.叶(葉)	327.医(醫)	328.忆(憶)	329.应(應)	330.拥(擁)
331.优(優)	332.忧(憂)	333.邮(郵)	334.余(餘)	335.誉(譽)
336.渊(淵)	337.园(園)	338.远(遠)	339.愿(願)	340.跃(躍)
341.运(運)	342.杂(雜)	343.脏(髒)	344.凿(鑿)	345.枣(棗)
346.灶(竈)	347.斋(齋)	348.战(戰)	349.赵(趙)	350.这(這)
351.证(證)	352.只(隻)	353.肿(腫)	354.众(衆)	355.昼(晝)
356.烛(燭)	357.庄(莊)	358.装(裝)	359.准(準)	360.浊(濁)
361.总(總)	362.郑(鄭)	363.质(質)	364.专(專)	365.创(創)
366.军(軍)	367.库(庫)	368.晕(暈)	369.趋(趨)	370.皱(皺)
371.耸(聳)	372.闸(閘)	373.迩(邇)	374.弥(彌)	375.废(廢)
376.艳(艷)	377.纲(綱)	378.扩(擴)	379.饥(饑)	380.饯(餞)
381.觉(覺)	382.览(覽)	383.宠(寵)	384.数(數)	385.楼(樓)
386.论(論)	387.萝(蘿)	388.冯(馮)	389.骂(罵)	390.读(讀)
391.闹(鬧)	392.绳(繩)	393.蝇(蠅)	394.岛(島)	395.摄(攝)
396.浓(濃)	397.挤(擠)	398.桥(橋)	399.欧(歐)	400.祷(禱)

401.厉(厲) 402.迈(邁) 403.伟(偉) 404.韩(韓) 405.晓(曉)
406.烧(燒) 407.异(異) 408.屿(嶼) 409.汤(湯) 410.蛮(蠻)
411.剑(劍) 412.验(驗) 413.签(簽) 414.涛(濤) 415.职(職)
416.经(經) 417.变(變) 418.恋(戀) 419.恶(惡) 420.识(識)
421.围(圍) 422.抚(撫) 423.肮(骯) 424.坝(壩) 425.毙(斃)
426.表(錶) 427.别(彆) 428.逸(鎹) 429.回(迴) 430.刍(芻)
431.罚(罰) 432.饭(飯) 433.饮(飲) 434.坚(堅) 435.贤(賢)
436.紧(緊) 437.劳(勞) 438.荣(榮) 439.惩(懲) 440.出(齣)
441.籴(糴) 442.冬(鼕) 443.吨(噸) 444.尔(爾) 445.矾(礬)
446.巩(鞏) 447.构(構) 448.柜(櫃) 449.冈(岡) 450.合(閤)
451.伙(夥) 452.家(傢) 453.歼(殲) 454.茧(繭) 455.硷(鹼)
456.桨(槳) 457.奖(獎) 458.疖(癤) 459.卷(捲) 460.夹(夾)
461.戋(戔) 462.将(將) 463.尽(儘) 464.克(剋) 465.垦(墾)
466.困(睏) 467.拦(攔) 468.栏(欄) 469.帘(簾) 470.炼(煉)
471.庐(廬) 472.芦(蘆) 473.驴(驢) 474.来(來) 475.两(兩)
476.娄(婁) 477.卤(鹵) 478.卤(滷) 479.仑(侖) 480.么(麼)
481.霉(黴) 482.蒙(矇) 483.蒙(濛) 484.蒙(懞) 485.蔑(衊)
486.黾(黽) 487.聂(聶) 488.酿(釀) 489.疟(瘧) 490.辟(闢)
491.纤(縴) 492.窍(竅) 493.秋(鞦) 494.曲(麯) 495.佥(僉)
486.区(區) 497.啬(嗇) 498.扰(擾) 499.洒(灑) 500.涩(澀)
501.晒(曬) 502.舍(捨) 503.沈(瀋) 504.势(勢) 505.帅(帥)
506.苏(囌) 507.随(隨) 508.啬(嗇) 509.台(檯) 510.坛(罈)
511.誊(謄) 512.巢(櫸) 513.团(糰) 514.椭(橢) 515.洼(窪)
516.雾(霧) 517.韦(韋) 518.系(係) 519.向(嚮) 520.亵(褻)
521.衅(釁) 522.须(鬚) 523.旋(鏇) 524.亚(亞) 525.尧(堯)
526.页(頁) 527.痒(癢) 528.亿(億) 529.痈(癰) 530.佣(傭)
531.踊(踴) 532.御(禦) 533.吁(籲) 534.郁(鬱) 535.酝(醞)
536.脏(臟) 537.脏(髒) 538.毡(氈) 539.折(摺) 540.征(徵)

541.症(癥)   542.致(緻)   543.制(製)   544.钟(鐘)   545.钟(鍾)
546.种(種)   547.朱(硃)   548.筑(築)   549.桩(樁)   550.妆(妝)
551.壮(壯)   552.状(狀)   553.钻(鑽)   554.执(執)   555.贞(貞)
556.贮(貯)   557.贪(貪)   558.货(貨)   559.锁(鎖)   560.滨(濱)
561.苍(蒼)   562.枪(槍)   563.萨(薩)   564.连(連)   565.软(軟)
566.轻(輕)   567.载(載)   568.较(較)   569.雏(雛)   570.蝉(蟬)
571.冻(凍)   572.沣(灃)   573.岚(嵐)   574.盏(盞)   575.钱(錢)
576.篱(籬)   577.满(滿)   578.伦(倫)   579.闯(闖)   580.续(續)
581.窦(竇)   582.闷(悶)   583.阏(閼)   584.滩(灘)   585.莺(鶯)
586.柠(檸)   587.险(險)   588.掐(撿)   589.殴(毆)   590.墙(墻)
591.狮(獅)   592.励(勵)   593.泻(瀉)   594.壶(壺)   595.烦(煩)
596.蚁(蟻)   597.昙(曇)   598.谈(談)   599.扬(揚)   600.杨(楊)
601.营(營)   602.颈(頸)   603.窝(窩)   604.锅(鍋)   605.孪(孿)

| 부록 2. 갑골문 |

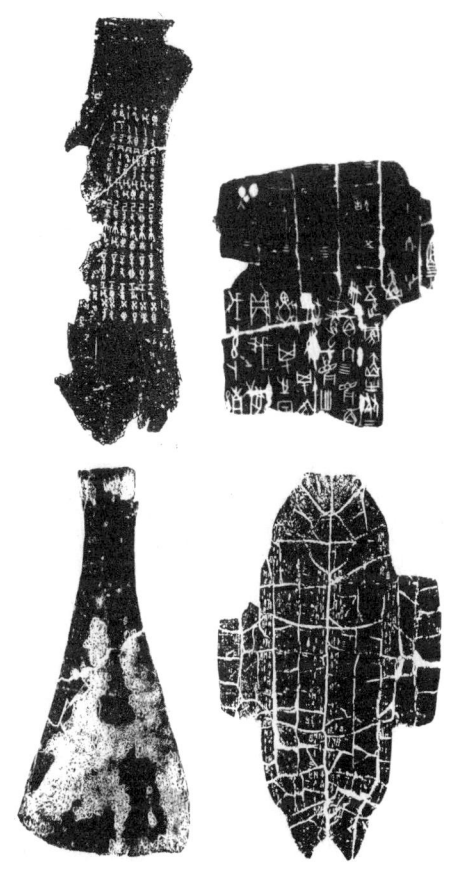

찾아보기

인물명

B. Lanfer ·················· 276	杜甫 ················· 168, 188
Joseph Edkins ············ 125	魯迅 ···················· 189
Nicolas Trigault ········ 11, 31	劉三吾 ·················· 251
賈島 ···················· 185	劉鶚 ····················· 41
江永 ···················· 121	劉熙 ···················· 194
康熙帝 ·················· 184	劉歆 ····················· 65
高本漢 ···················· 13	李商隱 ·················· 276
顧野王 ················· 11, 75	馬建忠 ···················· 12
顧炎武 ················ 11, 124	마테오 리치 ·············· 29
孔子 ···················· 194	梅膺祚 ················ 11, 76
郭沫若 ················ 41, 43	梅祖麟 ···················· 18
觀堂 ····················· 44	박지성 ··················· 274
關羽 ···················· 179	盤庚 ····················· 38
關漢卿 ·················· 188	班固 ····················· 55
歐陽修 ·················· 251	潘耒 ···················· 103
金尼閣 ···················· 31	白居易 ············· 180, 251
羅常培 ·················· 125	伏羲氏 ···················· 37
羅振常 ···················· 42	嫦娥 ···················· 266
羅振玉 ···················· 41	西王母 ·················· 266
段玉裁 ················ 11, 124	雪堂 ····················· 44
唐蘭 ················· 44, 125	셰익스피어 ················ 3
唐作藩 ·················· 101	소쉬르 ····················· 9
戴震 ····················· 11	蘇軾 ···················· 188
陶淵明 ···················· 28	孫炎 ···················· 106
董同龢 ·············· 125, 140	孫詒讓 ················ 11, 41
董作賓 ···················· 41	손흥민 ··················· 274
董仲舒 ···················· 65	宋濂 ····················· 11
杜牧 ················ 251, 281	守溫 ···················· 100

296 중국어학개론

荀子	2, 37, 222
슈미트	9
슐라이허	7
슐레겔	20
시라카와 시즈카	46, 47, 48
神農氏	37
沈約	104
아리스토텔레스	2, 5
樂韶鳳	11
顔之推	106
楊貴妃	251
楊耐思	129
揚雄	11
彦堂	44
嚴復	281
呂叔湘	146, 228
呂精	98
呂忱	75
雍正	184
王國維	41
王念孫	11
王力	125
王伯良	129
王懿榮	38, 41
王引之	11
王之渙	170
王羲之	53
于省吾	44
熊忠	11
魏源	278
윌리엄 존스	6
兪文豹	251
劉邦	262, 265
劉禹錫	251
劉恒	266
劉熙	11
陸德明	106
陸法言	11, 75, 98, 110
陸費逵	71
陸志韋	125
律詩	169
李登	98
李方桂	125
李榮	140
林語堂	125
子貢	194
張守節	106
張玉書	76
章太炎	37, 124
錢大昕	11, 124
鼎堂	44
正德帝	266
丁度	11
丁聲樹	140
鄭衆	55
諸葛亮	249
제리 노만	15, 18, 144
齊白石	222
趙匡胤	266
趙元任	91
曹操	260
周德淸	11, 128
紂王	38
朱元璋	183
周瑜	260
朱駿聲	55

朱熹 ┈┈┈┈┈┈┈┈┈┈ 250	플라톤 ┈┈┈┈┈┈┈┈┈┈ 2
仲尼 ┈┈┈┈┈┈┈┈┈┈ 191	하시모토 만따로 ┈┈┈┈ 14, 18
曾運乾 ┈┈┈┈┈┈┈┈┈ 124	韓道昭 ┈┈┈┈┈┈┈┈┈ 11
陳澧 ┈┈┈┈┈┈┈┈┈┈ 113	漢武帝 ┈┈┈┈┈┈┈┈┈ 65
陳夢家 ┈┈┈┈┈┈┈┈┈ 44	韓愈 ┈┈┈┈┈┈ 185, 276, 281
秦始皇 ┈┈┈┈┈┈┈┈┈ 50	姮娥 ┈┈┈┈┈┈┈┈┈┈ 266
陳第 ┈┈┈┈┈┈┈┈┈┈ 123	行均 ┈┈┈┈┈┈┈┈┈┈ 76
陳彭年 ┈┈┈┈┈┈┈┈┈ 11	許愼 ┈┈┈┈┈┈┈┈┈ 11, 55
蒼頡 ┈┈┈┈┈┈┈┈┈┈ 36	胡厚宣 ┈┈┈┈┈┈┈┈ 38, 44
鄒忌 ┈┈┈┈┈┈┈┈┈┈ 228	紅娘 ┈┈┈┈┈┈┈┈┈┈ 187
則天武后 ┈┈┈┈┈┈┈┈ 183	黃侃 ┈┈┈┈┈┈┈┈┈┈ 124
칼그렌 ┈┈┈┈┈┈┈┈ 13, 125	黃蓋 ┈┈┈┈┈┈┈┈┈┈ 260
蒲松齡 ┈┈┈┈┈┈┈┈┈ 251	훔볼트 ┈┈┈┈┈┈┈┈┈┈ 19

도서명

『簡化字總表』 ┈┈┈┈┈┈ 71	『國語』 ┈┈┈┈┈┈┈┈┈ 281
『甲骨文斷代硏究例』 ┈┈┈ 43	『君子行』 ┈┈┈┈┈┈┈┈ 248
『甲骨文合集』 ┈┈┈┈┈ 43	『契文擧例』 ┈┈┈┈┈┈┈ 11
『康熙字典』 ┈┈┈┈┈ 76, 222	『老乞大』 ┈┈┈┈┈┈┈┈ 30
『景德傳燈錄』 ┈┈┈┈┈ 188	『老子』 ┈┈┈┈┈┈┈┈┈ 251
『京本通俗小說』 ┈┈┈┈ 194	『論語·先進篇』 ┈┈┈┈┈ 280
『經史正音切韻指南』 ┈┈ 120	『論語』 ┈┈┈┈ 65, 227, 250
『經典釋文』 ┈┈┈┈┈┈ 106	『唐書西域傳』 ┈┈┈┈┈ 276
『經傳釋詞』 ┈┈┈┈┈┈┈ 11	『唐韻』 ┈┈┈┈┈┈┈┈┈ 110
『契文擧例』 ┈┈┈┈┈┈┈ 41	『大龜四版考釋』 ┈┈┈┈ 43
『古今韻會擧要』 ┈┈┈┈┈ 11	『桃花源記』 ┈┈┈┈┈┈┈ 28
『古史新證』 ┈┈┈┈┈┈┈ 43	『敦煌變文集』 ┈┈┈┈┈┈ 28
『古音標準』 ┈┈┈┈┈┈ 124	『東京夢華錄』 ┈┈┈┈┈ 281
『曲律』 ┈┈┈┈┈┈┈┈┈ 129	『洞天淸錄集』 ┈┈┈┈┈ 276
『廣雅疏證』 ┈┈┈┈┈┈┈ 11	『登鸛鵲樓』 ┈┈┈┈┈┈ 170
『廣韻』 ┈┈┈┈ 11, 75, 103, 110	『呂氏春秋』 ┈┈┈┈┈┈ 249
『國故論衡』 ┈┈┈┈┈┈ 124	『禮記』 ┈┈┈┈┈┈┈┈┈ 65

『老殘遊記』 ············· 41
『類音』 ················· 103
『楞嚴經』 ··············· 277
『리그베다』 ·············· 5
『利瑪竇中國札記』 ········ 29
『馬氏文通』 ············· 12
『孟子』 ········ 250, 280, 281
『毛詩古音考』 ············ 123
『文心雕龍』 ············· 194
『博物志』 ··············· 276
『朴通事』 ··············· 30
『方言』 ············· 10, 162
『百家姓』 ··············· 192
『飜譯老乞大朴通事』 ······ 34
『普通話異讀詞審音表』 ···· 71
『史記·大宛列傳』 ········· 275
『史記·趙世家』 ··········· 64
『史記·項羽本紀』 ········· 63
『史記正義』 ············· 106
『史記』 ············ 42, 266
『四聲等子』 ············· 119
『三國演義』 ········ 188, 259
『尙書』 ················· 65
『書經』 ················· 281
『西廂記』 ·········· 186, 187
『西遊記』 ··············· 188
『西儒耳目資』 ······ 11, 31, 138
『釋名』 ················· 10
『說文解字注』 ············ 11
『說文解字』 ····· 10, 37, 56, 66
『說苑』 ················· 280
『聲類表』 ··············· 11
『聲類』 ················· 98

『續幽怪錄』 ············· 187
『隋書』 ················· 281
『搜神記』 ··············· 262
『水滸傳』 ··············· 188
『菽園雜記』 ············· 267
『荀子』 ················· 250
『詩經』 ········ 13, 123, 167
『十駕齋養新錄』 ······ 11, 124
『顔氏家訓』 ············· 106
『語言地理類型學』 ········ 14
『與柳中丞書』 ············ 281
『呂氏春秋』 ············· 36
『易經』 ········ 36, 250, 280
『禮部韻略』 ············· 171
『五音集韻』 ············· 11
『玉篇』 ········ 11, 75, 276
『龍龕手鑑』 ············· 76
『韻鏡』 ················· 119
『韻集』 ················· 98
『元史』 ················· 281
『洹上訪古遊記』 ·········· 42
『輶軒使者絶代語釋別國方言』 ···
 ················ 10, 162
『六書音均表』 ············ 124
『殷曆譜』 ··············· 43
『殷卜辭中所見先公先王考』 ··· 42
『殷周制度論』 ············ 43
『殷墟書契續編』 ·········· 42
『殷墟書契前編』 ·········· 42
『殷墟書契菁華』 ·········· 42
『殷墟書契後編』 ·········· 42
『音學五書』 ············· 11
『爾雅』 ················· 10

찾아보기 | 299

『字林』 ································· 75
『字彙』 ···················· 11, 76
『莊子』 ································ 281
『長恨歌』 ···························· 251
『戰國策』 ············ 63, 228, 250
『切韻考』 ···························· 113
『切韻序』 ···························· 110
『切韻指掌圖』 ····················· 120
『切韻』 ············· 75, 98, 110, 113
『正名篇』 ························ 3, 222
『周禮』 ································· 54
『중국고대사연구』 ················ 43
『中原音韻』 ········ 11, 103, 128
『中日漢字分析字典』 ··········· 125
『集韻』 ·································· 11
『昌黎方言志』 ····················· 160
『昌黎先生集』 ····················· 250
『鐵雲藏龜』 ·························· 41
『茗溪漁隱叢話』 ·················· 185
『春望』 ································ 168
『春秋左氏傳』 ····················· 249

『春秋』 ································· 65
『出師表』 ···························· 249
『七音略』 ···························· 119
『通志略』 ···························· 275
『佩文韻府』 ························ 171
『韓非子』 ···················· 36, 250
『漢書·高帝紀』 ······················ 63
『漢書西域志』 ····················· 276
『漢書藝文志』 ······················· 10
『漢語大字典』 ······················· 76
『漢語方言學敎程』 ·············· 150
『漢字簡化方案』 ··················· 71
『海國圖志』 ························ 278
『解釋論』 ······························· 2
『軒渠錄』 ···························· 26
『紅樓夢』 ···························· 187
『洪武正韻』 ·················· 11, 138
『皇輿全覽圖』 ····················· 283
『淮南子』 ···················· 36, 277
『孝經』 ································· 65

일반 용어

[-m]韻尾 ······························ 133
[-n]韻尾 ······························· 133
106韻 ··································· 171
19韻 ···································· 132
206韻 ··································· 103
2等韻 ··································· 120
30字母 ································· 100
36字母 ································· 101
4呼 ·· 86

panini어법 ······························ 5
pidgin ································· 166
Tok Pisin ··························· 166
ü音 ···································· 149
加工性 ·································· 25
歌戈韻 ································· 136
家麻韻 ······················· 133, 136
可視化 ·································· 91
가정관계 ····························· 213

假借 ················· 55, 59, 61	建甌話 ···················· 144
假借義 ························ 60	格뉘 ························· 152
假借字 ············· 59, 60, 64	격변화 ······················ 19
脚 ···························· 152	격음부호 ···················· 94
簡略化 ················ 49, 53	見系字 ···················· 132
簡帛 ·························· 49	見母字 ···················· 144
看病 ························ 236	結果 ························ 277
簡素化 ······················ 62	결과보어 ············· 206, 207
簡體 ·························· 50	結繩 ·························· 36
簡體字 ······················ 68	結繩說 ······················ 37
簡化 ·················· 21, 23, 71	겸어문 ···················· 209
簡化과정 ···················· 23	京劇 ··················· 168, 186
簡化字 ········· 68, 73, 74, 75	經書 ·························· 65
감정색채 ·················· 252	輕聲 ··················· 91, 220
監咸韻 ···················· 134	輕聲字 ······················ 93
甲骨文 ········ 38, 45, 53, 123	輕脣 ························ 101
匣母 ················· 102, 124	輕脣音 ···················· 102
匣母字 ···················· 144	經濟 ························ 281
江南話 ···················· 142	經學 ··················· 10, 65
江西話 ···················· 143	經學博士 ···················· 65
江浙話 ···················· 142	界 ···························· 277
江淮官話 ·················· 148	계급성 ···················· 243
開口 ················· 85, 103	系聯法 ······· 100, 109, 113, 117
開口呼 ········· 86, 103, 134	界說 ························ 282
皆來韻 ···················· 136	系統樹說(pedigree theory) ········ 7
개념 ·························· 35	系統樹이론 ···················· 9
介音 ························ 149	高 ···························· 153
客家方言 ············· 140, 143	고고발굴조사 ················ 43
客家語 ········· 140, 147, 162	古今비교 ·················· 227
客家話 ············· 143, 149	古代文字 ···················· 45
去聲 ········· 104, 111, 128	고대베트남어 ················ 18
去聲字 ············· 93, 116	고대중국어 ·················· 215
巾幗 ························ 189	고대중국어의 특징 ··············· 216

찾아보기 | 301

孤立語 ·················· 7, 20	翹舌音 ·················· 141
古無輕脣音說 ·················· 124	膠着語 ·················· 7, 20
古無舌上音說 ·················· 124	句 ·················· 194
古文經 ·················· 65	口腔 ·················· 77, 83
古文經派 ·················· 64	口訣 ·················· 5
古文字 ·················· 65	구별 ·················· 240
高雄 ·················· 273	口語 ·················· 6, 24, 25, 35, 241
고유명사 ·················· 17	口語 색채 ·················· 254
古有複輔音說 ·················· 125	구어어휘 ·················· 241, 242
古音 ·················· 23	口語音 ·················· 23
古音娘日二紐歸泥說 ·················· 124	구조조사 ·················· 92. 94
古音學 ·················· 99, 123	구조주의 언어학 ·················· 9
古字 ·················· 72	歐巴 ·················· 275
古體詩 ·················· 168	龜版文 ·················· 38
古體字 ·················· 63, 66	國語 ·················· 28
曲 ·················· 168	國子監祭酒 ·················· 38
曲律 ·················· 129	국제음성기호 ·················· 79, 80
昆明話 ·················· 149	屈折語 ·················· 7, 20
骨肉之計 ·················· 260	卷舌元音 ·················· 83
贛方言 ·················· 140, 142	捲舌音 ·················· 129, 132, 143, 146
贛語 ·················· 153	捲舌音聲母 ·················· 89, 142
공시태(synchrony) ·················· 9	規範音 ·················· 30
科擧 ·················· 109	近代音 ·················· 99, 128, 130, 133
瓜田李下 ·················· 248	近體詩 ·················· 168
관계 ·················· 196	契文 ·················· 38
관용구 ·················· 203	글자의 합병 ·················· 23
官話 ·················· 29	禁忌 ·················· 266
官話方言 ·················· 140, 148	今文經 ·················· 65
官話音 ·················· 34, 138	금속병용시대 ·················· 43
廣東話 ·················· 143, 174	今隷 ·················· 51
廣西省 ·················· 105	今音 ·················· 23
光宗耀祖 ·················· 188	今音學 ·················· 99
廣州話 ·················· 143, 151, 155	今體字 ·················· 63, 66

今草	53
기류	77, 78
기본어휘	227, 239
기본원음	83
基本義	227
幾何	278
記號	72
記號字	62
記號化	62, 72
긴장	90
吉金	45
吉金文字	45
吉林	273
金	231
金文	38, 45, 53
끊어 읽기	195
南京音	30
南京話	149
南方方言	138, 145, 150, 158
남방어기원설	18
남방형 방언	144
南亞語	15
남양화교	158
남유럽	160
南朝	75
南昌話	143
娘母	124
內轉	120
네덜란드어	162
念	277
老板	186
論理學	281
論語	65, 227

泥母	124
多音字	22, 24, 73
多義多音字	22
多義語	236
斷代연구	43
端母	124
單母音	142
單文	210
단어	220
단어의 위치	210
單元	283
單位	283
단음절낱말	151
단음절어	22, 24, 156
唐나라	68, 187
唐宋 시기	129
唐僧肉	186
對句	170
대륙 어휘	244
臺灣	28, 143, 243
대만 어휘	244
代詞	202
大寫字	183
大姓	192
대외한자음	13
大篆	50, 53
代表字	100
桃李	189
圖畵文字	37
讀書音	23
讀若	106
讀如	106
讀音	23, 34, 75

독일어	162	兩	184, 185
敦煌	100	量天尺	278
動賓式	227	러시아어	279
動詞	92, 198, 199	令彝	48
동사술어문	207	弄	163
동사와 형용사	200	六書說	66
東西	221	마야문자	39
同言線	160	麻韻	133
同用	113, 116	마찰음	84
同源관계	16	馬大嫂	158
동유럽	160	말레이시아어	158
同音語	236, 237, 238	望遠鏡	278
同音字	21, 34, 72, 74, 98, 106, 128, 132, 175, 230	梅縣話	143, 157
		明나라	68
同音通假	23	명대	29, 30
同音현상	238	明代官話音	138, 139
同義多音字	22	命名法	191
同義語	225, 239	名詞	197, 198
東鐘韻	135	명사술어문	208
東周	49	명사와 동사	200
東漢	51, 52, 53, 75	명사와 형용사	200
同形同音字	21	명사와 동사와 형용사	200
得	206	名字	190
等	121	명칭이 바뀐 예	231
燈謎	262	名學	281
等語線	160	메소포타미아	35
等韻圖	103, 113	毛公鼎	46, 47, 49
等韻學	99, 119, 121	毛病	190
等呼	121	母音	79, 83, 84
羅王之學	42	모음 의미소	19
邏輯	281	모형 틀	45
라틴자모	79	목적관계	214
랑그(langue)	9	목적어	197

몬어	18	閩語	140, 148, 162
몽골어	18, 163	바라문	5
苗瑤語	15	博白	105
苗瑤語기원설	18	半3성	93
冇	231	反客爲主	188
無主語文	209	半上聲	93
門客	41	半舌音	101, 102
文讀音	138, 139, 143	半元音	102
文明	280	反義語	225, 239
文白異讀	23, 69	反切	95, 100, 106, 116, 123
文言	25	反切法	106
文言文	25	反切上字	100, 108, 116, 117
문자	35, 97	反切下字	108
文字遊戱	262	半齒音	101, 102
문자의 神聖性	37	발음기관	83
문자형성법	36	발음방법	83
文學	280	발음부위	83, 102
文獻學	5	發音符	72
文化	280	발음원리	98
문화대혁명	43	方塊字	53
米	237	方言	10, 29, 159
眉黛	189	方言圖	150, 160
謎面	263	方言音	100
微母	132	방위사	92, 198
謎語	22, 262	方音	110
謎底	263	방향보어	92
민간	31	白	236
민간어	30, 34	百家	65
閩南方言	140, 148	白讀音	138, 139, 143
閩南語	144, 149	白煤	180
閩方言	143, 152	백미	30
閩北方言	140, 148	白話	25
閩北語	144	白話文運動	27

찾아보기 | 305

버마어 ……………………… 16	복합어 …………………… 6, 220
번역문 …………………… 228	本來面目 ………………… 278
번역어 ……………… 70, 286	本義 ……………………… 227
繁體字 …………………… 73	本字 ………………… 64, 163
甫 ………………………… 231	不經一事, 不長一智 …… 187
베다산스크리트어 ………… 5	부사(副詞) ………… 197, 203
變臉 …………………… 186	부사어 …………………… 198
變文 ……………………… 28	副詞化 …………………… 206
邊音 ……………………… 84	不送氣音 ………………… 84
變調 …………………… 94, 95	不送氣淸音 ……………… 130
변조법칙 ………………… 94	部首 ………………… 66, 75
변화과정 ………………… 98	部首排列法 ……………… 75
別 ………………………… 237	符號化 …………………… 50
병렬관계 ………………… 211	부정문 …………………… 216
保守性 …………………… 26	북경사투리 ……………… 145
보어 …………………… 206	北京語 ……………… 138, 141
補充式 複合詞 …………… 222	北京音 …………………… 138
보통명사 ………………… 18	北京話 ……………… 145, 146
보통화 …… 21, 132, 145, 151, 153	北方方言 …………… 140, 158
普通話 ………… 27, 31, 141, 143	북방관화 ………………… 128
보통화심의위원회 ………… 142	북방어기원설 …………… 18
普通話異讀詞審音表 …… 71	북방어음 …………… 128, 129
福建省 …………………… 143	北方話 ……………… 147, 148
複母音 …………………… 142	북방형 방언 ……………… 144
複文 ……………………… 210	北海 ……………………… 272
卜辭 ……………………… 39	焚書坑儒 ………………… 65
複聲母 ……………… 17, 125	불경 ………………… 100, 106
複聲母說 ………………… 125	佛敎 ……………………… 276
복수형 인칭대명사 ……… 94	불교용어 ………………… 277
복음절어 ………………… 24	肥 ………………………… 236
복자음 …………………… 19	非 ………………………… 242
福州話 …………………… 155	비강 ……………………… 77
複合詞 …………………… 223	非翹舌音 ………………… 141

非文 ····· 193
非圓脣母音 ····· 83
比喩 ····· 241
比喩式 ····· 258
鼻音 ····· 84
鼻音韻尾 ····· 141, 237
詞 ····· 168, 194, 219, 221
啥 ····· 231
四堂 ····· 44
四等韻 ····· 122
思密達 ····· 275
四聲 ····· 103
사용빈도 ····· 229
詞組 ····· 220, 221
詞滙 ····· 144, 219
散文 ····· 167
山西省 ····· 90, 158, 171
산스크리트어 ····· 100
三界 ····· 277
三國時代 ····· 98
三等韻 ····· 122
三世 ····· 277
三言兩語 ····· 194
卅 ····· 184
商簡 ····· 38
上古音 ····· 13, 99, 124, 125
상대성이론 ····· 9
湘方言 ····· 140, 142, 146, 148
象事 ····· 55
象聲 ····· 55
上聲 ····· 90, 104, 111, 128
上聲字 ····· 93
湘語 ····· 140, 162

常用字 ····· 60
象意 ····· 55
上帝 ····· 278
上海話 ····· 153, 155
象形 ····· 55
象形性 ····· 51
象形字 ····· 37, 52, 55, 56
塞音 ····· 83
塞音韻尾 ····· 105, 149, 162
塞擦音 ····· 84
生物進化論 ····· 7
西南官話 ····· 140, 141, 148
書面語 ····· 4, 6, 24, 25, 241, 242
서면어휘 ····· 241, 242
序文 ····· 128
西北官話 ····· 141, 148
舒聲字 ····· 95, 138
西域 ····· 275
서예 ····· 50
西晉 ····· 75
西漢 ····· 51, 52
石經碑 ····· 265
石鼓文 ····· 50
석기시대 ····· 43
선교사 ····· 29, 278
禪母 ····· 124
禪宗 ····· 28
先秦시대 ····· 123
先天韻 ····· 134
선택관계 ····· 212
선후관계 ····· 211
舌根 ····· 118
舌根音 ····· 83

舌頭	101, 102	小篆	45, 51, 53, 66, 75
舌面元音	83	蘇州話	142, 145, 152
舌面音	83, 102	小學	10, 97, 99
舌面前	118	蕭豪韻	136
舌上	101	笑話	22
舌上音	102	璽印	49
舌音	101	俗語	125
舌尖面	118	俗字	67, 72, 76
舌尖元音	83	俗體字	50
舌尖音	102	送氣音	84
舌尖前音	83, 102, 117	送氣淸音	130
舌尖中音	83, 118	宋나라	68
舌尖後音	83	宋代	107, 111, 168, 171
楔形文字	35	隋代	75
陝西省	90	수사(數詞)	197, 200
聲紐	124	수수께끼	262
성대	77, 84, 90, 102	수치화	91
聲類	98	순서	195
聲類表	11	脣音	101
聲母	84, 98, 116	脣音字	134
聲門	77, 84	脣齒	117
聲符	61, 123, 262	脣齒音	83, 102, 143
성서문자	35, 39	스페인어	278
成語	220, 248	詩句	249
聲韻學	97	時流에 역행	230
聲調	90, 93, 116, 124, 128, 131	詩韻	171
		시제구분	19
성조표기	96	時態	198
世界	277	시태조사	92, 206
細音字	132, 134, 148	詩興	167
小屯村	37, 42	識字率	96
小寫	183	信	237
小寫字	183	悉曇	100

實詞 ·················· 12, 197, 220
冊 ······················· 184
審母 ······················ 124
十三轍 ···················· 168
雙 ······················· 184
雙聲 ··············· 107, 108, 224
雙脣 ······················ 117
雙脣音 ················ 83, 102
雙音節 낱말 ················ 151
쌍음절어(雙音節語) ········· 22,
　　85, 156, 228, 267
아랍어 ···················· 278
兒尾詞 ···················· 151
牙音 ······················ 101
阿片戰爭 ·················· 165
兒化韻字 ·················· 195
安石國 ···················· 276
安石榴 ···················· 276
安陽縣 ····················· 37
알타이어 ················ 15, 18
알파벳표기 ············· 79, 80
暗示 ······················ 262
押韻 ··········· 72, 123, 167, 169
押韻字 ········· 98, 109, 128, 168
艾登 ······················ 285
埃佛勒斯峰 ················ 282
靉雲逮 ···················· 276
約定俗成 ··············· 2, 222
洋涇濱英語 ················ 165
梁代 ······················· 75
兩讀音 ···················· 138
量詞 ················· 197, 200
陽聲韻 ················ 103, 137

兩岸 ······················ 243
陽平 ················ 90, 104, 136
語 ························ 194
語幹 ······················· 20
어간 ························ 6
어근 ························ 6
語氣詞 ····················· 25
어기조사 ················ 91, 206
語錄 ······················· 28
魚模韻 ···················· 136
語文學 ····················· 5
語尾 ···················· 6, 20
어법 ······················ 144
어법이론 ···················· 5
어법적인 특징 ·············· 195
語素 ················· 195, 220
語順 ······················ 193
語音 ······················ 145
語音의 分化 ················ 22
어음단위 ··················· 78
語音學 ················ 84, 97, 99
語義의 轉移 ··············· 234
言 ························ 194
言文一致 ··················· 27
諺語 ······················ 254
언어부호의 複雜性 ············ 3
언어부호의 社會性 ············ 2
언어부호의 生産性 ············ 4
言語類型學(Linguistic Typology)
　　····················· 7
言語波紋說 ·················· 9
언어학 ····················· 5
歷史比較言語學 ·············· 6

찾아보기 | 309

역사학계 ················ 43	우즈베키스탄 ············ 276
연동문 ················ 209	尤侯韻 ················ 137
連綿字 ······ 107, 125, 195, 224	韻圖 ············ 100, 119, 120
聯綿字 ················ 224	韻頭 ·········· 85, 103, 121
연상능력 ·············· 239	韻母 ·········· 84, 103, 124,
연합관계 ·············· 205	133, 139, 146
聯合式 ············ 199, 225	韻目 ············ 103, 111
廉纖韻 ················ 134	韻文 ············ 100, 167
影母 ············ 102, 124, 132	韻尾 ······ 84, 85, 103, 133, 144
零聲母 ·········· 85, 132, 148	韻腹 ············ 85, 133
영어 ················ 279	韻部 ······ 103, 128, 132, 133
寧夏回族자치구 ·········· 105	韻書 ············ 75, 98, 100,
隸書 ······ 45, 51, 53, 65, 66	107, 109, 128
옛 뜻 ················ 253	韻攝 ············ 119, 120
五經博士 ·············· 65	雲深處 ················ 186
烏魯木齊 ·············· 273	韻律 ················ 167
吳方言 ············ 140, 142	韻集 ················ 98
五福臨門 ·············· 176	元나라 ················ 68
五四운동 ·············· 27	元代 ············ 128, 129
吳語 ············ 140, 162	元代 北京音 ············ 139
五言絶句 ·············· 170	元煤 ················ 266
五音 ················ 101	原文 ············ 228, 230
玉石 ················ 49	元色 ················ 266
婉言詞 ················ 267	元素 ················ 55
외래어 ········ 21, 270, 275, 279	元宵節 ················ 262
外轉 ················ 120	圓脣母音 ·············· 83
遼代 ················ 76	原始語 ················ 6
龍骨 ················ 38	月老 ················ 187
용법 ················ 24	粤方言 ············ 140, 143, 152
用韻 ·········· 13, 128, 168	粤語 ············ 140, 149, 162
寓言 ················ 249	月下老人 ·············· 187
又音 ················ 116	魏晋시대 ·············· 106
又音字 ················ 116	儒家 ············ 65, 191

喩母 ········· 102, 117, 124, 132	의문대사 ····························· 202
六國文字 ···························· 49	의문사 ································ 92
六書 ··························· 54, 55	意味 ·························· 24, 281
六書說 ································ 66	의미구분 ······························ 92
六朝시기 ···························· 68	의미범위의 변화 ··············· 233
隱喩 ································· 262	意味符 ································ 72
銀川市 ······························ 105	의미소 ································ 92
殷墟 ·························· 38, 43	의미의 분화 ························ 21
殷墟卜辭 ···························· 39	義符 ································· 262
音高 ································· 104	意譯 ································· 271
陰聲韻 ····················· 103, 137	意譯語 ······················ 279, 282
음색 ···································· 93	伊 ···································· 202
音素 ···························· 36, 78	彝器銘文 ···························· 37
음소문자 ···························· 36	異讀字 ································ 69
음의 높낮이 ······················ 95	二等韻 ······························ 122
陰陽 ································· 143	異文又讀 ·························· 125
陰陽對轉說 ·························· 11	異文化 ······························ 270
陰陽五行家 ·························· 75	二百五 ······························ 182
陰陽五行說 ······················· 191	이완 ···································· 90
音譯 ································· 271	異音語 ······························ 237
音譯語 ······························ 282	二音節語 ······· 92, 229, 230, 267
音韻系統 ···························· 21	二音節化 ····················· 27, 230
음운 ··························· 99, 144	異音通假 ···························· 23
음운학(音韻學) ············ 84, 97	二字一詞 ·························· 224
陰入聲 ······························ 143	이집트 ························· 35, 39
音節 ············ 21, 36, 78, 81, 96	異體字 ···················· 67, 74, 76
음절말 자음 ······················ 19	이탈리아어 ······················· 279
음절문자 ···························· 36	離合詞 ······························ 221
음절수 ······························ 237	異形同音字 ·························· 21
음파 ···································· 77	二呼 ································· 121
陰平 ··················· 90, 104, 135	인과관계 ·························· 215
疑母字 ······························ 132	印度 ································· 276
의문대명사 ······················· 216	인도-유럽어 ························· 6

인도-유럽어족	7	章草	52
人名	285	的	205, 206
인칭대사	202	篆刻	50
一等韻	121, 122	戰國文字	45, 49
日母	124	戰國時代	36, 49, 50
日母字	132	傳代	177
일반명사	94	전반부와 후반부	258
일본어	279	전승관계	137
一言	194	전에 없던 명칭	232
一言以蔽之	194	轉移	233, 234, 251
一韻式	167, 168	轉注	55, 61
一字一詞	224	전치사	203
임의성	222	全濁音 上聲字	135, 141
입말	227, 241	全濁音聲母	130
卄	184	전환관계	214
入聲	104, 105, 111, 128	節	240
入聲韻	103, 132	絶學	99
入聲韻尾	105, 133, 137, 142, 143, 146, 237	점층관계	211
		접두사	235
入聲字	30, 95, 103, 135, 138	접두어	227
入聲作ㅇ聲	135	접미사	91, 235
字	194, 195	접미어	227
字母	100	接詞	92, 235
字謎	262	접속사	203, 205
子尾詞	151	精系字	132, 144
자음(子音)	79, 83, 84	定母	124
字音	97	井水不犯河水	188
字義	97	定義	282
字典	75, 76, 98, 162	貞人	38, 43
殘卷	110	正字	67
長	153	正齒	101
長沙話	142, 155	正齒音	102
長安	110	齊微韻	133, 136

齊齒	85	중부형 방언	144
齊齒呼	87, 103	重脣	101
조건관계	213	重脣音	102
照系字	132	中譯語	274
照母	124	중첩	92
曹達	282	地	206
助詞	205	知系字	132
造字	61	地名	23, 285
造字法	54	紙榜	26
鐘	152	支配式 複合詞	222
鐘鼎文	45	支配式	225
綜合語	20	指事	55
朱砂	41	支思韻	132, 133, 136
舟山群島	143	指事字	56
주석본	30	指桑罵槐	187
주술술어문	208	지시대사	202
주어	197	지시사	92, 197
주어와 술어	207	知照系字	132, 134
주음법	106, 107	직계조상	136
주음부호법	96	直音法	106
朱母郞馬阿林	283	秦國文字	49
珠穆朗瑪峰	282	眞文韻	133
籒文	50, 66	陳述式	225
主要母音	85, 91	晉語	150
주임편집인	43	秦漢교체기	97
周族	14	秦漢시대	64
竹簡	52	進化論	7
中古音	13, 99, 109, 110, 123, 135	짝수	182
		차용	28
중국과학원	43	차용어	272
중국본토	243	借用字	21
中南海	272	此山中	186
中文	28	車遮韻	133, 136

擦音	84	親屬관계	17
站	237, 273	七音	101
讖諱	262	侵尋韻	133
昌黎	160	카투어	18
昌黎話	153	캄타이어	15
倉頡造字說	36	他	202
處事	55	托福	274
穿母	124	탁본형식	43
天長地久	251	濁聲母	135, 146, 162
天下	277	濁音	84, 102
哲學	278	濁音聲母	131
添飯	175	濁音清化	141, 237
疊韻	107, 108, 224	濁音字의 清音化	131
聽	153	拆字	262
清代	30, 99, 103	太學	65
清聲母	135	通假	23
清音	84, 102	通假字	63, 64, 186
遞用	113, 116	通假현상	23
草書	45, 52, 53	通城方言	104
撮口	85	통시태(diachrony)	9
撮口呼	89, 103, 143	腿	152
推敲	185	透母	124
추상적인 개념	240	티베트버마어	15
縮小	233	티베트어	16
축약어	274	파롤(parole)	9
축약형	221	파리국가도서관	100
축약형 표현	274	파생어	6
仄起式	169	파열마찰음	84
仄聲	130	파열음	83
仄聲字	169	破字	174
齒頭	101	八卦說	37
齒頭音	102	八分	51
齒音	89, 101	夠	231

偏旁	52, 72	皮欽語	166
偏旁字	52	下江官話	140, 141
偏正관계	205	河南省	37
偏正式	199, 225	厦門話	144, 155
貶義語	239	翰	232
平起式	169	漢나라	68
平聲	111, 128	漢代	97, 191
平聲字	116, 135, 169	漢民族	14
平水韻	171	寒帶	278
平仄	167, 169, 171	韓流	274
平仄의 룰	170	寒山韻	134
平話	150	寒暑表	278
平和	223	漢語	28
閉口韻尾	162	한어병음방안	96
葡萄	275	漢字	26, 35
포루투갈어	279	漢字簡化運動	71
褒義語	239	漢字音	100
抛磚引玉	188	漢字化	279, 285
錶	152	漢藏語族	15
表音率	60	한정어	197, 198
표음문자	35	韓中同形異義語	244
표음법	95, 96	合口	85, 103
表意 겸 表音문자	36	合口呼	88, 103, 134
표의문자	35	합성어	218
表意性	27	哈爾濱	273
表意작용	60, 61	哈巴狗	273
標題字	237	海	272
표준중국어	80, 84, 89, 90	海南島	143
품사	12, 24, 199	楷書	45, 53
품사의 분화	22	楷書體	75
품사의 轉用	23	諧聲	55
被切字	108, 113	諧聲系統	123
避諱	265, 266	諧聲字	13, 123, 125

諧聲관계 ………………… 125	貨幣 ………………………… 49
諧音觀 ………………………… 177	擴大 ………………………… 233
諧音式 ………………………… 258	擴音器 ……………………… 282
行書 …………………… 45, 53	環境 ………………………… 281
虛詞 …………… 12, 197, 203	換韻式 ……………………… 168
歇後語 ………… 22, 258, 259	桓歡韻 ……………………… 134
玄學적 ………………………… 99	會意 ………………………… 55
形符 ………………………… 72	會意字 ………………… 56, 72
形聲 ………………………… 55	懷挺 ………………………… 275
形聲字 ……… 60, 61, 123, 262	繪畫性 ……………………… 45
形容詞 ………………… 198, 199	曉母 ………………………… 102
형용사술어문 …………… 208	喉塞音 ………………… 142, 143
형태변화 ……………………… 19	喉塞音韻尾 ………………… 150
湖南話 ……………………… 142	喉音 …………………… 101, 120
術衕 …………………… 163, 273	後天 ………………………… 237
湖北省 ……………………… 104	訓詁 ………………………… 98
胡言亂語 …………………… 188	訓詁書 ……………………… 98
互用 …………………… 113, 116	訓讀 ………………………… 70
紅 …………………………… 178	훈민정음 ……………………… 30
紅娘 ………………………… 187	訓釋 ………………………… 61
紅運 ………………………… 179	徽語 ………………………… 150
洪音字 ……………………… 134	胸有成竹 …………………… 188
홍콩 …………… 158, 159, 174	黑墨 ………………………… 41
花 …………………… 237, 239	黑人 ………………………… 238
華北官話 …………………… 149	戲曲 ………………………… 129